湛庐CHEERS

与最聪明的人共同进化

HERE COMES EVERYBODY

CHEERS
湛庐

灵境之光

The Celtic Myths That Shape The Way We Think

塑造我们思维方式的凯尔特神话

[英] 马克·威廉姆斯 Mark Williams 著
黄悦 王新月 译

江苏凤凰文艺出版社
JIANGSU PHOENIX LITERATURE AND ART PUBLISHING

赞 誉

凯尔特人和凯尔特神话，这是在我国常规教育中十分缺乏的内容，高校中各种外国文学史教科书也不大关注这方面。究其原因，凯尔特民族是在西方文明史上被压迫、被驱赶的少数民族。在言必称希腊的西方学院派阵营中，凯尔特神话根本不能和希腊罗马神话、希伯来神话相提并论。唯有在从爱尔兰文艺复兴运动到《指环王》和《哈利·波特》系列所掀起的魔法风暴席卷全球的文化市场，人们的文化寻根视野才转向被忽略已久的凯尔特文化。本书借助凯尔特神话的讲述，诠释其对西方文明和西方思想的重要原型意义。

叶舒宪

著名神话学学者，上海交通大学人文学院资深教授

在各民族神话那些诡谲变幻的形象和叙事背后，寄托着人类与生俱来的共通而朴素的欲望和恐惧，也蕴含人类先民最根本的困惑和思考。如果说，那些流传至今、充满象征和暗语的神话是遥远的祖先留给后人的漂流瓶，那么，这套三部曲神话读本，则用每一个现代读者都能听懂的语言，旁征博引，娓娓道来，把西方神话中那些古老的象征和暗语重新变成直抵人心的故事和教诲。

刘宗迪

北京语言大学文学院教授、民俗学研究所教授、博士生导师

如果说希腊神话以其人本理性、英雄史诗和清晰轮廓点燃了启蒙与秩序之火，凯尔特神话则以其对异界的神秘向往、与自然的灵性共鸣、对命运循环的幽微体悟，为西方文化洒下了一片朦胧、深邃、充满魔法与生命力的“灵境之光”。

黄悦

北京邮电大学数字媒体与艺术设计学院教授、博士生导师

现代人对我们少时熟知的希腊神话、凯尔特神话、北欧神话接触越来越少，殊不知，我们现在身处的世界，我们的很多思维方式都来自那些神话故事，普罗米修斯、美狄亚、俄狄浦斯、亚瑟王、屠龙勇士，这些熟悉的名字，其实一直都离我们不远，这套解读几个重要神话谱系的丛书，将引领我们复盘，带给我们对那些波澜壮阔、神诡莫测的神话更深入的了解和思考。

张延

英国《金融时报》FT 中文网出版人

如果你曾为《指环王》的中土世界着迷，被哈利·波特的魔法吸引，追过漫威的《雷神》，或者是《魔兽世界》的忠实玩家，那么这套书将带你踏上一场惊艳的文化溯源之旅。传奇的亚瑟王、智慧的梅林，挥舞神锤对抗巨人的托尔，盗火挑战宙斯的普罗米修斯……听精灵的低语、看英雄与命运抗争。沉浸于那些动人心魄的奇幻史诗，回到人类所有故事与幻想的最初，再看它们如何变幻流传，深远影响着我们当代的文化。与神明们同行，从人类文明长河的源头直达大海。

今何在

畅销书作家，编剧，知名游戏策划

神话不仅是口口相传的古老故事，也是现代人创作取之不尽、用之不竭的灵感库，更是我们思考命运，获得勇气，改变自己人生的思想源泉。它们不断地被讲述，不断地被再造。通过这些神话，我们不但可以从中窥见先民的生活，也可以观照我们自身。

李天飞

知名学者、作家，西游文化专家

神话究竟是什么？神话学家凯伦伊认为，真正的神话并非用于解释事物，而是为了奠定事物的基础。这句话很妙。过去，我们总是认为事物的基础是物质，但到了现在，我们却越来越强烈地感受到物质之外的某种东西，似乎才是一切的起源。你可以说它是心灵，是灵魂，是意识，但是神话却通过故事告诉你，那是一种“体验”，一种“原初体验”。这种体验曾经发生在我们人类祖先的身上，让他们大为震撼。他们想把这种体验说给更多的人听，也想让它在自己身上更加长久地停留，就这样，神话诞生了。神话承载的并非幻想故事，而是这种共属于全人类的体验。因此，阅读神话就是阅读人类的童年，而理解神话就是理解我们自己。

黄天怡

资深译者，前戏剧电影制作人

真正的自信，不是独自呐喊，而是敢于用自己的方式和世界展开对话。每次读到这些神话，我都会问自己：为什么它们能成为持久的文化符号？答案或许就在于开放与融合。今天，我们有越来越多的中国故事通过新技术被世界看到，我也希望这套书能给所有创作者和读者带来启发：自信地讲述自我，也勇敢地与世界共情。

张忆翔

动画策划人，编剧

推荐序

神话为什么值得重读?

黄悦
北京邮电大学数字媒体与艺术设计学院教授
博士生导师

这一套“塑造思维的神话”的系列图书终于要手拉手面世了，围绕着三本书重点讨论的希腊神话、北欧神话和凯尔特神话，我们提炼出了启智之火、原神之力和灵境之光三个关键词，希望能用多元文化的力量，点亮今人的文化创造。

因为研究方向的兴趣，我和湛庐围绕神话合作过几本书，其中包括久负盛名的《千面英雄》。神话学家约瑟夫·坎贝尔（Joseph Campbell）在这本书中提炼出的英雄之旅堪称故事里的神话模型，几十年来在文学、电影、游戏领域里广泛应用，成了打造流行文化作品的“金钥匙”。直到今天，人们还在讨论、套用或者试图超越这套源自神话的模型。比起单纯的模仿或颠覆，我认为更有意义的问题应该是拆解和深挖，“英雄之旅”超越时空的魔力究竟从何而来，它在今天依然有效吗？有没有可能被复制和扩展？我在“塑造思维的神话”这套书中找到了对这个问题最直接的回答。

如果要用一句话概括神话的功能，我想它们应该是**文化的干细胞**，也是**人类沟通的源代码**，其中包含着艺术的原型、哲学的雏形、情感的密码，以一种虚拟的方式演绎着碳基生物千年不变的底层算法。

神话塑造思维的框架

谈到西方神话，我们最为了解的三个传统，大概依次是希腊神话、凯尔特神话和北欧神话，其实如果把眼光放大到整个人类历史，他们的影响力并不是这样排列。北欧神话最为古老，希腊神话经过了神系的更迭，而凯尔特神话是从历史的尘埃中被挖掘抢救出来的遗迹。它们虽然都被中世纪的基督教视为“异教神话”，但并未成为被深埋的废墟，而是以更为隐秘的方式得以传承，这些痕迹保留在语言和思维的各个层面。其中最为显赫的当数希腊神话。希腊神话是古希腊人理解世界、解释自然现象、探索人性与社会关系的最早和最系统的尝试之一。它通过《荷马史诗》(《伊利亚特》《奥德赛》）和赫西奥德的《神谱》等作品，成为西方书面文学和系统思想的奠基之作。由于古希腊罗马文化长期被视为西方古典文化的正宗，所以在这片沃土之上培育出了哲学的萌芽、艺术的种子。**希腊神话之于西方文化，正如普罗米修斯从众神那里盗取的“火种”，在人间驱散蒙昧、点燃思想、传承智慧，照亮了人文精神的雏形，也淬炼出理性与科学的框架。**

阿瑟·克拉克（Arthur Clarke）最著名的科幻小说“太空漫游”系列，英文题目中用了 odyssey 这个词，火星探测器“2001 火星奥德赛号”的名字也延续了这个用法。英文中 odyssey 这个词与拉丁语 odyssea、法语 odyssée、希腊语 οδύσσεια（odysseia）一脉相承，都是源自古希腊的神话史诗《奥德赛》。这个词最初专指荷马的这部史诗作品，但随着时间推移，odyssey 在西方语言中逐渐沉淀，发展出比喻义，用来形容漫长而充满冒险的旅程或经历。现代英语中，我们常说 a personal odyssey（个人的人生历程）或 a spiritual odyssey（精神之旅）。将人生经历和面向未知的冒险比喻为一场旅程的观念就来自这个故事。不仅如此，大量英语及欧洲语言的词语、习语、典故直接源于希腊神话。例如，narcissism（自恋）源于那喀索斯，tantalize（逗引）源于坦塔罗斯，Achilles heel（致命弱点）源于阿喀琉斯，还有 Pandora's box（潘多拉魔盒）、herculean task（艰巨任务）、Oedipus complex（俄狄浦斯情结，即恋母情结），等等。这些词语融入了日常语言，成为思维和表达的基本构件。

《奥德赛》作为古希腊最著名的史诗之一，被视为希腊神话的宝库。你可能会问，这不是讲的凡人的故事吗？为什么也叫神话？因为在古希腊人的眼中，人无论多么努力，都在神的操控之下，而神自身其实也受制于命运。我们可以把《奥德赛》看作一部精彩的旅行文学作品，其中也包含了对人生重要问题的提问和回答。它更重要的意义在于，古希腊人将人类的命运浓缩在一个人身上，通过神所设置的众多考验和诱惑，凸显人类最致命的缺陷和最高贵的品质，实在是一种很高明的文学模式。这就是很多文学家声称自己从神话中得到灵感的一大原因，神话创造出很多文学的原型甚至框架，隐喻着人类的定位、处境和经历，也描摹了人性的复杂、幽微和多变。这种框架有时候还会成为当代文学有趣的参照系，比如，很多人可能都知道一部以晦涩难懂而著称的现代主义小说《尤利西斯》，这是爱尔兰作家詹姆斯·乔伊斯（James Joyce）的代表作。很多人都看不懂这部小说，甚至觉得名字都有些莫名其妙。其实尤利西斯（Ulysses）这个词就是罗马人对奥德修斯的称呼，作者从名字就开始暗示：我要讲的是一个当代奥德修斯的漫游故事，但因为作品中的人物与希腊神话中的英雄相去甚远，甚至截然相反，凸显出一种反讽和荒诞的意味，这就是希腊神话对现代主义文学的另一重馈赠了。

希腊神话最大的特点之一就是其神明具有高度的人格化特征，我们通常称之为神人同形同性。诸神拥有人的外貌、情感、欲望、优点和缺点，人类固有的嫉妒、愤怒、爱恋、虚荣、智慧、勇气在诸神的身上得到了最为充分的表达。这与许多其他文化中威严、抽象、超越人性的神祇形象形成鲜明对比。神话故事虽然充满神祇的任性妄为，但也通过英雄的品格（如奥德修斯的智慧与坚韧、赫拉克勒斯的勇气与力量）和故事的结局（如尼俄柏的傲慢导致毁灭、俄里翁不敬神带来惩罚），传递了关于勇敢、智慧、正义、节制、虔敬等早期伦理观念，为后世的道德哲学提供了讨论的基础。在希腊神话中，人类开始正视自身的欲望和缺陷，由此也获得了与诸神同等的价值。神话的核心虽然是神，焦点却常常落在人身上——他们同情俄狄浦斯的命运、赞美赫拉克勒斯的功绩、共情阿喀琉斯的愤怒与悲伤，人的命运、人的抗争、人的英雄主义、人的悲剧与弱点就得到了理解。**古希腊人对人类自身存在、价值和潜力的深刻关注与探索，是西方人文主义思想的源头。**

神话以最简洁的方式，铸造了一把钥匙，通往人类丰富灿烂的知识宝库。这里所说的知识不仅是天文历法等自然知识，更是通往人类认识自我和社会的终极问题。比起古人，今人或许在技术方面有了巨大的飞跃，但面对爱恨情仇、道德、信仰，人们的困惑却贯穿古今。更重要的是，今天西方的社会制度、审美观念很多都是从神话时代奠基，追根溯源，可以帮我们看清这个世界的来龙去脉。

神话世界里的素材宝库

沿着坎贝尔所开创的方向，我们首先会发现神话是通往创造的素材宝库，不仅古典艺术，就连在很多成功的流行文化作品中，也很容易分辨出神话的原型。

说到当代西方文化中的神话元素，首先绕不开的一个人就是托尔金。追溯历史，他几乎以一己之力创造了一个充满精灵和魔兽的中土世界，让西方奇幻文学成为影视、游戏的源头。在那里，魔法依然有效，理想旗帜高扬，热血的英雄始终在为部落和荣誉而战。事实上这个貌似凭空创造的奇幻中土世界正是脱胎于神话。

托尔金自小便对欧洲的异教神话兴趣浓厚，尤其是在他长期学习古英语、古挪威语、古德语等语言的过程中，北欧的诗歌、神话和史诗对他影响深远。托尔金学识渊博，精通包括《埃达》(*Edda*)、萨迦(saga)文学在内的许多古代文本，这些都深深地启发了他在《指环王》和《霍比特人》中的创作。

北欧神话中的世界之树伊格德拉西尔是一个核心象征。在神话中伊格德拉西尔被描绘为一棵巨大的树，树干贯穿着九个世界，每个世界代表了不同的存在形式或生命状态。这些世界和它们之间的关系由树的根、干和枝组成，树根深入冥界和巨人世界，树干连接着人类世界，而树枝则延展至神灵的居所——阿萨神域等。每个世界之间通过这棵树相互联系，树的存在象征着宇宙的整体性与平衡。伊格德拉西尔的三条根分别连接到三个重要的地方：一根深入到巨人世界，与巨人族的神秘力量相连；一根连接到冥界，是死者灵魂的归宿；另一根则连接到神圣的源泉——泉水中蕴含着知识与智慧的源泉。树的枝干代表着世界的上层空间，包括人类世界(米德加尔德)、神灵世界(阿斯加德)、精灵世界(阿尔夫海姆)等。伊格德拉西尔不仅是物理上的宇宙轴心，它的存在也是宇宙秩序、生命与死亡、命运与轮回的象征。《指环王》中的中土世界由不同的地区和种族构成，每个区域都承载着不同的历史、文化与冲突，类似于伊格德拉西尔所代表的多个世界之间的联系与交织。

托尔金的作品中有许多角色和神话形象与北欧神话中的人物高度相似，甚至是直接借鉴。比如拥有深厚魔法功力的巫师甘道夫身上就能看到奥丁的影子。在北欧神话中，奥丁是一个智慧与战争之神，拥有神秘的力量与深厚的知识。他常常以一位老年智慧的旅行者形象出现，具有领导者的特质。甘道夫是《指环王》系列中的核心人物之一，他是一个智慧、强大且拥有神秘力量的巫师，并且总是带着一根长杖，这与奥丁手持权杖的形象相似。甘道夫也在故事中承担了类似奥丁的“引领者”和“导师”的角色，帮助弗罗多、阿拉贡和其他角色走向他们的命运。甚至甘道夫的名字本身就来自北欧神话中的Gandalf，这是一个古老的北欧名字，意指“魔法的精灵”或“持杖者”，这也揭示了甘道夫与奥丁的联系。

与他相对，萨鲁曼最初是白色巫师，象征着智慧和领导力，但他最终堕落为黑暗势力的一员，萨鲁曼为了个人的权力而背叛了他的同盟，尤其是在《指环王》中，他与索伦联合，企图掌控魔戒，显露出洛基般的自私与野心。这个形象源于北欧神话中的洛基，洛基在神话中是一个狡猾、变幻莫测、常常带来混乱的神祇。萨鲁曼和甘道夫之间的对立关系，直接源自神话世界中奥丁和洛基的关系。

阿拉贡在《指环王》中是王子、游侠和战士的结合体。他具有强大的战斗力和领导能力，与托尔的英勇精神相呼应。托尔是北欧神话中的雷神，他是战斗和保护的象征，手持雷神之锤妙尔尼尔（Mjöllnir）。在托尔金的作品中，阿拉贡有着类似的英雄气质。

北欧神话中的“艾尔夫”（Alfar）是神秘且美丽的生物，托尔金在创作精灵时，将其描绘为与自然和谐共处、长生不老、具有高贵气质的种族。像埃尔隆德、莱戈拉斯这样的角色，都具有这样的特点。比如，莱戈拉斯就拥有不凡的箭术和敏捷性，代表着精灵的超凡能力；埃尔隆德则是智慧与领导力的化身，类似于北欧神话中的高等精灵或神祇。

托尔金创造的中土世界不仅是一片虚构的土地，它还拥有复杂的历史、语言、种族和文化，而这些元素深深受到了北欧神话的启发。在北欧神话中，诸神黄昏是神与巨人之间的最终决战，标志着世界的毁灭和重生。这个概念直接影响了托尔金作品中的“末日”主题：

《指环王》里的基本设定起源于魔戒的力量即将彻底摧毁世界秩序，这个中土世界面临的巨大危机就是脱胎于“诸神的黄昏”，正是通过这一设定，末日来临的氛围和英雄们奋力拯救的使命才得以激发。

作为西方奇幻文学的巨擘，托尔金在《霍比特人》和《指环王》中的创作，深深根植于北欧神话的土壤。无论是角色塑造、世界观构建，还是语言创作，都巧妙地融入了北欧的神话元素。这些神话中的神祇、英雄、世界末日和各种超自然生物，成了托尔金构建庞大、富有层次的中土世界的基石。托尔金在创新的同时，也保持了对北欧传统的尊重，这使得他的作品既富有新意，又充满了经典的神话色彩。这不仅使得他的作品获得了广泛的文化共鸣，也为后来的奇幻文学创作树立了新的标杆。

事实上，托尔金的选择绝非偶然，素材只是神话为现代文化提供的最表层的资源，在神祇和精灵的背后，神话以一种更为系统性的方式影响着人类文化的结构和走向。我们用“原神之力”来概括北欧神话给我们的馈赠，指的就是在一个庞大而富有层次的世界观之上，面对着“诸神黄昏”，英雄和精灵们所迸发出来的生命之力。**我们将北欧神话誉为西方文化的“原神之力”，正是强调其中的原始野性、混沌创世、毁灭宿命与抗争精神。**它不像希腊神话般闪耀着理性之火，也不似凯尔特神话般萦绕着灵境薄雾，而是以冰与火的狂暴能量、诸神与巨人的永恒厮杀、注定陨落的悲壮宿命，为西方精神注入了粗粝的生命力、直面深渊的勇气，以及在毁灭中寻求意义的终极力量。

古今相通的情感密码

很多人喜欢希腊神话，不是因为其中的英雄和战争，而是因为其中有很多贴合人性的情感纠葛。古希腊的神不像别处的神祇那样高高在上、道德完美，他们也有缺点，爱撒谎，喜欢追求好看的和好吃的。人们喜欢看众神陷入狼狈的境地，仿佛为人生的磨难找到了慰藉。其实古希腊人对神的设定，最大的特点就是神与人“同形同性”，而这一点也赋予了古今相通的独特魅力。但除了相通的人性，神话里更动人也更有价值的，还是那些让人成为人的故事。相传缪斯女神之一卡利俄珀有一个儿子叫俄耳甫斯，他拥有无人能比的音乐才能，能让草木顽石感动，连阿波罗都自愧不如，把自己珍贵的里拉琴送给了他。就是这样一个文艺天才爱上了无与伦比的美丽女子欧里狄克。但很不幸，欧里狄克因为被蛇咬到而瞬间丧命，俄耳甫斯决定下冥府去寻找她。这样的爱情可谓是感天动地了，在希腊神话及其后世创作中，俄耳甫斯经历千难万险来到了冥府，一路上渡过了愁苦河、悲叹河、火焰河、遗忘河和怨恨河，还遭遇了众多怪物，比如地狱的三头犬、半人马、百臂巨人、九头蛇海卓拉、鹰身女妖哈耳庇厄、奇美拉以及独眼巨人，所有这些考验都没能让他退缩。最终，他优美的音乐和坚贞不渝的真情果然打动了冥府的主人——珀尔塞福涅同意让他带着妻子重返阳光下的世界。但是，冥后珀尔塞福涅提出了一个条件：回去的路上欧里狄克只能静静地跟在身后，俄耳甫斯绝对不能回头看她，也不能与她交谈。与爱人重生相比，这个条件简直无足轻重，所以俄耳甫斯很痛快就答应了。他这时显然还不明白这个条件意味着什么。也许是因为幸福来得太突然，在回程的路上，俄耳甫斯忽然一阵担心，周围这么静悄悄的，欧里狄克是不是还跟在他身后？于是他偷偷回头看了一眼，这一次致命的回头注定了他们将永远分离。独自回到人间的俄耳甫斯再也无法感受到真爱，终其一生只与音乐为伴。这似乎是一个关于信任和禁忌的寓言，但在古罗马诗人维吉尔看来，驱动这个故事的是真爱，是热烈又盲目的爱。至于俄耳甫斯为什么偏偏要在那个紧要关口打破禁忌回头，你可以有很多种理解，但这或许从某种角度揭示了相爱的本质：越是小心翼翼，患得患失，越是渐行渐远，无可挽回。无可置疑的一点是，爱与死的对立是凡人无法逾越的鸿沟，爱人或许会阴阳相隔，但真爱不会被死亡抹去。这样看来，在爱情和婚姻的问题上，人类倒真成了神的榜样，也许正是因为我们不完美的形态和短暂的生命赋予爱情更高的价值，让我们知道珍惜，懂得坚守。

在心理学领域，从弗洛伊德开始，对神话的阐释逐渐发展为一个比较完整的系统。以往的神话学家在历史和社会等外部因素框架内寻找神话的真义，与此不同的是，心理学家更看重的是对神话的精神动力学的揭示。对持有外部视角的研究者来说，神话是蒙昧时代的化石，仔细解读可以获得关于历史的蛛丝马迹。但心理学家不这样认为，他们把神话看作内在心理结构向外投射的产物，其中最有名的成果是弗洛伊德提出的俄狄浦斯情结。从弗洛伊德的潜意识理论，到荣格的原型说和弗雷泽的文化人类学，再到阿德勒的个体心理学与罗洛·梅的存在主义，蔚为大观，不仅产生了一系列学术著作，而且从不同侧面对传统神话做出了更为深入的诠释。其中最为人所熟知的是坎贝尔分析英雄神话的《千面英雄》，这本已经被好莱坞和全球创意行业推为“圣经”的经典，呈现出的只是对神话的心理学解读之冰山一角。

对现代人来说，神话所能提供的不仅是与传统的深度连接，更重要的是对心理危机的克服，这种危机并非与愚昧和非理性必然相关，而是与人的生物属性相关。“神话是我们弥合生物自我与人性自我之间裂隙的必要手段。”心理学家罗洛·梅认为，神话是给予我们的存在以意义的叙事模式，能够在无意义的世界中让人获得意义。他指出，神话的功能是能够提供认同感、团体归属感，支持我们的道德价值观，并提供看待创造奥秘的方法。莉莲·费德（Lillian Feder）也提出：“只有当人们用神话作为合法性的模式来化解那些冲突的冲动、愿望以及无意识中的社会需求，这条贯穿弗洛伊德、荣格到弗雷泽爵士的思路打开了一个关于神话理论的潘多拉魔盒，从此心理学家、人类学家、诗人和文学批评家在其中互相冲撞。”事实上，神话学家和心理学家所阐述的深刻道理可以走出书斋，被还原到神话及其艺术载体的故事和形式中去，并使其为更多的现代人所理解和接受。凭借这些故事，古老的神祇摆脱了偶像的泥胎，从凝固的大理石和画框中走出来，化为我们身边一起嬉笑怒骂的熟人，在亲切而不浮华的叙事中，让读者与传统产生深度连接和认同，故事的魅力，就在于此。神话的魅力，也在于此。

神话是哲学的雏形

西西弗斯是柯林斯城的缔造者，是人间最具有智慧的国王，通晓很多凡人不知道的知识。有一次他为了向邻国国王埃索普斯要一眼泉水，就告密说是宙斯抢走了他的女儿。事实也确实如此，西西弗斯没有撒谎，但他知道的事太多，又爱告密，触怒了宙斯，宙斯决定剥夺他的生命。宙斯派死神塔那托斯前去索命，这本来是一个再正常不过的程序，但西西弗斯竟然亲自将死神打翻在地，并用绳子捆了起来，把死神囚禁在自己的宫殿内。由于死神缺位，世界上就没有了死亡，这下连哈迪斯都被惹怒了。事情败露，西西弗斯知道自己难逃一劫，计上心来又一次戏弄了众神。他叮嘱自己的妻子，在他死之后千万不要为他举行葬礼。于是到了地狱的西西弗斯就去找哈迪斯抱怨，说自己的妻子太不像话了，竟然连个像样的葬礼都没给他办。他要求回到人间去，惩罚他这个没有良心的妻子。哈迪斯也单纯，可能因为常年待在地下不了解凡人的套路，竟然就答应了。西西弗斯回到人间，再也不肯主动再去冥府报到了。他就这样留在世上享受生命，直到再次被抓回冥界。这一次众神就没有那么好说话了，西西弗斯被罚留在地狱里，向着山顶推一块巨石，这块石头大而且重，西西弗斯必须竭尽全力才能推动，更残酷的是每当他接近山顶时，巨石就会滚落下来，于是他必须再次推石头上山，这个过程永无休止。这个故事产生得很早，因为《荷马史诗》中奥德修斯就在冥府中见到了服役的西西弗斯，他“肌肉紧绷，汗流浃背，大团的灰土罩在头顶”，看起来很是狼狈。诗人但丁在《神曲》中也描绘自己在地狱里见到西西弗斯的场景。在他们看来，西西弗斯虽然命运悲惨值得同情，但这是他自己欺骗神的后果，也算罪有应得。

西西弗斯推了上千年的石头之后，终于有人肯站出来替他说话了，这个人叫加缪，曾经获得诺贝尔文学奖，但更多时候人们把他看作哲学家。他曾写过一篇散文盛赞西西弗斯，认为他才是人类中间真正的幸福者，因为他接受了命运的荒诞，这种荒诞在更多的时候并不是源于不公正，而是一种单纯的无意义。尽管西西弗斯清醒地意识到他的所有努力都是徒劳，但依然选择了忍耐和坚持，而不是放弃和自杀。在加缪看来，这是人在无意义的世界唯一的一种英雄行为。现在国内有一家很有名的连锁书店，已经开遍了各大城市，书店的名字就叫西西弗，据说就是源自西西弗斯。我猜想，书店的创立者或许和加缪有类似的想法，**虽然人在这个世界上的生存十分艰难，必须时刻与艰难、困苦甚至荒诞、无意义对抗，但真正的出路并不在于逃开或者放弃，而是以一种清醒而理性的眼光来参与现实人生，这样做看起来有时似乎徒劳，但也不失为一种幸福。**在各大城市的繁华地带，物欲流动的购物中心，一个得名于希腊神话的书店越开越多，或许就代表了希腊神话对现代人独特的启发或安慰。

集体情感的显影剂

凯尔特神话作为一种古老传统，代表着神话带给西方文化的另一重贡献，它带来了与众不同的生命力与神秘气息。**如果说希腊神话以其人本理性、英雄史诗和清晰轮廓点燃了启蒙与秩序之火，凯尔特神话则以其对异界的神秘向往、与自然的灵性共鸣、对命运循环的幽微体悟，为西方文化洒下了一片朦胧、深邃、充满魔法与生命力的“灵境之光”。**这种自然灵性不是蒙昧的迷信，而是对宇宙生命力、循环与内在联系的感知，是帮助人类认清自我在自然界中位置的一束独特光芒。

不同于希腊神话对奥林匹斯山顶权力的向往，凯尔特神话创造了一个薄纱般的“彼世”（otherworld）：其核心的特征是其对“异界”

的执着描绘。这个世界并非遥不可及的天堂或地狱，而是与人间紧密交织、仅隔一层“薄纱”的平行维度。它充满魔力，时间流速不同，美丽丰饶却也暗藏危险。库丘林求学、布兰远航、亚瑟王求圣杯，凯尔特的英雄的旅程总是朝向远方，英雄、德鲁伊、仙女则常穿梭于人间与异界。这种对“他者世界”的开放性和探索，为西方文化注入了对未知、神秘、超自然维度的深刻迷恋和敬畏，是奇幻文学、哥特风格、神秘主义思潮的重要源泉。**所谓灵境，则代表了一种超越物质现实的、充满灵性可能性的领域，是灵魂、梦境、预言和魔法的居所，照亮了理性逻辑之外的广阔精神空间。**

和很多曾经辉煌后来失落的文明一样，关于凯尔特人的话题引人入胜而又充满神秘气息。然而，与那些留下丰富遗物的古文明不同的是，这个名字始终被传说层层笼罩，唯其如此，就更显得模糊而又迷人。根据今天历史学家的普遍看法，凯尔特人是印欧人的一支，曾经盛极一时，大约公元前 5 世纪到公元前 4 世纪在中欧地区占据了文化和军事上的绝对优势，对整个欧洲的文化版图的划定产生了非常重要的影响。他们曾经和希腊人结盟、和罗马人交战，以其浪漫诗意的文化基调和勇猛善战使对手印象深刻。在各种传说中，他们一方面被描述为野蛮好战，另一方面又浪漫唯美且充满艺术气质，他们有惊人的学习和创造能力，又有天真的一面。罗马人把他们称为“皮克特人”（Pict），意即“有文身的民族”，但同时他们也承认凯尔特人英勇好战、相貌堂堂。这些看似矛盾的特点，构成了独特的凯尔特文化，甚至成了他们独特的魅力所在。凯尔特文化虽被罗马帝国和基督教挤压，但其神话并未彻底消亡。它转入民间传说、地方习俗、圣徒传记中，以隐晦的方式顽强生存，成为非主流文化的精神火种。

18—19 世纪起的凯尔特复兴重新发掘其神话遗产，赋予其新的文化意义和民族认同感，使其“灵境之光”在现代重新焕发。早在 1889 年，爱尔兰独立运动的领导者，爱国诗人叶芝就曾出版过《奥辛的漫游及其他诗作》，其中奥辛这个人物就是凯尔特神话里的主角之一。叶芝从流传于民间的传说中汲取灵感，将其铸造成关于妖精、幽灵、古老神灵和巫术的故事。全书充满了梦幻般的意象和对凯尔特文化传统的深情描绘，展示出古朴乡村的生活风貌和文化底色。作品中反复提到的精灵（faery），就是爱尔兰文化中一种具有复杂背景的神话形象。叶芝将这些传说生动地带入文本，描述它们是“被降级的古代神祇”或者是“自然的元素精灵”。这些精灵往往神秘、喜怒无常，既令人敬畏又充满魅力。在凯尔特神话中，这些精灵是世界的一个部分，具有和人类相似的脾气秉性。

爱尔兰解放运动虽然已经过去上百年，但它提供给当代人的启发不容小觑。当然，凯尔特人的这种文化寻根的意识并非只表现在文学领域，除了当代西方十分流行的新时代运动格外推崇凯尔特文化之外，今天在 NBA 和欧洲的职业足球赛中仍然有“凯尔特人”这样的队名，大概正是因为推崇凯尔特人自由奔放、勇敢热情、崇尚荣誉、热爱冒险的精神。从《魔兽世界》的德鲁伊文化到《塞尔达传说》的海拉鲁大陆，从《潘神的迷宫》到《海洋之歌》，凯尔特神话的异世界、精灵、勇士和神秘氛围持续激发创作，其“灵境”美学广泛传播。经过历史的冲刷，“凯尔特神话”在大众文化的语境中也代表了边缘文化、前基督教异教信仰在主流文明压迫下的韧性和持久生命力，提醒西方文明其精神构成的多元性。

通往自我理解的桥梁

2017 年前后，我与湛庐合作制作坎贝尔的著作《追随直觉之路》的有声书。那一次逐字逐句阅读给了我一个人到中年梳理思路，重返内心的机会。在那之后，面临很多人生重大选择的时候，我常常会想起书里的句子。直觉并不是什么神秘力量，它其实是一套更为复杂庞大的潜意识系统绕过前台运行的意识，提前计算出了结果而已。这个后台运行的潜意识系统中更为丰富的参数，很可能就来自远古祖先的馈赠。

循着神话的心理学路径，坎贝尔不仅总结出人类英雄普遍的模式，还用这种模式打造出大量成功的文化成果。这么说你可能觉得有点抽象，但不妨试着将你所熟知的好故事和好品牌一一代入，你会发现，这套源自神话的密码一直在潜移默化地主导着我们的爱憎好恶、审美偏好乃至消费行为。**这些早在神话时代就已经埋下的种子，之所以至今生机勃勃，最终还是因为根植于我们内心深处的欲望和恐惧，联通了浓缩的人类经验和情感。**于是，神话又变成了直达集体心灵的桥梁。

弗洛伊德有一个比喻，他说人类的精神世界远不像表面看上去那么清晰明了，我们每个人的精神世界都藏着一座冰山，除了水面之上能看到的 1/10，水面之下还藏着巨大的潜意识。弗洛伊德主张借助童年经历和创伤性记忆去潜入水下，了解自己的潜意识，但他的得意门生荣格并不完全同意导师的看法，荣格认为决定潜意识的，不仅有被压抑的个体无意识，还有来自远古时代的集体无意识。荣格把这种从神话中提取的结晶物叫作神话原型。

伊卡洛斯的飞翔神话源自希腊神话，讲述了伊卡洛斯和他的父亲代达罗斯被困在克里特岛的迷宫中的故事。代达罗斯是一位智慧超群的工匠和发明家，他为国王米诺斯设计并建造了迷宫，最终他和儿子伊卡洛斯被困其中。

为了逃脱迷宫，代达罗斯发明了翅膀，用蜡和羽毛将其制作成飞行器。父子俩用这些翅膀逃离了岛屿。代达罗斯在启程前警告伊卡洛斯，不要飞得太高，因为太阳的热量会熔化蜡，也不要飞得太低，因为海水的潮湿会弄湿翅膀。父子俩在飞行途中，代达罗斯成功遵守了警告，但伊卡洛斯却因骄傲和自信飞得过高，接近太阳，导致蜡熔化，最终坠入大海。伊卡洛斯的飞翔和坠落有着深刻的象征意义，尤其是对人的骄傲和冒险精神的警示。伊卡洛斯过于自信，不听从父亲的经验教训，飞得过高，代表了人类在面对力量和欲望时可能会过度自信或盲目冒险，最终导致自我毁灭。

伊卡洛斯的飞翔象征了人类对自由和超越常规束缚的渴望，其与太阳的对抗代表了人类试图控制或超越自然法则的冲动。神话的结局表明，尽管人类可以通过智慧和努力取得某些进展，但自然的力量终究难以抗衡。伊卡洛斯的失败并非单纯的偶然，而是对人类冒险精神和不顾后果的飞跃行为的警示。他的死象征着人在追求目标时，若忽视界限与智慧，最终可能会付出惨重的代价。伊卡洛斯神话在艺术、文学、电影等领域有广泛的影响。在这些作品中，伊卡洛斯往往被视为勇气和失败的象征，成为人类对理想、梦想和极限挑战的复杂情感的载体。

伊卡洛斯的飞翔和坠落常常被视为人类精神或心理的象征。许多心理学家认为，伊卡洛斯代表的是人类内心中对自由和权力的欲望，尤其是自我超越的愿望。然而，这种欲望如果没有适当的节制和正确认知，便可能导致失败或自我毁灭。这与弗洛伊德所提到的自我和超我、意识和潜意识的关系相呼应，反映了个体与社会约束、内心欲望和理性之间的冲突，提醒我们在追逐梦想时，要保持谦逊与自律。

没有人会怀疑，历经千年，那些关于终极力量的寓言、英雄和反英雄的对抗、充满创造力量的大母神依然闪闪发光，照亮着现代人的精神之路。通过研究各种神话和精神病案例，荣格提出了一系列可识别、可组合的神话原型，其中最著名的包括阿尼玛和阿尼姆斯原型。所谓阿尼玛原型就是指男性心灵中通过遗传而具有的女性成分，因为叠合了人类能感受到的女性的全部特点，所以对男性具有致命的诱惑。阿尼姆斯原型则相反，是指女性心灵中的男性成分。阿尼玛在希腊神话中以女神、女妖或者女仙的形式出现，既美好又危险。奥德修斯在航海中所遇到的塞壬就是一个代表，这些具有魔性的海妖，用歌声诱惑过路船只上的男人，能令听者陶醉，但也会使他们发狂，最终失去理智和生命。这样的阿尼玛是致命诱惑的代名词，具有强大的情感唤起能力。所以塞壬不仅成了后来很多艺术作品描绘的对象，也成了消费社会的宠儿。

生命与死亡、英雄主义与自然崇敬等亘古主题，经由凯尔特神话这一桥梁继续在今日文化中回荡，彰显出其超越时空的恒久魅力与思想价值。神话并非尘封过去的静默遗迹，而是一座活水泉眼，至今持续滋养着我们的想象力与创造力。

流行文化的源头活水

近年来，电子游戏作为一种新兴的娱乐方式，也自然吸引了大量关于北欧神话的创作。究其魅力，可以从形式和内容两方面理解。首先，北欧神话中的世界观通常非常庞大，涵盖了从阿萨神域到米德加尔德的多个世界，包含丰富的地理、文化和物种，这非常适合用开放世界的方式呈现。玩家可以自由探索这些世界，解锁更多的故事情节与任务，增强游戏的沉浸感。

其次，游戏中的怪物、神祇、战斗场景和世界观，常常需要震撼的视觉效果和独特的设计，而北欧神话中的神祇、怪物和魔法世界在视觉呈现和游戏设计上具有很大的优势。巨人、龙、神秘的森林、寒冷的北国等，充满危险而神秘的气息，能为游戏设计师提供丰富的视觉素材。游戏中的战斗场景、角色设定以及世界设计，都能通过这些神话元素来创造更具冲击力和吸引力的视觉效果。不仅如此，魔法、神器（如托尔的雷神之锤）以及神祇的能力，可以成为游戏中战斗机制的一部分。这些元素为角色的技能设定和战斗玩法提供了极大的空间，也能带给玩家更加沉浸的游戏体验。

北欧神话强调“命运”与“预定的终结”，这些元素为角色扮演游戏提供了非常契合的叙事框架。玩家角色往往需要面对不可避免的结局，或者在历史中做出关键决策，正如“诸神黄昏”中的命运争斗。北欧神话中的英雄故事往往具有强烈的情感冲突、道德选择和英雄成长，这对于玩家来说，尤其能够产生共鸣。例如，英雄往往需要面对自我牺牲、亲情与责任之间的抉择等，这些都可以在游戏的情节中深刻体现。

北欧神话虽然源自古代，但许多元素在当代文化中依然具有强烈的象征意义。现代玩家在接触这些故事时，往往能感受到强烈的文化认同和情感共鸣，从而更容易投入到游戏体验中。究其原因，是因为其中把握住了古今相通的情感密码，比如**北欧神话充满英雄主义气质和悲壮的史诗感，尤其以表现英雄的成长与牺牲见长。**在诸神黄昏的总体设定之下，许多神祇和英雄都面临着命运的挑战，如托尔和洛基的冲突、奥丁的牺牲等，这些故事能够为游戏设计提供深刻的情感驱动力，让玩家在游戏中体验到英雄的成长与命运的冲击。

综上，北欧文化具有很多优势：丰富的文化资源、视觉冲击力、游戏机制的契合度，以及对玩家情感的深刻触动。无论是从游戏设计、市场需求，还是从文化背景来看，北欧神话都为当代电子游戏提供了一个极具吸引力的源泉。这使得越来越多的游戏开发者选择以北欧神话为题材，为玩家呈现充满幻想与冒险的虚拟世界。

伊格德拉西尔的象征性也出现在电影和电视剧中，尤其是奇幻题材的作品。例如，在漫威电影宇宙中，伊格德拉西尔的影响体现在阿萨神域的设定中，其中的宇宙结构与北欧神话的世界观密切相关。伊格德拉西尔本身作为连接不同世界的树，也成为许多现代电影中神秘和力量的象征。伊格德拉西尔的宇宙结构，也被许多学者用作宇宙观与宗教信仰的哲学模型。在一些宗教和哲学流派中，伊格德拉西尔代表了宇宙的整体性、统一性和层次结构，成为象征世界秩序、智慧与平衡的核心形象。此外，它对宗教仪式和象征的影响也延伸到了其他文化中，伊格德拉西尔的树形象经常被用于象征神圣的存在、灵性和人与宇宙的关系。

随着全球化的推进，尤其是影视、书籍、和文化产品的流行，北欧文化在全球范围内的影响力不断增强。近年来，北欧电影、电视剧（如《权力的游戏》、奈飞的《北海传说》）、文学作品（如尼尔·盖曼的《美国众神》）等都受到广泛关注，这些作品在一定程度上为北欧神话的现代化传播起到了推动作用。

我们也会在漫威系列的作品中看到北欧神话的影子，《雷神》电影和《复仇者联盟》让托尔、洛基等北欧神话中的角色进入了现代流行文化的视野。尽管这些电影并非完全忠实于北欧神话，但它们通过角色的塑造和情节的演绎，将这些神话元素带入了广泛的受众群体，增强了这些素材在全球范围内的认知度。

有趣的是，很多人从神话中琢磨出了一套实用的广告营销理论。美国经济学家肯特·沃泰姆（Kent Wertime）以荣格的神话原型说为基础，概括出 12 种广告世界最为常用的神话原型，其中包括：终极力量、塞壬、英雄、反英雄、创造者、变革大师、权力经纪人、智慧老人、忠诚者、圣母、小骗子、哑谜形象。与此类似，美国人玛格丽特·马克（Margaret Mark）和卡罗·皮尔森（Carol Pearson）曾经写过一本书，名字就叫《如何让品牌直击人心》（*The Hero and the Outlaw*），其主题就是以神话原型打造深植人心的品牌，这本书的作者之一马克是国际著名 4A 广告公司的执行副总裁，通过研究世界成功品牌的广告叙事，他们也提炼出一套可执行的神话原型符号，其中包括：天真者、探险家、智者、英雄、亡命之徒、魔法师、凡夫俗子、情人、弄臣、照顾者、创造者、统治者。对比这两套方案，我们会发现，虽然称呼略有不同，但内核基本相似，或许这就是神话原型的稳定性所在。比如塞壬这个原型，与情人类似，显然就是对阿尼玛原型的延展和应用，几乎可以在所有面向女性客户的奢侈品广告中看到；而高科技产品的发布会和广告则无不反复强化着“创造者”这个原型。这些早在神话时代就已经埋下的种子之所以至今生机勃勃，最终还是因为根植于我们内心深处的欲望和恐惧，联通了浓缩的人类经验和情感。所以神话的秘密不在别处，就在我们自己内心，特尔斐神庙上的话说得一点不错。

人之为人的关键

人们常常把神话看作博物馆里的古物，我们在茶余饭后提起它们，就像凝视那些千万年前形成的琥珀，这些相隔千年的古老故事，与我们之间还能有什么关系呢？我相信历史学家尤瓦尔·赫拉利（Yuval Harari）所说的，**神话里藏着人之为人的关键，用象征体系创造专属的意义。**赫拉利认为，我们人类之所以与其他动物不一样，其根本就在于我们发明出了一套共同信仰的符号体系，并把这个故事坚持讲了很多年。在我看来，那个古老的故事流传太久，已经被改头换面，融入人类精神血液，其沉淀下来在后台运行的代码体系，就是“神话”。

或许在理性的现代人眼中，古人对世界的解释荒诞不经，早已不再适用。但试想一下，如果忽然有一群外星人降临地球，或者1000年后觉醒的硅基智能生物穿越过来，刚好降落在巨星的演唱会现场，说不定也会觉得我们就是一群迷狂的非理性动物。冷眼旁观，我们今天所崇拜的一些形象，又何尝不是新版的神话呢？反过来，耐心倾听这些统治了人类几千年的好故事，必将有助于我们创造出直达人心的新故事。

愿这三本书能带你带着今人的理性重回古老神话的世界，观过往，见自我，知未来，获得艺术灵感、智慧启迪和信念之力。

测一测

你了解凯尔特神话吗？

扫码加入书架
领取阅读激励

扫码获取全部测试题及答案，
一起了解凯尔特神话是如何
塑造我们的思维方式的

- 爱尔兰传说中的“图阿塔·德”这一群体是指什么？（单选题）

  A. 一群古代的战士

  B. 一支神秘的军队

  C. 一群神族的后裔

  D. 一群迷失的灵魂

- 布洛德韦德因为什么被惩罚而变成了猫头鹰？（单选题）

  A. 因为她不愿与人类通婚

  B. 因为她试图杀死她的丈夫

  C. 因为她背叛了她的朋友

  D. 因为她侵犯了神的权威

- 当库丘林的身体“扭曲到痉挛”时，他的外貌会变成什么？（单选题）

  A. 怪物

  B. 巨人

  C. 鸟

  D. 蛇

扫描左侧二维码查看本书更多测试题

The Celtic Myths
That Shape The Way We Think

目　录

引言

凯尔特神话的独特世界

凯尔特神话与希腊、罗马或印度的神话风格迥异，也不太像北欧神话。理解凯尔特神话最好的办法是稍留悬念，把它当作一个独立的世界来看待。走进凯尔特神话的我们，就像威尔士和爱尔兰故事中的许多英雄一样，在一个大雾弥漫的秋天，走进一个运行着不同规则的陌生世界。

一个女孩在花与叶的旋涡中翩然降临，面庞被露珠沾湿。身形巨大的神灵在满是碎石的战场上大步流星。三个孩子在恐惧中逃离，他们的手臂长出了羽毛，变成了天鹅的羽翅。在远方鸟儿的悠扬音乐声中，被斩下的巨人头颅主持了一场盛宴。

引 言
凯尔特神话的独特世界

每当我们想到凯尔特神话，一些画面就从迷雾中浮现。一个女孩在花与叶的旋涡中翩然降临，面庞被露珠沾湿。身形巨大的神灵在满是碎石的战场上大步流星。三个孩子在恐惧中逃离，他们的手臂长出了羽毛，变成了天鹅的羽翅。在远方鸟儿的悠扬歌声中，被斩下的巨人头颅主持了一场盛宴。

这就是凯尔特神话的经典景象，体现出极富神秘感和想象力的神话传统。但凯尔特神话与希腊、罗马或印度的神话风格迥异，也不太像北欧神话。理解凯尔特神话最好的办法是稍留悬念，把它当作一个独立的世界来看待。走进凯尔特神话的我们，就像威尔士和爱尔兰故事中的许多英雄一样，在一个大雾弥漫的秋天，走进了一个运行着不同规则的陌生世界。

从一个极端来看，可以说“凯尔特神话”事实上根本不存在。虽然这可能太过偏颇，但我们在阅读此书时，完全有理由在凯尔特神话之上保留一对无形的引号。下面我用三个原因来解释这一说法。

首先，至少在欧洲范围内，“神话”通常是指基督教创立之前诸神的故事，例如，当我们讨论希腊神话时，这一时间点就是明确的。但问题在于，所有凯尔特神话都是基督教时代的产物，有书面记载的所有凯尔特神话都诞生于中世纪，甚至更晚的时候。这意味着，我们没有任何在基督教到来之前由崇拜古老神灵的凯尔特人讲述的古老的版本，这与希腊－罗马神话形成了鲜明的对比。当然，这并不是说远古凯尔特人没有讲述丰富的神话故事，这些神话的存在毋庸置疑，只是缺乏相关的文字记述，或者确实有过记述，只是在历史长河之中销声匿迹了。在希腊和罗马作家的著作中隐隐暗含着一些我们已经失去的宝贵记述。举个例子，2 世纪，讽刺作家卢西恩（Lucian）的作品中有着关于高卢人（Gaul）的记述，高卢人是如今在法国境内讲凯尔特语的民族，在他们的神话中，有着自己的半神赫拉克勒斯（Heracles），是沿袭自罗马赫拉克勒斯的怪异版本。对高卢人来说，赫拉克勒斯不是一个肌肉发达的壮汉，而是一个满脸皱纹的老人，他带领着一队追随者，并用长长的链子把自己的嘴和追随者的耳朵连在一起。卢西恩告诉我们，这象征着雄辩的魔力，这种魔力更常见于老人，而不是年轻人。

《萨莫萨塔的卢西恩》(*Lucian of Samosata*)，
威廉·费索恩（William Faithorne），1664

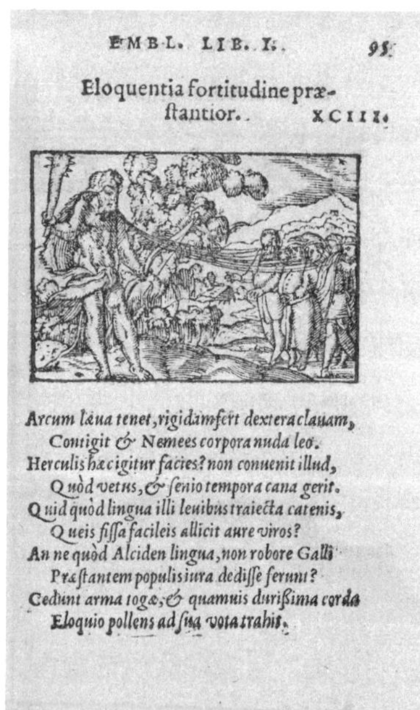

画有赫拉克勒斯的插图，
安德烈娅·阿尔恰蒂（Andrea Alciati），
1567

对此，卢西恩遵循着古典作家的惯例，用与之最具可比性的希腊或罗马神话中的人名来称呼一个野蛮民族的神[①]。有证据表明，这个高卢版本的“赫拉克勒斯”实际的名字是“奥格米奥斯”（Ogmios）。

卢西恩的例子显然与中世纪爱尔兰文学中的一些细节遥相呼应。爱尔兰文学中也有一个十分类似的英雄形象，名为欧格玛（Ogma），但这种对应关系很难阐释。由于缺乏基督教时代之前用凯尔特语书写的文本记述，我们始终如同盲人摸象。我们确实有一些以物品和祭典遗留物的形式保留下来的实体证据，它们可以描述一些历史早期人们的信仰和行为，但这些证据不能描述那个时期的神话。因此，我们需要文本。

如上所述，囊括了某些凯尔特神话元素的著作可能都源自中世纪，因此，讨论凯尔特神话本质上需要讨论中世纪的文学。本书最重要的目的不仅是探讨凯尔特神话是什么以及不是什么，还是介绍爱尔兰和威尔士的中世纪文学，并将其作为讲述凯尔特神话的主要背景。这些文学作品的内容丰富程度令人叹为观止，充满了生动的人物和戏剧性的情节，对本书的展开很有帮助。

“凯尔特神话”值得推敲的第二个原因在于，“凯尔特”没有单一的指向性，很难界定。“凯尔特”一词最确切的用法应该是一个语言标签，用于指一组具有共同特征的相关语言。由此延伸开来，此标签适用于所有使用“凯尔特”语的民族所孕育的文化传统。本书最为关注的是中世纪爱尔兰人和威尔士人的文化传统。这绝不是否认“凯尔特”一词所涉及的苏格兰盖尔语地区（Gaelic Scotland）、布列塔尼（Brittany）、康沃尔（Cornwall）和马恩岛（the Isle of Man）都有自

① 此处可能有理解上的困难，因为两位赫拉克勒斯似乎并不具有可比性，译者的理解是高卢版赫拉克勒斯和罗马版赫拉克勒斯之所以具有可比性，是因为两位都是半神。——译者注

己的重要文化传统，但威尔士和爱尔兰文学尤其丰富，我甚至不能按照预想的那样，在本书如此短的篇幅里将其全面概述。威尔士和爱尔兰文学发源很早，例如，最早的爱尔兰“神话”材料可能要追溯到700年。但必须牢记于心的是，爱尔兰和威尔士的传统在本质上是各自独立的，不可混为一谈。当然，它们也有相通之处，而且古爱尔兰语和古威尔士语都在关于二者的比较研究中受益，这种比较研究实际上是研究凯尔特相关学术问题的基础。因此，我们不能将凯尔特神话视为单一个体，而应把它看作一个包罗万象的神话体系。

“凯尔特神话”棘手的第三个原因在于，两个多世纪以来，许多作家和艺术家都发现凯尔特传说和其文化传统的思想源泉极具吸引力，在某些情况下甚至有利可图，因而纷纷进行再创作。英语世界有时会对凯尔特相关的事物充满热情，英语作家也一再为了自己的创作目的投身于中世纪的资料，并用独特的创作方式对凯尔特神话进行重新想象。用学术术语来说，这意味着凯尔特神话有着丰富的“来世”[①]。这里将凯尔特神话与古典神话进行比较，可能会有助于理解。大多数古典神话，比如诗人俄耳甫斯（Orpheus）失去妻子欧里狄克（Eurydice）的故事，也有丰富的来世。诗人从地下世界救出死去的妻子，却在最后一刻再次失去她，这个故事已经由无数种不同的语言和媒介进行了改编和重述，从中世纪浪漫主义体裁的《奥菲欧爵士》（*Sir Orfeo*）到奥芬巴赫（Offenbach）的喜剧歌剧《地狱中的奥菲欧》（*Orpheus in the Underworld*）再到科克托（Cocteau）的电影《奥菲斯》（*Orphée*），可谓不胜枚举。[②] 每一部后世改编的作品都可以直接追溯到古典时代某一个权威的原始文本，对俄耳甫斯的神话而言，最早的权威记述来自罗马诗人维吉尔（Virgil）的《农事诗》（*Georgics*）。

---

① “来世”（afterlife）在学术用语中，指经典的作家作品、思想理念等焕发着经久不衰的生机与活力，有着丰富而深厚的后世影响，经过后世的传承与解读，历久弥新。——译者注

② 上文中提到的“奥菲欧”“奥菲斯”都指俄耳甫斯。——编者注

引　言
凯尔特神话的独特世界

被砍掉但仍然活着的巨人布兰的头，主持着一场异世界的盛宴［艾伦·李（Alan Lee），1982］

凯尔特神话终究和希腊神话不同。几个世纪以来，拉丁语和希腊语都是整个欧洲知识遗产的一部分。虽然古爱尔兰语和中世纪威尔士语在许多方面与拉丁语或希腊语一样难，但前者不论在过去还是现在都鲜为人知。也因此，某些特定的故事，如带有浪漫民族主义色彩的故事，往往在后世改编中占据主导地位，这些改编用厚重的面纱完全掩盖了中世纪的原作，在少数情况下，甚至是公然违背原作。大众熟知的凯尔特神话读物往往是基于改编版本的再改编，其中关于凯尔特神话所谓的“真相”被不断地改编重塑，长此以往，离原作越来越远，却建立起自成一派的真实性和权威性。人们希望从神话的改编与再创作中汲取灵感，从而充实自己的文艺创作或精神生活，这当然是无可厚非的，但这些自诩“众所周知的事实”中，有一部分是完全站不住脚的。

一个典型例子是爱尔兰女神布瑞吉特（Brigit），或布瑞吉德（Brighid），她是一位火之女神，如今火经常被当作她的主要属性（见彩插图 1）。10 世纪初的一本中世纪术语汇编将她描述为同时掌管诗歌、医学和金属锻造的女神，这有一定的可靠性。但这里没有关于火的明确描述，直到 19 世纪末，才有说法提及，与她同名的圣布瑞吉特（St Brigit）就是这位爱尔兰女神的基督教化身，而圣布瑞吉特是爱尔兰最重要的女圣徒。当然，在圣布瑞吉特最早的传记中描述了很多与火有关的奇迹，但在圣哥伦巴（St Columba）和圣帕特里克（St Patrick）的传记中也有很多类似的记述，可见，火之奇迹是书写圣徒传记的一个通用素材。随后，从 12 世纪开始，出现了关于圣布瑞吉特修道院创建地基尔代尔（Kildare）的习俗的描述，即修女们负责照看一簇绝对不能熄灭的火。因为没有任何关于圣布瑞吉特的早期资料提到过这个仪式，因此不能确定这个仪式是否特别古老，同时，关于这位圣人的早期资料也少之又少。现在已经形成了一种流行的观点，该观点认为，神圣的火之女神布瑞吉特在皈依基督教之后被爱尔兰人保留下来，变成了基督教圣徒。自此以后，依然进行着关于火之女神古老崇拜的是基督教修女而不是神话中的女祭司。

爱尔兰基尔代尔布瑞吉特井的圣布瑞吉特雕像
安妮特·麦科马克（Annette McCormack）

古爱尔兰可能确实有一个名为布瑞吉特的女神，除此之外，所有相关细节往好了说是具有争议性，往坏了说则是完全不可考究。但布瑞吉特作为爱尔兰火神如今已是广为人知，任何一本凯尔特神话手册都会用一些并不可考的特质来描述她，好像是既定的事实一般。本书的一个重要目的就是提醒读者关注这样的现象，不是对这种现象进行评判，而是将其视为凯尔特神话史的一个组成部分。同时，本书也会将这些具有争议性的资料与中世纪资料中的实际内容进行仔细区分。

本书并非针对学术专家而著，而是面向普通读者，所以引言最后必须谈谈如何使用这本书。本书各章的顺序是经过深思熟虑的，每一章都在论证中介绍了特定的主题和文本，然后在后期论证中不断进行回顾。每一章都在“延伸阅读”部分列出了几本书，读者可以从中获取一些中世纪资料的可靠译本和信息充沛的评论文章。凯尔特神话是一个相互关联的神话体系，有许多分支交相串联，所以可以随意翻阅本书，但如果按顺序阅读各章，可以得到更系统、更全面的认知。本书后文附有发音指南。

最后，本书有时将中世纪凯尔特神话文本的作者称为“他/她”。如果我们以现实出发，可能在书中提到的所有文本都是由男性创作的，这无疑是令人遗憾的。尽管如此，我们确实知道一些爱尔兰女诗人的名字，所以女性作者确实存在，而且可能写过散文。因此，我使用“他/她”的表达形式，保留女性作者存在的可能性，对此，我感到无比愉悦而满足。[①]

① 中世纪凯尔特神话文本的作者性别无从考证，但根据中世纪女性生存现实的考量，作者大概率为男性，然而本书作者依旧选择用“他/她”称呼这些作者，意在表达一种对中世纪文本由女性作者书写的期许，而例外的存在也会让作者感到无比愉悦，也蕴含着对女性作者的认可和期待。——译者注

第 1 章

塔列辛的启示

吟游诗人的自我意识觉醒

“看看我们能做的，看看我们的力量，我们对过去和未来了如指掌，我们有着浩如烟海、包罗万象的知识库。”从本质上讲，之所以有“塔列辛”这个角色，其实是中世纪出身高贵的威尔士博学诗人用来展示和加强自己职业神秘感的一种方式。

他不仅是一位诗人，而且是诗人中的诗人，他从神秘女性克里德文的坩埚里吸取了智慧，是一位名副其实的全知者。

试想一个穿越时空的旅行者，他全知全能，对历史的演变了如指掌，与各个时代的传奇人物打成一片，他的博学广识与丰富经验带来了卓越的智识和洞察力；他曾多次幻化身形，从一个形态转换到另一个形态，从内部了解宇宙的奥秘。但是，我想到的时空旅行者并不是那位英国读者呼之欲出的 BBC 长篇连续剧《神秘博士》(*Doctor Who*) 中深受人们喜爱的时间领主。在我看来，上面这段描述完全符合威尔士传统中的传奇超能力诗人塔列辛 (Taliesin)。塔列辛在天堂与上帝一起见证了路西法 (Lucifer) 的坠落，他看到了亚历山大大帝，与亚瑟王一起投身于异世界的冒险。他认识巫师马瑟 (Math) 和葛威迪恩 (Gwydion)。他曾幻化作圣人和公牛，化作猪和犁铧。在这个纷繁复杂的宇宙中，他对一切存在了如指掌。他不仅是一位诗人，而且是诗人中的诗人，他从神秘女性克里德文 (Ceridwen) 的坩埚里吸取了智慧，是一位名副其实的全知者。

吟游诗人的古老传统

塔列辛是一个复杂的人物。但在我们讨论他之前，必须先回顾 19 世纪末和 20 世纪初的历史。当时，凯尔特神话在英国和爱尔兰的浪漫主义爱好者中盛行。他们当中包括一流的文学家，如爱尔兰诗人叶芝 (W.B.Yeats，1865—1939)，他不仅收集了爱尔兰的民间传说，还将爱尔兰神话的主题形象编入丰富且独特的散文和诗篇中。关于神话，几乎所有一流文学家的著作都包含一些独特的看法，其中大部分恰好是维多利亚后期和爱德华时期的主流观点，科学家和人类学家也对此表示认同。这些主流观点认为，首先，在这个时代，神话的精髓在于它的异教性，所以在中世纪，带有基督教元素的材料被当作无足轻重的闲文冗词。其次，人们认为民间传说是被贬低的神话，民间传说中包含了实实在在的可用于古典神话研究的材料，它们深刻的含义不为民众所理解，因此需要学术专家来将其揭晓。

叶芝年轻时期的画像

这就是当时的主流思想，但凯尔特神话的爱好者们沉浸在浪漫主义的幻想中，目空一切，更进一步在神话中加入了反传统文化的元素。他们倾向于认为，异教神话蕴含着深刻的宗教智慧体系的秘密，是对基督教的纠正和超越。他们产生这种信念的部分原因在于，相较于基督教，原产自不列颠和爱尔兰的凯尔特神话更具有本土性。因此，他们相信凯尔特神话能够被重构，也应该被重构。特别是在威尔士，这种信念与古典作家描述的德鲁伊（druid，见彩插图2）交织在一起。德鲁伊是极富魅力的、最神秘的群体之一，他们似乎是古凯尔特社会中精通魔法和宗教的专家。尽管记录这个群体行为和信仰的详细资料很少，而且我们所掌握内容的可靠性也有待商榷，但是人们对古代智慧传统的探索欲紧紧吸附于这些飘忽不定的人物，造就了德鲁伊狂热。

有一个典型的例子体现了这种趋势，苏格兰记者、民俗学家和诗人刘易斯·斯彭斯（Lewis Spence，1874—1955）以宏大的篇幅写下了不列颠凯尔特人[①]失落的智慧。之所以用斯彭斯作为典型例子，是因为他的作品在20世纪90年代被廉价重印，俯拾皆是，包括《不列颠凯尔特的魔术艺术》（*The Magic Arts in Celtic Britain*）和《德鲁伊教的历史和起源》（*The History and Origins of Druidism*）。我在十几岁时就读过这两本于1949年出版的书籍。斯彭斯在这个方向上的第一次尝试是在1905年出版了《古不列颠的奥秘：恢复古不列颠的秘密仪式和传统》（*The Mysteries of Britain: Secret Rites and Traditions of Ancient Britain Restored*）一书。在这本书中，他断言不列颠凯尔特是一个宗教启蒙的故乡，由吟游诗人和德鲁伊主领，这里有部分民众崇拜威尔士女神克里德文。这些充满奥义的神秘学知识告诉我们，人类的灵魂经历了接连不断的转生，辗转于不同的存在形式和身体容器之间，是一个精神净化和焕新的过程。重要的是，斯彭斯认为，这种德鲁伊思想体系并没有因罗马的征服而结束，甚至也没

① 传统史学上不列颠人（又称布立吞人）属于凯尔特人的一支，居住在不列颠岛中南部，这里包括今天的英格兰和威尔士。——译者注

有因基督教的到来而终结。相反，中世纪的威尔士吟游诗人保留了它的信仰和仪式，并将它们传承至今，这些信仰和仪式在名为《诗歌艺术》（*Barddas*）的文本中留存了下来，该文本于 1862 年和 1874 年分两卷出版。《诗歌艺术》是一位格拉摩根（Glamorgan）石匠的遗作，作者名叫爱德华·威廉姆斯（Edward Williams，1747—1826），他作为吟游诗人的名字约洛·摩根沃格（Iolo Morganwg）更为人熟知。斯彭斯的《古不列颠的奥秘》肯定了摩根沃格观点的可靠性，并通过生动形象的插图对这些信仰和仪式体系作出了详细的阐释。斯彭斯说，在这些吟游诗人的神秘学哲思中，蕴含着威尔士神话的神秘本质。遗憾的是，对斯彭斯和那些像他一样的研究者来说，他们书中的观点没有一个是真实可靠的。对于懵懵懂懂的凯尔特专家来说，斯彭斯的作品读起来就像一个幻象，行云流水的章节接连而下，却找不到一个准确的说法。他的作品有一个问题，那就是对摩根沃格的依赖，而摩根沃格那吟游诗人一般的抽象记述基本上是查无实据的。

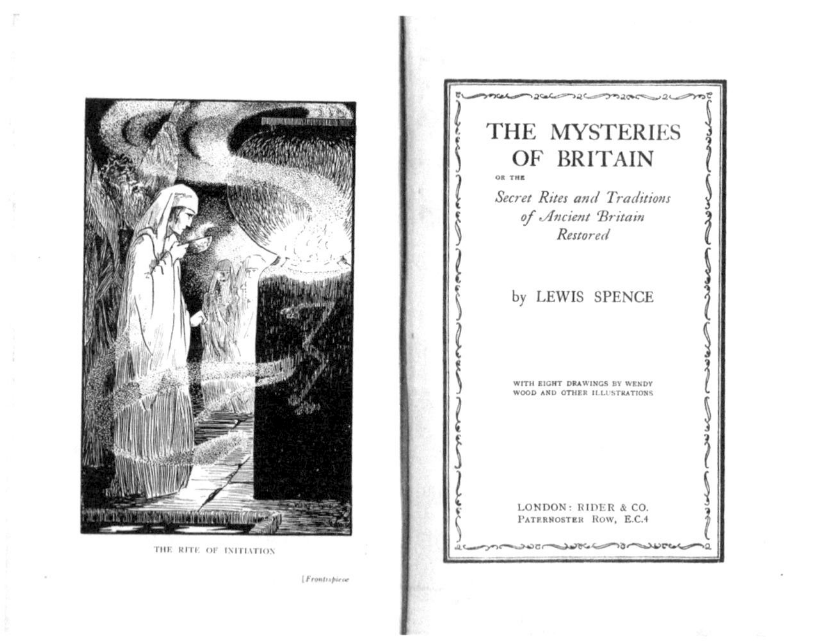

《古不列颠的奥秘》（刘易斯·斯彭斯，1905）中的头版画

以下是斯彭斯最慷慨激昂也极富代表性的论述：

> 凯尔特人思想的奥秘一直深深困扰着一代又一代的哲学家和美学家。对那些血液中没有魔法的人来说，涌动着凯尔特人思想的深邃洞穴永远密不透风。我认为，任何能够接近这个洞穴的人，一定是这个岛屿上的第一批古凯尔特文化传播者，而且从童年起就听从凯尔特先祖深沉而反复的呼唤，被敦促着完成探索本民族奥秘的任务。

最近的学术研究强调，浮夸的摩根沃格应该被视为对威尔士文化做出严肃而持久贡献的作家，甚至从某种意义上说，他应该被视为像威廉·布莱克（William Blake）那样拥有未来洞察力的天才。然而，摩根沃格把一家之言歪曲为古老传统，不惜公然造假。斯彭斯完全听信了摩根沃格，这就更莫名其妙了，因为摩根沃格资料的不可靠性从 19 世纪末开始就已经昭然若揭。

约洛·摩根沃格画像（不知名画家，约 1800）

斯彭斯的书显示，他对现实中诗人和作家的成就不闻不问且毫无兴趣，不管他们来自过去或是现在的威尔士。在书中没有迹象表明威尔士复杂的文学传统经历了超过 13 个世纪的传播延伸到了斯彭斯的时代。

斯彭斯在书中引用的中世纪诗歌通常是一些被误译或是被曲解的产物，晦涩难懂。他对威尔士诗歌传统的实际继承者缺乏了解，让我们有理由认为他行为不端。如果他在今天写作，将是文化挪用（cultural appropriation）的主要抨击对象。

但是，由于民间传说内容多有编造，人类学家为此创造了一个有用的术语，“伪民俗”（fakelore）。这些编造的产物一旦被接受并载入文化，情况就会变得复杂。

吟游诗人和德鲁伊在艾斯特福德节上的游行活动（1952）

摩根沃格的吟游诗人幻想实际上就是“伪民俗”的典型例子之一。一个半世纪以来，这些“伪民俗”成了威尔士年度语言文化节——艾斯特福德节（National Eisteddfod）的习俗和仪式的重要组成部分。

每年，威尔士文化和文学界的领军人物都会穿上蓝色的吟游诗人长袍，由现任大德鲁伊根据摩根沃格编造的仪式流程进行庆祝。每位参观者和参与者都知道这些仪式并不是沿袭自古威尔士的惯例，但他们也认识到，这是彰显威尔士民族身份的一种表达方式，同时也带来了一些举办愉快庆典活动的机会。

比尔斯韦尔斯（Builth Wells）历史庆典上的大德鲁伊［1909 年 8 月 11 日，在拉内尔韦德厅（Llanelwedd Hall）场地上的演出］

因此，过去的两个世纪里，在秉持浪漫主义的局外人看来，威尔士吟游诗人的传统就像一种罗夏墨迹测验[①]，揭示了受测者的原有知觉途径，而他们不需要对威尔士语言诗歌的实际历史有多少了解。综上所述，吟游诗人传统是浪漫主义德鲁伊思潮、精神振奋和诗歌灵感的混合体，该传统在某些领域一直延续到现在。对诗歌传统的讨论也使我们回到了本章的主题——塔列辛。

早在约洛·摩根沃格的时代，浪漫吟游诗人传统的关键人物一直是这位"首席诗人"，塔列辛。一些与塔列辛有关的中世纪材料将他描绘成一个变形者，可以化形于一切事物之中，有通达的全知视域，人们通常将他视为一位历史后期的德鲁伊，尽管这种说法并不准确。在凯尔特信仰领域最高产的两位作者约翰·马修斯（John Matthews）和凯特琳·马修斯（Caitlín Matthews）在1991年出版了畅销书《塔列辛：最后的凯尔特萨满》（*Taliesin: The Last Celtic Shaman*），书中提到目前正在流行的是萨满教，而不是德鲁伊教。关于萨满式的或德鲁伊式的塔列辛变体我将在之后与读者详说。我之所以把这位传奇的威尔士诗人放在本书第1章，是因为他作为一个典型例子，能够说明一个常见的现象，那就是现代版本的凯尔特神话是由次要文献衍生出的次要文献的产物，源于衍生品的衍生品，而不是来自传统权威。特别是互联网上的资料，最终可能会让读者与一切可靠的资料渐行渐远。凯尔特神话爱好者自成一派或是大放异彩的个人观点很有可能被循环使用，因此到处都潜伏着不可预知的误读风险。但在我看来，这终究不是只有百害而无一利的，因为从中世纪文学中获取灵感并无不妥，事实上，这也是让凯尔特神话人物保持生机与活力的一个重要途径。然而，重要的是，我们要在必要时明确地区分真实的中世纪资料和虚构的后世再创造内容。

---

① 在罗夏墨迹测验中，瑞士精神病学家罗夏把墨水洒在白纸上，对折形成对称的墨迹图，受测者需要对这些无意义或者无法被解释的墨迹图是什么进行自由想象，以揭示受测者的知觉途径以及心理机制。——译者注

“闪亮的眉毛”塔列辛

第 1 章的余下内容有一个共同的目的，那就是尽可能清楚地列出我们所掌握的关于塔列辛的信息，突出历史资料的实际内容，并理清它们的时间顺序。关于塔列辛的关键资料来源有五个，其中有三份资料只有一两句话的长度。

“塔列辛”这个名字的首次出现可以追溯到 830 年左右。塔列辛在名为《历史上的不列颠》(*Historia Brittonum*) 的文本中有被提及，本书也将多次引用这个文本。《历史上的不列颠》由一位不知名的威尔士教士用拉丁文写成，他在相关章节中记录了他所处的时代之前两个半世纪以来著名诗人的名字。他告诉我们，塔列辛是 6 世纪末在诺森布里亚 (Northumbria) 国王艾达 (Ida) 统治之下，五位极具代表性的“诗才卓著的不列颠语诗人”之一。

这里需要对“不列颠语”这个词进行界定。在这里，“不列颠语”是指由古代不列颠人所说的语言直接传下来的凯尔特语。此处历史意义上的“不列颠语”，以及“不列颠”“不列颠人”等，需要与我们现在的使用方式区分开来，我们如今所说的包括英格兰在内的整个不列颠岛屿，与本文所说的“不列颠”大有不同。

关于塔列辛诗才卓著的时期，如果《历史上的不列颠》文本中的记录确凿无疑，那么可以确定他确实是非常早期的诗人。他的诗歌所使用的语言应该是不列颠语，一种直接沿袭自古不列颠人的语言，但又带有强烈的拉丁语色彩，而拉丁语曾是罗马统治下的不列颠尼亚行省的行政语言。对于这种语言，专家们采用了“通用新布里顿语”(Common neo-Brittonic) 这个令人头疼的复杂术语来进行定义。“旧威尔士语”(Old Welsh) 是一个更古老、更不准确的定义，不准确是因为不列颠语在这个时期还没有分裂成威尔士语 (Welsh) 和它的姐妹语言康沃尔语 (Cornish) 和布列塔尼语 (Breton)。威尔士语、康沃尔语和布列塔尼语是不列颠语或布里顿语的后裔，就像西班牙语、意大利语和法语都是拉丁语的后裔一样。

塔列辛的名声后来急剧膨胀，但在《历史上的不列颠》中，他的名字只被寥寥提及，甚至没有被列在名单的第一位。他没有被授予任何头衔，而另有两位诗人却得到了杰出的名号，他们是我们听说过的绰号为“歌之麦”（Wheat of Song）的奇安（Cian）和绰号为“缪斯之父”（Father of the Muse）的塔安赫尔（Talhaearn）。尽管这两位诗人的名字闻名一时，意蕴丰厚，但他们的作品一句都没有留存下来。综合来看，这些事实表明，《历史上的不列颠》的作者并不认为塔列辛是 6 世纪末的杰出诗人。

接下来两次提到塔列辛是在 11 世纪中期和末期，而且都非常简短。一个是在亚瑟王系列故事《凯尔维奇如何赢得欧文》（*How Culhwch Won Olwen*）中，该书创作于 1050 年左右，我们将在下一章讨论。书中，塔列辛被提名为“首席诗人”，是亚瑟王的宫廷成员。而在 1100 年左右，塔列辛又出现在悲剧故事《里尔之女布兰温》（*Branwen, Daughter of Llyr*）中，是一场灾难性远征中仅有的七个幸存者之一，这场战事是在巨人国王的指挥下，不列颠人对爱尔兰进行的征讨。在本书第 5 章，我们将讲述布兰温（Branwen）的故事。自 9 世纪以来，人们对塔列辛地位的看法显然发生了巨大的变化，他已经被纳入威尔士故事体系，与一大批明显虚构的、引人瞩目的伟大人物比肩。

相比之下，我们的下一个来源十分可靠，甚至是里程碑式的。大约在 1325 年，一份大概编写于格拉摩根地区的威尔士语手稿被编纂出来。手稿中收集了大量的诗歌、预言和宗教诗篇，似乎是一部与塔列辛有关的材料汇编。自 17 世纪以来，它一直被称为“塔列辛之书”（原书名为 *Llyfr Taliesin*），总共包含约 62 首诗。

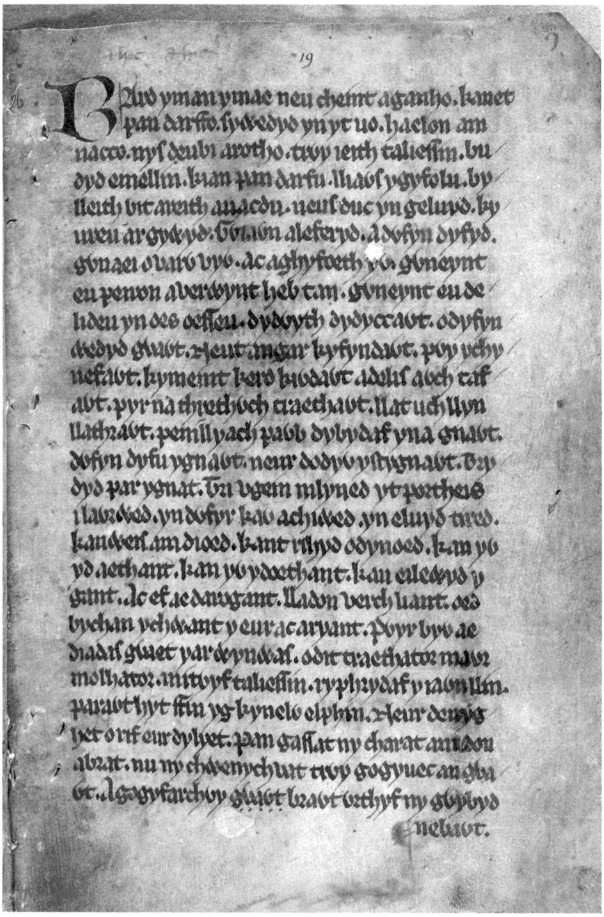

“塔列辛之书”中的一页（14 世纪）

该书稿的抄写员技术精湛，非常称职，通篇用清晰的笔迹书写，读者稍加训练就能理解，根本不是大家预想的那样——一些破败的书卷残篇中充满了难以理解的奥秘。有一点非常重要，虽然该书成稿于 14 世纪初，但其中部分材料可能写于更早的时候，这一情况对于中世纪威尔士和爱尔兰手稿来说屡见不鲜。

这些岛屿的潮湿气候不利于保存写在兽皮上的书籍，这就是我们拥有的凯尔特语写就的早期手稿如此稀少的原因。值得庆幸的是，大量的早期材料在中世纪后期被抄写在书卷中，一直保存到现在。

我们的最后一个资料来源是《塔列辛的故事》（*The Tale of Taliesin*），也是最有可能为凯尔特神话爱好者所熟知的一个来源。以我们掌握的最原始的版本来看，这份资料可以追溯到1550年左右。它首次出现于一部巨大的编年史之中，一部从亚当和夏娃开始讲述的世界史，作者是埃利斯·格鲁菲德（Elis Gruffydd，1490—1552），他是一名士兵，也是一位行政长官和文学家。格鲁菲德一生中的大部分时间都在法国加来（Calais）度过。我之所以强调其原始版本，是因为人们惯常认为凯尔特神话是无时间线可循的，是从虚无缥缈的过去流传下来的。因此，要探讨凯尔特神话，必须强调我们探讨的每一份资料都有一个最原始的版本，且其历史和文学背景同样不可或缺。

《塔列辛的故事》是一个民间故事，而不是一个神话。这个故事讲述了女巫克里德文或称为克里德芬（Ceridfen）有一个可怜的、不受宠的儿子，名叫莫兰（Morfran），寓意“贪婪”（Cormorant），也被称为阿瓦杜（Afagddu），寓意“极夜”（Utter Darkness）。为了弥补他的丑陋，克里德文决定酿制一个知识坩埚，里面的东西会使她的儿子变得聪明。锅中的液体只有前三滴含有神奇的知识精华，其余都是有毒的。为了得到配方，她查阅了“佛尔特的书”（the books of the Fferyllt），书中囊括了一些神秘学和炼金术的知识。事实上佛尔特这个词来自罗马诗人维吉尔的名字，因为在中世纪的传说中，维吉尔是魔法师一样的存在。这种混合物必须泡上一整年。克里德文让一个名为莫尔达（Morda）的盲人来搅拌大锅，而一个名叫格温·巴克（Gwion Bach）又名“小格温”的男孩要为大锅烧火。克里德文去收集了更多的草药，并嘱咐格温在任何情况下都不要尝酒的味道。辛苦工作之后，克里德文坐下来，不小心打了个盹儿。在她睡着的时候，关键的三滴药水从坩埚里冒了出来，格温把克里德文的儿子推开，自己吸收了药水。瞬间，他就获得了全知全能的力量。由于他新获得了智慧，他意识到一旦克里德文知道发生了什么，必定会怒不可遏，所以他连忙逃跑。格温很快就听到了克里德文狂怒不已的追击之声。

《克里德文》
克里斯托弗·威廉姆斯（Christopher Williams），1910

他把自己变成一只野兔，而克里德文就把自己变成一只灰狗；格温把自己变成一条鱼，跳进一条河，克里德文则把自己变成一只水獭，追赶不休；格温在空中变成一只鸟，克里德文则为了在空中追击变成一只鹰。最后，克里德文在谷仓里找到了格温，他把自己变成了一粒麦子，而她变成了一只红色母鸡，将格温吞入腹中。九个月后，她生下了一个男婴，也就是重生后再次变成人形的格温。这个孩子是如此美丽，她实在不忍心杀死他，所以把他放在科拉科尔小圆船上漂流到海上，但小圆船卷入了一个渔堰，被一个叫艾尔芬（Elffin）的人发现。当艾尔芬把婴儿从小圆船里抱出来时，孩子的脸是如此的光彩照人，于是艾尔芬为其取名为塔列辛，寓意“闪亮的眉毛”，并收养了他。

一分为二的塔列辛形象

我们如何理解这些不同的资料来源，以及它们所记述的不同的塔列辛呢？需要注意的是，那些看起来最有神话特质的材料，在时间上离我们最近。这些资料不断被搬运到凯尔特神话的相关书籍中，书中包含了那些证实德鲁伊或萨满教智慧的材料，吸引着从 19 世纪到现在的浪漫主义爱好者孜孜不倦地挖掘探索。如果我们不把《塔列辛的故事》看作凯尔特神话，而是看作都铎王朝的民间故事，那么视角就会发生根本性的变化，也可能会带来一些困惑。

伟大的凯尔特学者艾弗·威廉姆斯爵士（Ifor Williams，1881—1965）对有关塔列辛的资料进行了权威的调查，这些资料交织着复杂性与矛盾性。威廉姆斯把分析和解释原始版本的威尔士诗歌当作自己一生的使命。他认为，首要任务是把塔列辛的形象一分为二。威廉姆斯提出，塔列辛原始研究材料的核心在于，他是一位历史人物，是 9 世纪写下的《历史上的不列颠》中提到的真实存在于 6 世纪末的诗人塔列辛。威廉姆斯认为，随着威尔士诗歌传统发扬光大，历经 7 个多世纪的传诵，14 世纪早期的“塔列辛之书”中的一些诗歌实际上是这位相当早期的中世纪吟游诗人塔列辛的原创作品。

威廉姆斯研读诗歌之后，从诗歌内容中找到了一些证据，基于这些他认为真实确凿的证据，威廉姆斯初步梳理了这位诗人的职业生涯。威廉姆斯认为，塔列辛曾是瑞德国尤瑞恩国王（King Urien of Rheged）的赞美诗人。瑞德国是一个失落的不列颠王国，是现在苏格兰南部和英格兰西北部一些讲不列颠语的民族的领地之一，这些民族与盎格鲁 - 撒克逊人（Anglo-Saxon）斗争了几个世纪。瑞德领土的确切位置存在一些疑点，因为领土的边界无疑会随着时间的推移而改变。但到目前为止，最可信的猜测是，瑞德领土以邓弗里斯（Dumfries）和加洛韦（Galloway）为中心，向下延伸到现在的兰开夏（Lancashire）和坎布里亚（Cumbria）。

威廉姆斯从“塔列辛之书”中的 60 多首作品中找出 12 首他认为真正来自 6 世纪的诗歌，并在 1960 年出版了带有注释的版本，如今研究早期凯尔特文学的学生仍在使用这个版本。但是，这本书的创作日期和我们唯一现存手稿的问世日期之间有 7 个世纪的差距，这让学者感到非常不安。威廉姆斯也并不认为这位 6 世纪的诗人的诗作可以口口相传几个世纪。事实上，有明确的文本证据表明，“塔列辛之书”来自一本更古老的书籍，是抄写员誊抄的复制本。但历经漫长岁月，可能会发生太多传播事故，从而使文本变得混乱，如错抄层出不穷、书页丢失、文字被擦除、被下一个抄写员改写等。后来的学者回过头来研究威廉姆斯的作品，将他认为的 12 首塔列辛的诗缩减到 10 首左右。然而，威廉姆斯的论点仍被该领域普遍接受，因此，这些诗歌被认为是现存最早的威尔士文学作品。

这些诗歌并不是充满神秘主义的或是德鲁伊式的，相反，它们是写给诗歌赞助人的赞美诗。赞美诗是英雄主义精神主导下的文化产物，英雄主义精神促使战士们在战斗中争夺赞美和声誉，从而得到领主的赏赐。在这样的文化中，要想保证声誉，就要设法得到那些本身就值得称赞的人的赞美。事实上，赞美诗是整个威尔士诗歌传统的核心，其中有两种主要的体裁，一种是对活人的赞美，即颂歌（eulogy），另一种是对死者的赞美，即挽歌（elegy）。威廉姆斯认为，真正由历史上的塔列辛创作的几首诗（在威尔士语原文中，这些句子都是押韵的）都在结尾处彰显了英雄主义精神：

当我年老体衰
死亡避无可避
只要我一息尚存
对尤瑞恩的赞美之声便不可停歇。

前文提到，威廉姆斯曾建议将塔列辛的形象一分为二。那么，另一版本的塔列辛则被威廉姆斯赋予了“神话”或“神秘”等非历史性色彩，可以确认的是，塔列辛就是出现在后期民间故事中的人物。“塔列辛之书”中的许多诗歌都绘声绘色地描述了变形术，声称塔列辛千变万化，邂逅了各种各样的历史、神话和《圣经》人物。这些诗歌的特点是连珠炮式的提问和自吹自擂，认为塔列辛无处不在、无所不知。有一个代表性的例子，来自“塔列辛之书”中一首特别晦涩的诗歌，名为《敌对联盟》（*Angar Kyfundawt*），由玛吉德·海科克（Marged Haycock）译为英文（现将其译为中文）：

我通晓纵横天地之间的一切
为什么会有空洞的回声
为什么毁灭突然降临
为什么银光闪闪
为什么溪流暗影婆娑
为什么呼吸混浊漆黑
为什么肝脏血肉模糊
为什么公鹿有角
为什么女人多情
为什么牛奶是白色的
为什么冬青是绿色的……

很明显，这些疑问都是出自同一个人，那就是晚期民间故事中的塔列辛，一位变形者，一位知识渊博、信心十足的超能力诗人。总体来看，民间故事现存最早的版本写于16世纪中叶，在那之前，其基本轮廓在中世纪的威尔士已经广为人知，但这并不意味着它历史悠久，它也并不具有德鲁伊式或是异教色彩。

因此，正如前文所述，我们现在已知的是两种塔列辛之间的区别。一个是真实存在于6世纪末的赞美诗人，他继承了一个非常古老的赞美诗传统，该传统从古凯尔特人一直流传到爱尔兰和威尔士中世纪晚期及以后。这位现实中的塔列辛继承了古典作家所描述的为高卢领主服务的赞美诗人的传统。6 世纪的拉丁文作家吉尔达斯（Gildas）让我们能一睹这种赞美诗在英国的发展状态，尽管这是一份饱含讽刺的资料。他写了一篇阴郁、愤怒的文章，名为《论不列颠的毁灭》（*De excidio Britanniae*）。在一个辞藻华丽的段落中，吉尔达斯描述了诗人如何赞美圭内斯（Gwynedd）国王梅尔贡（Maelgwn）。吉尔达斯对梅尔贡直抒胸臆地宣泄道：

> 当你侧耳倾听，梅尔贡，你听到的不是基督的信徒以甜美的节奏，伴随着教会旋律的歌声对上帝的赞美，而是他们对你空洞的吹捧，是一帮流氓的声音叫嚣不止，就像百家乐的狂欢者，充满了谎言和发泡的痰液，用唾液玷污了附近的每一个人。

这是对不列颠本土赞美诗最早的记述，很明显，吉尔达斯对诗歌的社会功能或英雄主义精神不感兴趣，他认为这些不过是世俗的傲慢和虚荣。历史上塔列辛的角色应该是赞美瑞德国尤瑞恩国王的诗人，其创作方式与被吉尔达斯嗤之以鼻的吟游诗人基本相同。在此我们应该谈谈这种诗歌的特点。

作为诗歌，它是高度公式化的，充斥着对尤瑞恩国王慷慨大义和战斗技巧的赞美，并且非常强调诗人的主观感受。正统的赞美诗往往由松散的八音节或九音节诗行组成，以韵律和典故作为装饰。这些充满赞美的颂歌和挽歌，寻求着协调与和解：它们不讲故事。事实上，在所有的中世纪凯尔特文学中，散文才是叙事的媒介，诗歌则用于表达高尚的情感，这是一个惯例。故事往往暗含在诗歌中，这可能使凯尔特诗歌显得特别晦涩难懂。对于历史悠久的诗歌，因为经历了几个世纪的文本传播，所以语言的难度令人生畏，许多句子都要进行修改，这大概无可厚非。

然而，有时这些诗歌也会直抒胸臆，如今也能清楚地与我们对话。其中最好的一首，是塔列辛为尤瑞恩国王的儿子奥温（Owain）写下的动人挽歌，诗中再次赞扬了尤瑞恩的慷慨大方和骁勇善战，并认为这是最高尚的美德。诗歌这样写道：

尤瑞恩之子——奥温的灵魂啊
愿上帝关注它的所思所愿
瑞德国的首领
沉重的绿色草皮覆盖着他
源源不绝的赞美诗句向他涌来
墓室里躺着一位勇士，声名远播
他在战事中磨砺的矛，如同黎明的翅膀
没有人可以与之匹敌
劳维尼德荣耀的首领
他是敌人的收割者，是猛禽
继承了父亲和祖先的铁骨铮铮
当奥温杀死弗拉姆德温时
也不过是打盹儿一般轻松
广袤无垠的英格兰土地之上
沉睡的人们眼中光芒闪耀
那些分毫不让的敌人
一腔孤勇，飞蛾扑火
奥温狠狠地惩罚了他们
就像狼群猎杀绵羊一样
他卓尔不群，立于光彩潋滟的马具之上
他把马匹慷慨送予有求之人
虽然他招兵买马，永不满足
但仁德使然，他乐善好施
尤瑞恩之子——奥温的灵魂啊！

《德鲁伊；或不列颠人皈依基督教》（*The Druids; or the Conversion of the Britons to Christianity*）图，西蒙·弗朗索瓦·拉文（Simon François Ravenet）根据弗朗西斯·海曼（Francis Hayman）的作品绘制，版画，1752

诗中，劳维尼德（Llwyfenydd）是英国人对瑞德国的称呼，弗拉姆德温（Fflamddwyn）的意思是“火焰使者”，似乎是瑞德人对撒克逊敌军领袖的称呼。而说到不列颠土地上沉眠的人时，之所以说他们的眼睛里有光，是因为他们是战场上的尸体[①]。

很明显，这样的诗歌不是神秘主义的，更不是德鲁伊式的。读者会注意到刚才引用的那首诗有着基督教式的虔诚，它明确提到了基督教的上帝，请求他安抚败亡英雄的灵魂。要记住的是，基督教是不列

① 此处也许意指战死的未瞑目之人，所以眼里有光。——译者注

颠人作为前罗马行省公民身份的一部分，基督教信仰将他们与东边威胁他们的异教徒撒克逊人区分开来。在历史上塔列辛在世的时期，一些盎格鲁－撒克逊国家正在转向信奉基督教，著名的圣奥古斯丁（St Augustine）在肯特王国的传教始于 597 年。这一点值得注意，因为它与人们讲述的塔列辛的经历大相径庭。人们大多认为，与塔列辛有关的最早的诗歌是在不列颠人普遍皈依基督教后几个世纪才创作的，其中没有任何异教、德鲁伊式或魔法相关的内容。

至此，我们不再谈论这些早期的诗歌，而是转向“塔列辛之书”中的其他资料，这些资料由民间故事中的塔列辛构成。从语言上判断，这些诗歌应该是写于 900 年到 1220 年之间的 300 余年间。事实上，手稿中的一些个别诗歌可以帮助我们锁定确切的创作日期，有一首名为《不列颠的伟大预言》（*Armes Prydein Uawr*）的保存完好的长诗，可以基本确定其创作年份为 920 年或 930 年前后。这首诗是一个政治预言，预示着不列颠人、威尔士人、康沃尔人和布列塔尼人将从英格兰人手中夺回他们失去的土地，该诗歌纪念了收复整个岛屿的时间。

人们会问一个很有道理的问题：为什么不能通过其他诗歌更精确地锁定日期？原因有三。首先，专家们经常引用当时的政治和社会事件来确定中世纪诗歌的日期。例如，我们就是用这样的方法很好地猜测出《不列颠的伟大预言》的问世日期。但是，就其性质而言，带有神话色彩的诗歌充满了对魔法和变形术的晦涩影射，往往采用一种内向精神探索的体裁，很少提及当时的政治事件。

其次，这种诗歌通常使用短小的句子，其内容也晦涩难懂，这与 900 年至 1220 年期间创作的其他主流宗教诗歌和赞美诗大相径庭，这些宗教诗歌和赞美诗由被称为“早期诗人”（Gogynfeirdd）的群体书写。因此，很难将这些带有神话色彩的诗歌与该时期的其他作品进行直接比较，虽然这可能有助于我们确定个别诗歌的创作时间。

最后，为这类诗歌确定日期需要高度专业的技能，需要研究威尔士文学、语言学、历史和诗歌形式的专家。幸运的是，我们恰好有这样一位专家。2007 年，玛吉德·海科克出版了一部权威著作，著作包含了神话中与塔列辛有关的诗歌的评论和介绍，书名为《塔列辛之书中的传奇诗篇》（*Legendary Poems from the Book of Taliesin*），随后他还出版了《塔列辛之书中的预言诗篇》（*Prophetic Poems from the Book of Taliesin*）。在这里提到海科克的研究，是因为任何对塔列辛及其相关传统有浓厚兴趣的人都离不开这些作品，特别是在其他资料，尤其是网络资料的翻译偏差极大的时候。读者现在也可以放心地翻阅另一部作品，即《塔列辛之书：在魔幻不列颠王国书写的战争和赞美之诗》（*The Book of Taliesin: Poems of Warfare and Praise in an Enchanted Britain*）。值得庆幸的是，这是最好的译本之一，且根植于海科克的研究。该书由威尔士诗人格威妮丝·刘易斯（Gwyneth Lewis）和坎特伯雷前大主教罗恩·威廉姆斯（Rowan Williams）共同完成。这部作品于 2019 年出版，其中的诗歌来自历史上的塔列辛，也来自神话中的塔列辛，书中提供了所有诗歌的准确翻译，还有一篇很有帮助的引言。这本书第一次让那些不懂威尔士语的塔列辛爱好者也能享受到这么好的学术资源。

可以说，在“塔列辛之书”中，神话中的塔列辛是在 900 年至 1220 年这个时期创作诗歌的。其中有一首可能创作时间较早，也是中世纪威尔士诗歌中最著名和最神秘的一首，诗歌名为 *Preideu Annwfyn*，译为《阿农的战利品》或《从冥界拿走的宝物》。在威尔士语境中，阿农［Annwn 或 Annwf(y)n］这个名字模糊地指向异世界或者说冥界，在威尔士文学和民间传说中发挥着重要作用。这首诗的创作时间可能在 900 年至 950 年间。

《阿农的战利品》共六十诗行，讲述了一个将近被遗忘的亚瑟王的故事。前文提到，在凯尔特人的传统中，诗歌通常不讲故事。尤其是那些听众已经熟知的故事，经常暗含在诗歌中。这意味着，当我们只能看到诗歌本身，那么其原始传说的确切细节就很模糊了，这首诗也是同样的情况。但可以确定的是，诗中亚瑟王和他的手下一行人乘坐亚瑟王的船普利德文号（Prydwen）驶向了海的另一端，对异世界进行了一次具有毁灭性的突袭，他们也许是为了获得“阿农领主”（the Chief of Annwn）以珍珠装饰的坩埚，或是为了营救一个名叫格维尔（Gwair）的囚犯。根据诗歌中的信息，这个坩埚被“九个少女的呼吸”所温暖着，这听起来既令人回味又神秘莫测。他们一行人访问了许多异世界堡垒，这些堡垒有着各式各样的神秘名字，但也有可能是同一个地方的不同名字。后来，亚瑟王和他的手下下场很惨，前去探险的战士满载三船，但“除七人外，再无生还”。幸存者可能包括塔列辛本人，因为他似乎是这首诗的叙述者。以下是诗歌开篇的第一节：

我赞美我的领主，王国的统治者
他的权杖触及了世界各地
唯独剩下格维尔所在的异世界要塞的监狱
在皮威尔和普瑞德瑞的故事中一直如此
在他之前没有人去过那里
沉重的灰色锁链看守着这个忠诚的少年
在阿农的战利品面前，他在苦难中歌唱
如诗的祈愿将传唱不歇，直到末日
满载三船的普利德文号，我们慷慨以赴
除七人外，无人从异世界的要塞生还

塔列辛作为幸存者的主题也出现在《里尔之女布兰温》里。这个1100年左右的故事提到塔列辛在巨人国王“蒙福的布兰”（Bran the Blessed）的领导下前往爱尔兰。在这场灾祸横生的远征里，他再一次成了幸存者。两次远征突袭显然是有联系的，都涉及魔法坩埚和七个幸存者，但具体是如何联系的？学者对此尚不清楚，仍在争论。

让我们再回到“塔列辛之书”中其他具有传说色彩的诗篇。看起来，其中许多诗可能是在 12 世纪甚至更晚的时候创作的。海科克对其中一些诗歌的作者进行了猜想和佐证，认为可能是一位知名的宫廷诗人利瓦奇・阿普・卢埃林（Llywarch ap Llywelyn）的作品。这位诗人有一个绰号，名为普利迪德・莫奇（Prydydd y Moch），意思是“猪之诗人”（the Poet of the Pigs）。他在 1174 年至 1220 年间活跃于卢埃林・阿普・约沃思国王（Llywelyn ap Iorwerth，1173—1240）的圭内斯宫廷，这位国王也被称为卢埃林大帝（Llywelyn the Great），统治威尔士长达 45 年。

有一些来自神话的塔列辛诗歌，措辞与利瓦奇的诗歌有某些相似之处，所以我们可以大胆地认为这些诗歌就是利瓦奇的作品。对此，海科克也给出了充分的理由，认为许多具有神话色彩的诗歌实际上可能都是利瓦奇的作品。如果更多地关注时间线，那么浪漫主义爱好者们所寻找的那些可用于研究古老的、德鲁伊式的或萨满教的诗歌，其创作日期实际上都可以追溯至诺曼征服英格兰之后的一个世纪，以及在蒙茅斯的杰弗里（Geoffrey of Monmouth）写下《不列颠诸王史》（*History of the Kings of Britain*）和《梅林传》（*Life of Merlin*）之后约莫半个世纪，或者说杰弗雷・乔叟（Geoffrey Chaucer）写作之前仅一个世纪左右。换句话说，这些诗歌是中世纪威尔士知识阶层的作品，而不是早期黑暗时代异教——基督教主导下晦涩的边缘作品。

至此，我们已经对塔列辛勾勒出一幅复杂的图画，可能需要重新总结。到目前为止，我们已知的一边是由有血有肉的塔列辛所写的历史赞美诗，这些诗歌从 6 世纪末威尔士诗歌萌芽开始存在；另一边是一连串怪异的诗歌，由一个千变万化、穿越时空、无所不知、踪迹难辨的塔列辛书写，这些诗歌创作于约 900 年至 1220 年间。第二种诗歌可能集中创作于这一时期末期，且相当一部分可能是杰出诗人利瓦奇的作品。

对于那些从塔列辛的传说中寻找古凯尔特神秘主义印记的人来说，现在有一些显而易见的问题。如果人们坚持把那些有神话色彩的诗歌看作德鲁伊教义的遗迹，为什么它们是后来书写的，而不是来自早期？如果是处于非基督教神明崇拜在罗马不列颠人中仍然流行的时期，涌现出那些明显古老且有异教色彩的诗歌也无可厚非。但最新证据表明，到 400 年，非基督教神明崇拜已经逐渐消失了。举个例子，位于格洛斯特郡（Gloucestershire）利德尼（Lydney）的壮观的玛尔斯－诺登斯（Mars-Nodens）神庙群，建于 4 世纪末，但在 5 世纪中期就已经被废弃了。如果塔列辛那些具有神话色彩的诗歌实际上写于 6 世纪，当时可能还有一些非基督徒生活在讲凯尔特语的不列颠偏远地区，而且在爱尔兰肯定还存在着真正的德鲁伊，那么一切还说得通。但那些诗歌写于 13 世纪之交，已经晚了几个世纪，要想传递一个在约 10 个世纪前就被摧毁或逐出主流信仰体系的文化群体的准确信息，本身就不太可能。

要说这些诗可能已经口口相传了几个世纪，只是在 900 年至 1200 年间才首次记于纸上，也是不合理的。因为这些诗通常是押韵的，随着语言经历几个世纪的变化，词尾也会发生改变，这种改变往往会破坏韵律。因此，在确定中世纪凯尔特诗歌的年代时，韵律是我们最有用的工具之一。一首在 575 年以通用新布里顿语创作的押韵口头诗，在 1200 年的中世纪威尔士语中就不再押韵了，因为在这几个世纪中，单词的基本组成部分已经改变了。英语和威尔士语也是如此。对乔叟来说，“呼吸”（breath）和“荒野”（heath）这两个词是押韵的，但对我们来说它们已经不再押韵了。在威尔士语的发展过程中，也有类似的情况。

与其思考诗歌的具体创作日期，我们不如想想这个问题：在历史上的塔列辛去世后（600 年左右）到 1000 年左右这段时间里，我们看到神话传说中的塔列辛正在成形，他的形象经历了怎样的流变？为什么在 1000 年至 1220 年期间的威尔士诗人群体会对重塑这样一位人物如此热衷呢?

很明显，这场流变一定发生在 9 世纪后半期，因为对于 830 年左右写下《历史上的不列颠》的作者来说，塔列辛只是一个 6 世纪的历史人物，而且并非那个时期最重要的诗人，他既不是一个具有传奇色彩的超级英雄，也不是一个身怀异能的变形者。因此，塑造塔列辛神话形象的风潮很可能是从 9 世纪末或 10 世纪初开始的。

有一种方法可以用于想象塔列辛形象流变的过程：将这一时期塔列辛的形象比作一根浸在糖液中的绳子，绳子上会形成形态各异的晶体。有文本证据表明，最迟在 1000 年，塔列辛的传说就已经成形了。前文提到，《凯尔维奇如何赢得欧文》和情节动人的《阿农的战利品》的作者都绘声绘色地将塔列辛与亚瑟王联系起来，而《里尔之女布兰温》的作者将他纳入了巨人国王布兰的随从之中。

有证据表明，在 10 世纪和 11 世纪，在中世纪威尔士的知识分子中形成了一种仿古风潮，这种风潮表现为对北方失落的布列塔尼王国的国王、王朝和诗人的兴趣，如瑞德王朝。这一风潮可能启动了历史的神话化进程，并以非常古老的诗歌为核心展开。这些诗歌以瑞德国尤瑞恩国王的宫廷诗人塔列辛的名义传播，并引发了后世对这位古老诗人神秘力量的猜测。

后期，在 11 世纪至 13 世纪，威尔士的宫廷诗在复杂和晦涩层面达到了巅峰，而专业的宫廷诗人往往相当地自我陶醉。高歌猛进的戏剧表达成了一种职业需要。他们对自己的学识有很高的评价，认为自己不仅是本土传说、诗歌形式、地形学、历史、家谱和故事的大师，还是对主流教会知识课程融会贯通的能手。爱尔兰人对宫廷诗人所通达的书籍有一个精简的词汇概括：全书（senchus）。这些宫廷诗人为自己的博闻广识感到自豪，他们的研究范围包括《圣经》《次经》、圣徒传记（hagiography）、拉丁语，还有讲述奥罗西斯（Orosius）

和百科全书编写者塞维利亚的伊西多尔（Isidore of Seville）的学校课本，他们还在一定程度上研究过中世纪的科学以及作为其教会文化遗产的本地传说。我们可以从这些诗歌中发现，他们为了获取社会地位、赞助和声望，争强好胜，对教士和较弱的竞争对手寸土不让。

海科克认为，神话中的塔列辛诗歌并不是一个“颤颤巍巍的老德鲁伊为支持异教做最后一搏”的表达，而应该被视为11世纪到13世纪威尔士顶级专业宫廷诗人志得意满的画像。通过踌躇满志、慷慨激昂的诗文，塔列辛成了诗人自信和力量的象征。这位诗人津津乐道着自己的博闻广识，夸耀着诗歌是如何直抒胸臆和澎湃激昂，而且有着穿透过去和未来的能力。但毕竟，专业诗人对王子来说是昂贵的，他们需要膳宿和保养，并需要适当的认可。由于花钱大手大脚，王子也许也会收到一首语言晦涩的赞美诗或挽歌。一些贵族一定冲动地希望资助那些不那么显赫、不那么昂贵、不那么桀骜不驯的诗人，而那些人并不是真正专业的吟游诗人。“塔列辛”在某种程度上可能是专业诗人的代称：“看看我们能做的，看看我们的力量，我们对过去和未来了如指掌，我们有着浩如烟海、包罗万象的知识库。”从本质上讲，之所以有“塔列辛”这个角色，其实是中世纪出身高贵的威尔士博学诗人用这种方式来展示和加强自己职业的神秘感。

当我们对“塔列辛之书”中的神话诗歌进行研究并了解它们的来源和类似作品时，我们发现诗中的传说有着典型的中世纪传奇、科学、治学和民间传说的色彩。从某种角度看，这正是人们期望的中世纪威尔士高知阶层能够熟悉的各种材料。因此，在这些诗歌中，我们可以看到一些主题，如潮汐、行星、地球的划分、元素、赫拉克勒斯和亚历山大大帝的故事、《次经》、世界末日的预言、爱尔兰文学中的人物、多恩（Dôn）神话家族的故事以及亚瑟王的故事。当然还有变形术，这是全世界最普遍的故事主题之一，想想奥维德（Ovid）的《变形记》（*Metamorphoses*），它经常出现在中世纪威尔士和爱尔兰文学中。所以，把变形术与德鲁伊教的轮回信仰或“凯尔特萨满教”绑定起来根本没有必要。

让我们来看一个例子。在《伟大的世界之歌》（*The Great Song of the World*）这首诗中，塔列辛描述了他是如何被上帝塑造的。在塑造的过程中，上帝使用了“七种成分”：

可喜的是，他以七种成分创造了我：
火和土
水和空气
雾和花
还有和煦沁人的风。

这些词不可避免地被现代凯尔特神话爱好者当作德鲁伊对元素的原始看法。当然，这七种成分的前四种也是历史早期以及中世纪世界的传统四要素。然而，在8世纪以来的一些中世纪文献中，人体常常被想象成一个微观世界，由花、云以及土、空气、火和水组成。盐也经常被包括在内，代表眼泪和汗水。毫无疑问，这首诗的作者就是借鉴了这类材料。一般来说，在塔列辛以神话形象出现的诗中，几乎所有看起来奇怪和奇妙的东西都是中世纪欧洲的主流知识，这导致了一些诙谐的讽刺，刚才引用的那首诗中也提到了“七种感官”，而现代的“凯尔特萨满”将这一想法纳入了治疗时吟唱的颂歌。事实上，这些元素根本不是来自凯尔特神话，而是源自《次经》和古典文献。此外，许多诗歌都采用问答的形式，例如下面这段内容，来自《塔列辛的青年之语》（*Taliesin's Utterances in Youth*）一诗，同样由海科克翻译成英文（现将其译为中文）：

为什么一块石头如此沉重？
为什么荆棘丛如此锋利？
何处更能刺穿一切，
它的底部还是它的顶端？

是什么隔开了人与寒冷？
一个年轻人还是一个老人，
谁更应该死去？

研究证明，这种问答模式可能源于中世纪流行的对话文本，这些文本经常讨论类似的话题。比如，什么支撑着世界？人类是由什么构成的？风是什么？地球被分为多少个区域？什么人从未死亡？什么人从未出生？这一切听起来都非常神秘，而且是德鲁伊式的问题，但事实上，这些问题是中世纪时神职学徒用来互相取笑的娱乐话题。

中世纪诗人的自我关注

然而，材料的另一面也会使问题复杂化。事实上，从某些方面来看，晚期民间故事中关于神话中的塔列辛的观点十分陈旧。关于变形、获得诗歌的灵感、诗歌与预言的联系、丑陋的孩子与美丽的孩子，这些叙事特质与爱尔兰中世纪文学也有许多共通之处。中世纪爱尔兰和威尔士之间共享的复杂思想有时是相当古老的，爱尔兰语和威尔士语中的诗人（poet）、诗歌（poetry）都和“预言”以及“预知”有着词源层面的联系。古爱尔兰语中博学的诗人写作 fili，字面意思是预言家（seer）；而爱尔兰语中的“预言”（fáth），与威尔士语中的 gwawd 一词有关，这个词现在的意思是讽刺（satire），但在早期威尔士语中仅指“诗歌”。这些词的历史表明，在非常古老的时代，诗歌既是预言也是一种未来视野。然而，应该注意的是，这些理念并非凯尔特专属，因为在北欧的文本中也可以找到许多相同的想法。

因此，无论是在“塔列辛之书”还是在后期的民间故事里，神话中塔列辛的相关资料似乎都保留了一些古老的观念。由此，人们马上就能明白为什么中世纪的宫廷诗人会对这类资料感兴趣，因为他们关心的是如何提高自己的职业威信和神秘感。虽然这些想法很古老，但把它们与 6 世纪的宫廷诗人塔列辛的名字联系在一起，就会大有不同。

我们尚未解释为什么串联起我们所谈论的这些资料的是塔列辛，而不是《历史上的不列颠》中提到的其他诗人。正如我们所看到的，这些资料中加入了许多相当平平无奇的传说，以及一些标准的中世纪流派的谜题。对此，我的观点是，11 世纪、12 世纪和 13 世纪的诗人之所以选择塔列辛作为他们的精神领袖，是因为除了我们现在所说的历史上的塔列辛的诗歌，以及一套被称为《戈多丁》（*Gododdin*）的英雄挽歌之外，可能没有太多的早期诗歌资料被保存下来。《戈多丁》是由一个叫内林（Neirin）或称为阿内林（Aneirin）的诗人创作的，也可以追溯到 600 年左右。换句话说，当时的诗人可能和我们的情况差不多，不可避免地缺少 6 世纪、7 世纪的诗歌资料。可以发现，历史上的塔列辛的诗歌有一个突出的特点，那就是强烈的自我关注。他把自己带入诗歌，谈论自己的感受，把自己的角色放在突出位置，偶尔会写一些如下文这般的诗句：

我在复活节看到许多蜡烛
枝繁叶茂的绿色植物
我看到叶子蓬勃生长
我看到树枝满载着春天的花朵
我看到了一个最慷慨的国王，英明坦荡。

这段话影射了尤瑞恩宫廷中基督教复活节的庆祝活动，但令人惊讶的是，诗中突出了诗人的主观能动性。这毕竟是一首赞美尤瑞恩的诗，而历史上的塔列辛将自己的经历和反应编入诗歌中，标志着他是一位极富开拓性的创作者。尽管如此，在这首诗和其他类似的诗中，那些以“我看到了”（I have seen）开头的诗句，与以“我化作了”（I have been）开头的诗句有着异曲同工之妙，前者很可能启发了后者，让后者充满了神话色彩，带着自鸣得意的口吻。我们可以拿《戈多丁》的作者内林作对比，他的作者形象并没有给人留下任何印象，也没有展现鲜明的个人风采。因此，如果中世纪高层的宫廷诗人要找到一位从威尔士文学传统萌芽开始就声名显赫的人物，瑞德国尤瑞恩的吟游诗人塔列辛是一个明智的选择。塔列辛的名字与一些古老的传统有关，涉及诗歌的性质和诗歌灵感的源泉，经过两三个世纪，他的形象又被细化为具有象征意义的、千姿百态的角色。这就是我们在神话诗歌中看到的塔列辛。

塔列辛是一个受欢迎的人物。许多中世纪的诗歌都与演出有关，而塔列辛的角色提供了广阔的娱乐素材。他夸夸其谈，不仅是一个诗人、战士、圣人、变形者，还是时空旅行者，而且与《圣经》中的人物以及《马比诺吉昂的四个分支》(*Four Branches of the Mabinogi*，后文称为《马比诺吉昂》)中的种种人物打交道。《马比诺吉昂》是中世纪威尔士散文中最伟大的作品。塔列辛在诗歌中提出的问题，在我们看来可能很奇怪并且深奥难懂，但对于中世纪的听众来说，他们熟悉这些诗的作者所借鉴的文本，也就不会感到奇怪了。塔列辛形象的出现实际上可能是为了取悦一群需求复杂的中世纪宫廷听众，为了激起他们的笑声并引发他们愉悦的畅想。在我们的想象里，这些诗不应该是由某个藏在威尔士山洞里的、还保留着有关“古老神明”的仪式和传说的大胡子圣人吟诵，我们想象中的塔列辛应该是一个衣着光鲜的朗诵者或宫廷诗人的形象，他在1200年左右向贵族和教士听众宣读这些诗歌，这些宫廷诗人出色的作品。这些宫廷诗人从惯常的赞美和哀叹中抽身出来，发挥杰出吟游诗人的诗才，提供精彩的娱乐素材，不断证明着专业诗人的博学、活力和创造力。

第 2 章

亚瑟王的遗产

权力、身份与现代英雄叙事

亚瑟王是凯尔特神话中影响力最大的人物，然而他的故事在发展过程中变得面目模糊。对于作家和电影制片人来说，可能是时候转向源于威尔士传统的亚瑟王传说了。人们需要不断更新传说并重新讲述它，而威尔士传统则提供了一个更狂野、更不拘于宫廷身份的亚瑟王形象。

他在人们心目中高大伟岸、超凡卓绝，他儿子的坟墓有魔力，他的狗有锋利无比的爪子，能刺穿坚硬的岩石。

第 2 章
亚瑟王的遗产　权力、身份与现代英雄叙事

亚瑟王是凯尔特神话中唯一一位举世闻名的人物，围绕着这个人物，神秘莫测的文化共鸣已经回荡了一千年之久。这种文化共鸣在 2017 年的电影《亚瑟王：圣剑传奇》（*King Arthur: Legend of the Sword*）中得到了很好的概括表达。这部电影阴郁深邃，扮演亚瑟王的男主角对着罗马-不列颠[①]背景下隐约可见的周遭景物做了个手势，然后呐喊：“这，就是英格兰！”

想必观影的凯尔特专家会迫不及待地提出反对，事实上，亚瑟王指的地区不是英格兰，但专家对此无可奈何，因为这是亚瑟王传说中常年存在的悖论。这位传说中的亚瑟王是凯尔特人，最早出现在早期的威尔士编年史和诗歌中，因驱赶来自欧洲大陆的日耳曼入侵者而闻名，这些入侵者后来成了英国人。然而，亚瑟王在中世纪不断转变形象，直到他被英国人和其他不列颠人的后代奉为民族英雄，最终成为整个英国最接近集体神话焦点的人物。世界闻名的亚瑟王是中世纪的“产物”，他处于自 12 世纪末以来被称为“不列颠诸事”（Matter of Britain）的中心，支撑起了大不列颠和布列塔尼的传奇历史。亚瑟王传说是一个与所谓“罗马诸事”（Matter of Rome）以及“法兰西诸事”（Matter of France）类似的故事体系。“罗马诸事”吸纳了古典神话，包括关于埃涅阿斯（Aeneas）和特洛伊陷落、亚历山大

① 这里，罗马-不列颠指罗马统治时期的不列颠尼亚行省。——译者注

大帝和恺撒大帝的传说；“法国诸事”侧重和查理曼大帝及其骑士的经历有关的传说。英国文学中为我们所熟知的亚瑟王是从石头中拔剑崛起的国王，他入侵欧洲，与桂妮维亚（Guinevere）结婚，忍受她与兰斯洛特（Lancelot）的奸情，在卡姆兰（Camlan）之战中被他的侄子莫德莱德（Mordred）击败并受伤，然后原因不明地离开了阿渥伦（Avalon），也许有一天会再次归来。此处提到的亚瑟王主要是基于托马斯·马洛礼爵士（Sir Thomas Malory）15 世纪在《亚瑟王之死》（*Morte Darthur*）一书中的记述。

亚瑟王发现一个巨人在烤猪［韦斯（Wace），《不列颠传说》（*Roman de Brut*），14 世纪］

我们将在本章后面提到这本书，这位亚瑟王是我们耳熟能详的人物，在维多利亚时代的绘画中和作家怀特（T. H. White）1958 年的作品《永恒之王》（*The Once and Future King*）中都可以看到。再回到 2017 年的电影《亚瑟王：圣剑传奇》，其中亚瑟王的形象可以说与上述描述形成鲜明对比。而从早期凯尔特人的相关材料可见，这位不列颠国王的最大功绩在于他领导不列颠人严防死守，抵御了撒克逊人的入侵。

本章将重温为人熟知的中世纪后期的亚瑟王，以便介绍站在他身后的一些更古老、在许多方面更加风采卓绝的威尔士人物。我们将先回顾一些关于亚瑟王及其随从的早期威尔士诗歌，然后再看一则 11 世纪的扣人心弦的故事《凯尔维奇如何赢得欧文》，这刚好是所有语言体系中最早的与亚瑟王相关的散文故事。

亚瑟王的历史真实性

我们要先解决一个棘手的问题，那就是亚瑟王的历史性。可是对此似乎缺乏具体的研究资料，主要是因为缺乏历史证据。我们所拥有的少量证据虽可以聊以慰藉，但解读起来依然困难。

如果历史上真的有亚瑟王，他一定生活在 450 年至 550 年之间，就现有的资料而言，那恰好是历史上的黑暗时代，中世纪人士避免使用这一术语，因为那是一段非常黑暗的岁月。在这一时期，讲日耳曼语的盎格鲁人、撒克逊人和朱特人（Jute）在英国东部广泛定居，造就了第一个盎格鲁－撒克逊王国。因此，历史上的亚瑟王率领的任何战斗都是在这样的背景下进行的：自 5 世纪的第一个十年起，随着罗马军团从不列颠尼亚行省撤出，在之后一个世纪左右的政治混乱中，一个基督教领袖率领不列颠人对抗异教撒克逊人。这就是为什么“英格兰的亚瑟王”这个概念是一个悖论。

一个多世纪以来，可以证实历史上亚瑟王存在的资料没有变化，也没有任何新的资料。可供参考的只有三份材料，前两份以拉丁语书写，第三份以旧威尔士语书写。

第一份资料是在上一章提到的名为《历史上的不列颠》的传奇文本。该文本大约有 35 个副本存世，其中有 5 个副本称作者为“Ninnius”，似乎是基于中世纪时期的猜测，但专家们不再认为这一猜测可靠。虽然我们不知道这个文本的作者是谁，但我们可以确定它是由一位教士在 829 年或 830 年编撰的，这位教士讲威尔士语，在威尔士北部的圭内斯王国工作。该文本主要关注盎格鲁－撒克逊人，讲述了他们如何在大部分岛屿上取代了当地的不列颠土著，这些土著被迫离开本属于自己的岛屿，后来成了威尔士人、康沃尔人和布列塔尼人。这个故事旨在向读者强调，不列颠人和他们的后代仍然是一个被神的恩惠和英雄的传统所选中的民族，他们的失败只是因为侵略者诡谲阴险、以多欺少。《历史上的不列颠》告诉我们，终有一天，不列颠人将夺回他们失去的土地。

《历史上的不列颠》中有关亚瑟王的记述其实很短，列举了亚瑟王的 12 次胜利，并突出强调了两次胜仗。其中有亚瑟王在凯尔格温尼翁（Caer Gwynnion）的战役，该战役中，亚瑟王把圣母玛利亚的形象装饰于肩章或是盾牌上；还有巴顿山丘（Badon Hill）之战，他在那里单枪匹马地杀死了不下 960 名敌人。这份战争记录的前言写道，亚瑟王是一位“战争之王”（dux bellorum），尽管他的出身并不显贵。显然，所有关于亚瑟王的描述都非常少，似乎编纂者找不到更多关于亚瑟王的材料了。

但该文本还有一个附录，被称为“奇迹”（Mirabilia），是一份记录了不列颠的特殊特征和地点的名录，其中有两处与亚瑟王有关。第一个信息是，在威尔士东南部的布雷肯郡（Breconshire）有一个巢穴，里面有一堆石头，其中一块石头上印有亚瑟王的狗卡法尔

（Cafal）的爪印。由于所谓的“卡法尔之巢”（Cafal's Cairn）实际上是一个旧威尔士短语 carn cabal，意思是“马蹄印”，所以有一些信息应该是在传播中被混淆了。第二个信息是，在甘伯河（Gamber）的源头是亚瑟王之子阿姆尔（Amr）的坟墓，阿姆尔在后来的亚瑟王传说中完全消失了。根据资料记载，墓冢的规模一直在改变，长度在 1.8 米到 4.5 米。据我所知，目前没有墓冢现存于世，但甘伯河是一个真实存在的地方，它是瓦伊河（Wye）的一条小支流，发源于今天的彭科伊德村（Pencoyd）附近，位于赫里福德（Hereford）以南约 13 千米处。

这份 9 世纪初关于亚瑟王的资料《历史上的不列颠》，为我们提供了两个线索：第一，提供了一份亚瑟王参与过的战役清单，表明其参战数量可能不多；第二，显示出亚瑟王已经成为不列颠丰富多彩的民间传说中的核心人物。但我们必须牢记，这一文本是在历史上的亚瑟王逝世之后约 4 个世纪写成的。

第二份提到亚瑟王的拉丁文资料是 10 世纪中叶由威尔士西南部的圣戴维兹（St Davids）编纂的《威尔士年鉴》（*Annales Cambriae*）。关于公元 613 年之前这段时间的内容，该文本的撰写建立在一套爱尔兰年谱之上，但每隔一段时间就会夹杂一些来源不明的材料。年份的模糊性是《威尔士年鉴》的一个特点。下面列举其中一个例子：

> 516 年 /518 年　巴顿山丘之战，亚瑟王将耶稣基督的盾牌扛在肩上三天三夜，最终英国人取得了胜利。
>
> 537 年 /539 年　卡姆兰之战，亚瑟王和莫德莱德丧命，英格兰和爱尔兰出现了死伤。

同样，这也不能说明什么。年鉴中提及的巴顿山丘之战可能只是从《历史上的不列颠》中借用的。然而，一个引人注目的问题是，这是亚瑟王传统中第一次提到卡姆兰之战——亚瑟王的最后一战，是一场败仗。在更后期的传统中，战役结束时，亚瑟王名为“王者之剑”（Excalibur）的宝剑必须归还给湖中仙女（the Lady of the Lake），而亚瑟王本人被带到阿渥伦疗伤。这里没有提到这些内容，但我们确实看到了莫德莱德的首次出现。莫德莱德是亚瑟王叛国的侄子，在后来的中世纪文本中，他被写成是亚瑟王与人乱伦生下的儿子。然而，在这条记事中没有任何内容表明亚瑟王和莫德莱德在战斗中被看作是对立面，对立关系很可能是后来形成的一个传统。

这让我们不得不转向第三个也是最后一个来源，那是诗歌中的一段话。在早期威尔士诗歌中，有一个诗集名为《戈多丁》，由旧威尔士语的挽歌组成，歌颂了在约克郡（Yorkshire）的卡特里克（Catterick）牺牲的不列颠战士，他们为保卫不列颠戈多丁王国而牺牲（戈多丁王国的中心位于现在的爱丁堡）。在赞美一位名叫格瓦德（Gwawrddur）的勇士时，有一段话这样写道：

他在堡垒上喂黑乌鸦
尽管他不是亚瑟王。

“喂养乌鸦”意味着做杀戮相关的工作，而且隐隐暗示着，喂养者也会成为乌鸦的食物。这明确地指向了亚瑟王作为一名模范战士的身份，但问题是，我们不可能知道这句话是在什么时候创作的。而且，遗憾的是，《戈多丁》有着很复杂的历史，其文本包括一首非常早期的诗歌的核心内容，该诗歌大约创作于600年，还包括一系列后来叠加的内容。所有文本都记载于13世纪的一个手稿中。因此，虽然这个参考文献的创作日期可能相对接近我们认为的亚瑟王在世的时间，但极有可能这个资料实际上写就的时期比刚才讨论的两份拉丁文资料都晚。

上述内容就是所有可以了解历史上的亚瑟王的资料。这就不难理解为什么中世纪的历史学家对他是否真实存在普遍持怀疑态度了。但是，还有一个必须解答的难题，任何想为亚瑟王的历史存在性进行论证的人都必须对此加以解释，那就是在唯一现存的不列颠文本中并没有提到亚瑟王。该不列颠文本问世于 6 世纪，非常接近人们认为亚瑟王生活的时代，是一位名叫吉尔达斯的英国教士的作品，大约写于 540 年，名为《论不列颠的毁灭》，我们在前一章中讨论过。吉尔达斯写作的目的是指责当时的五位不列颠统治者，在此过程中他对前一个世纪的历史进行了总结。他以《旧约》预言式的行文方式，将撒克逊人的入侵视为上帝因不列颠人的罪孽而降下的惩罚。

文章中，吉尔达斯确实提到了巴顿山丘之战。根据他的描述，这是一场阻止撒克逊人进攻的战役，最终走向了议和，而在他写作的时候，和平状态正受到威胁。吉尔达斯没有说谁是这场战役的指挥者，尽管在其他文本中，他曾说不列颠人对撒克逊人的抵抗战役是由一个名叫安布罗修斯·奥雷利安纳斯（Ambrosius Aurelianus）的不列颠贵族领导的。吉尔达斯从未提到过亚瑟王，而且由于他是文献记载中唯一一位可以追溯到亚瑟王所处时代的不列颠作家，所以对于任何希望亚瑟王在历史中真实存在的人来说，亚瑟王在该文本中的缺失都是一个棘手的问题。有几点需要特殊说明，例如，也许“亚瑟王”只是吉尔达斯笔下安布罗修斯的另一个名字，或者说亚瑟王作为巴顿山丘之战的胜利者早已名声大噪，以至于吉尔达斯的读者早已烂熟于心，无须提及。在我看来，后者是一个相当勉强的说法。

这些微不足道的证据表明，要说文学作品中的亚瑟王背后有一个历史人物，也不是不可能的，历史上的不列颠肯定还有像吉尔达斯提到的安布罗修斯那样的领导人，但我们可考的资料有限。可以确定的是，到了 9 世纪，甚至更早的时候，在不列颠人的认知中已经形成了一个传说，这个传说讲述了一位战争领袖的功绩，人们将一些击退撒克逊人的胜利都归功于他。最重要的是，还有一批关于这位战争领袖的民间传说，强调了他在人们心目中高大伟岸、超凡卓绝的地位。

传说中，他儿子的坟墓有魔力，他的狗有锋利无比的爪子，能刺穿坚硬的岩石。这些民间传说并不局限于威尔士地区，讲不列颠凯尔特语的人所到之处都有这种传说，包括布列塔尼、康沃尔和现在的苏格兰南部。

早期威尔士文学中的亚瑟王

民间传说中的亚瑟王明显与最早的威尔士文学作品中的亚瑟王十分相似，在这些作品中，亚瑟王作为一个鲜明的人物出现。文学作品中，有一个内容丰富的散文故事《凯尔维奇如何赢得欧文》，该故事可能创作于 1050 年至 1100 年之间。这些文学作品还包括两首诗，我们无法准确地推断它们的创作日期，只能说可能创作于 950 年至 1150 年之间，我偏向认为是这个时间范围内较为靠前的时期。

这两首诗中的第一首名为《阿农的战利品》，前文提到过，它描述了亚瑟王在一次灾难性远征中乘船前往了一个由许多堡垒组成的异世界。或者说，异世界只有一个堡垒，但它有好几个意蕴丰富的名字。亚瑟王的手下试图与异世界的人进行谈判，谈判对象包括一个不会说话的哨兵。这首诗的气氛阴森恐怖，令人印象深刻。我们在这首诗中看到的是文学式的而非民间传说式的叙事，尽管它可能根植于民间流传的亚瑟王传奇故事。值得注意的是，这首诗的情节看起来是阴郁的，这是一个有用的信息，由此可知，在英国民间传说最原始的版本中，亚瑟王可能是一个比我们有限的现存资料所呈现的更为悲惨的人物。在一些其他资料中，我们听说亚瑟王和许多悲剧性的国王一样，杀死了自己的儿子。

强调了这种阴郁性之后，我们转向第二首诗，这首诗的基调非常不同，而且与我们下文将讨论的散文故事《凯尔维奇如何赢得欧文》有许多共同的主题。这篇散文更有活力，鲜艳明快，名为《守门人》

（*Pa gur*），因为它以一首对话诗开篇，第一句话就是："怎样的人是守门人？"故事里，亚瑟王正和他的手下试图进入一座城堡，他们与城堡的守门人格莱维德·加法尔法沃尔（Glewlwyd Gafaelfawr，意思是"深灰色的巨大爪牙"）争吵不休。渐渐地，亚瑟王的声音占据了上风，他讲述了自己和手下一起完成的一系列远途冒险，其中包括与女巫作战。在凯尔特文学中，女巫的形象通常更像亚马孙族的女战士，而不是一提英语单词 witches 就映入眼帘的伛偻老妪。诗歌中讲述，亚瑟王和他的手下不仅要对付女巫，还要对付狗头人（cinbin，威尔士语）。诗中的 cinbin 是一个不寻常的词，可能是指传说中一种名为 Cynocephali 的畸形生物，在中世纪传统中，他们存在于已知世界的边缘，是一个狗头人身的种族。在这首诗中，狗头人似乎住在爱丁堡附近。

正如前文所说，广为人知的亚瑟王传说经历了小说和电影以及电视的改编，呈现的基本上都是中世纪中后期的版本。因此，早期威尔士文学中具有威尔士本土文化特质的亚瑟王似乎与公众的认知格格不入。正如前文讨论的诗歌所示，这个本土的亚瑟王并不是后来流传中的"昏庸之人"，或是"碌碌无为的国王"。在后来的改编中，亚瑟王把自己的骑士从卡美洛（Camelot，传说中的亚瑟王宫殿）派出去执行任务，而自己却待在家里。与之相反，早期威尔士文学中的亚瑟王是一位精力充沛的领导者，他领导着一群英雄，其中一些英雄拥有不寻常的力量，这一点在《守门人》中已经很清楚了。而散文故事《凯尔维奇如何赢得欧文》也为我们呈现了类似的内容，我们现在就来看看这篇散文。

最好将《凯尔维奇如何赢得欧文》理解为一种非常普遍的、具有国际化特质的民间故事，专家称之为"六人行"（Six Go Through the World）。在这种类型的故事中，一群拥有不同力量和技能的英雄共同致力于达成某一重大目标，为此，他们必须完成各种任务。这样的例子数不胜数。古典神话中有伊阿宋（Jason）和阿耳戈英雄（Argonauts）的故事，传说中，他们出海去寻找金羊毛。阿耳戈英雄包括实力超群的赫拉克勒斯、拥有 X 光一般视野的林叩斯（Lynceus）、可以用音乐驯服野兽的奇才俄耳甫斯，后来，还包括爱上伊阿宋的女巫美狄亚（Medea）。可以说，这个故事模式耳熟能详，那是因为“六人行”仍然是支撑当代大片的主要原型情节设定之一，特别是那些漫威宇宙中以超级英雄团队为特色的电影。这体现了一个事实：人类总是在这类叙事模式中找到一种深入人心的满足感。

超级英雄的故事类型之所以如此广受欢迎，是因为它将一个主线目标与沿途无限的支线情节结合在一起。支线情节有着广阔的延伸空间，有着自成一体的叙事片段，创作者可以随着故事的推进而深入支线叙事或从中抽离回到主线。

《凯尔维奇如何赢得欧文》是一个很好的例子。故事开始时，塞莱登（Celyddon）的儿子凯立德国王（King Cilydd）与格利尔迪达（Goleuddydd）结婚了（格利尔迪达的名字意味着“日光”）。后来，格利尔迪达怀孕了，但在怀孕期间丧失心智，逃到了人迹罕至之地，在即将分娩时，她才恢复了理智。她遇到了一群猪，大受惊吓之时，在猪圈里生下了孩子，这个猪圈里诞生的男孩因此被称为凯尔维奇（Culhwch）。讲故事的人希望我们把这个名字理解为“猪圈”（pigsty），而且名字里确实含有 hwch 这个词，意思是“猪”。值得一提的是，在最近的版本中，上述情节在一篇超过 1 200 行的散文诗中只覆盖了其中 11 行。由此可见，这是一个错综复杂的故事，各种事件和人物精彩纷呈，一个又一个事件接踵而至，但叙述者很少引导我们探析叙述内容的深意。

格利尔迪达在凯尔维奇出生后不久就去世了。凯立德国王在寻找另一个妻子时显然是个暴徒，他杀死了道奇国王（King Doged），把其寡妻、女儿和土地据为己有。之后，凯立德没有名字的新王后对凯立德无子的事实感到不悦，但当她从一个“脑袋里没有一颗牙齿”[①]的老巫婆那里得知凯尔维奇的存在时，便把他传召到宫廷。新王后建议凯尔维奇娶她的女儿，但凯尔维奇拒绝了，他义正词严地表示自己还没到娶妻的年纪。新王后被激怒了，诅咒他除了巨人首领斯帕代德恩·派恩达澳（Ysbaddaden Pencawr）的美丽女儿欧文（Olwen）之外，谁也不能娶。

尽管凯尔维奇从未见过欧文，他还是红了脸，并爱上了她。凯立德警告说，要想赢得欧文，需要表哥亚瑟王的帮助，于是凯尔维奇动身前往亚瑟王所在的宫殿。据说宫殿的具体位置在康沃尔郡。年轻气盛的凯尔维奇在骑马到达时显得格外引人注目（见彩插图 3），他的出场在散文诗中有一段精彩的讲述，语言华丽激昂。这样的散文诗在威尔士语中对应着一个专业术语“阿拉伊特”（araith），与英语中的“演说”（oration）一词有关。凯尔维奇衣着光鲜亮丽，他的马匹以及爱犬都以华丽的贵金属加以装饰；他的长矛锋利无比，削铁无声；他穿着奢华，紫色斗篷的每个角都镶有赤金圆珠，每颗珠子价值一百头牛；他的马雄猛矫健，马蹄掀起的土块像燕子一样在空中飞翔；两只猎狗在凯尔维奇身边飞奔，像迅捷的海鸟。整个画面充满了富裕、活力和壮丽的景象。亚瑟王承认凯尔维奇是他的表弟，而凯尔维奇则邀请整个宫廷作为自己的证人和担保人，以见证亚瑟王许下的帮助他的承诺。此处有一段非比寻常的叙述，提及了数百个战士、女士，还有狗和马的名字，是一个浮夸的情节高潮，后文我们将对这段叙述再作阐释。

亚瑟王对欧文一无所知，他派去的侦察兵在一年后徒劳而返，于是他挑选了六个最优秀的手下与凯尔维奇一起前往寻找，其中包括凯（Cai）、柏德威尔（Bedwyr）和高其麦（Gwalchmai）。这是一个重要的三人组，他们在后来的亚瑟王神话传统中以凯爵士（Sir Kay）、

① “脑袋里没有一颗牙齿”类似中文语境中的“包打听”。——译者注

白帝威尔爵士（Sir Bedivere）和高文爵士（Sir Gawain）的身份出现。凯和柏德威尔曾是《守门人》一诗中亚瑟王的家臣。如果用现代的角度看，凯显然是一个超级英雄，他的身体散发出强大的热量，雨水在碰到他之前就已经蒸发了。他可以在水下憋气九天九夜，而且只要他愿意，就可以高大如参天大树。柏德威尔是一个超凡卓绝的战士。而高其麦则是不达目的誓不还乡的忠勇之士。其余三个同伴甚至更有魔力：向导员辛德利格（Cynddelig）自带卫星导航系统，“即便在他从未涉足的土地上，他的向导能力也像在他自己的土地上一样好”；魔法师门（Menw）可以改变身体的形状，并且可以为整个团队披上一层隐身的面纱；高海尔（Gwrhyr）是一位“语言翻译家”，精通各种语言，甚至能与动物交流。

一行人来到一个名叫卡斯特尼（Custennin）的牧羊人家里，他们发现牧羊人无名的妻子是凯尔维奇母亲的妹妹。牧羊人的妻子试图劝阻凯尔维奇寻找欧文，并解释说，所有寻找欧文的人都消失了。她还控诉，欧文的父亲巨人斯帕代德恩是个怪物，已经杀害了她的23个儿子，唯剩最后一个儿子高鲁（Gorau）被秘密养大。即便如此，牧羊人的妻子仍无法劝阻凯尔维奇，于是她告诉凯尔维奇，每个星期六，欧文都会到他们家里清洗长发。当欧文到来时，作者给出了第二段华丽的散文诗，此处特意呼应了描述凯尔维奇到达亚瑟王宫廷的段落。这段诗篇值得引用：

> 她翩然而至，身着一件火红色的丝绸袍子，颈上佩有赤金项圈，上面镶有稀世的珍珠与红宝石。她的金发比金雀花还闪亮。她肌肤雪白，胜过浪花的泡沫。她的一双手如此白皙青葱，宛若井水涓涓细流中细碎小石之上三叶草的嫩芽。所有猎鹰的眼睛都不如她的明澈。她胸前的肌肤洁白光润，胜过白天鹅。她的脸颊泛起红晕，比花朵更娇美。无论她走到哪里，身后都会绽开四朵白色的三叶草。

欧文身后的四朵三叶草与凯尔维奇的骏马踢起的四个土块相呼应，两处修辞可谓是相得益彰，仿佛在告诉我们这两个年轻人是天生一对。这些花也解释了她的名字，欧文的意思是“白色芳迹”（White Track）。

凯尔维奇和他的手下来到斯帕代德恩面前，欧文告诉他们，预言中说斯帕代德恩注定会死于自己女儿结婚之时。在接下来的三天里，一行人每天都去拜访斯帕代德恩，请求得到欧文的帮助。巨人的眉毛太过厚重，甚至遮住了他的眼睛，必须由他的仆人用干草叉把眉毛抬起来。斯帕代德恩是一个愤世嫉俗、阴险狡诈而又喜怒无常的老者，描述这样的角色时，讲故事的人往往采用非常生动的语言。斯帕代德恩曾三次向凯尔维奇的队伍投掷毒矛，在这个过程中，有一人接住毒矛并将其扔了回去，使巨人遭受重伤。然而可笑的是，斯帕代德恩的反应就像一个唠叨不休的退休人员在无病呻吟一样。之后，凯尔维奇将一支长矛直穿过巨人的眼球，从他的后脑勺射出。斯帕代德恩带有讽刺意味地称这位英雄为“女婿”，同时抱怨道：

> 被诅咒的、不仁不义的女婿啊！只要我活着，我的视力就会越来越差。每当我迎风而立，双目就会泪流不止；每逢新月，我就会头痛晕眩。

第二天，巨人给凯尔维奇开出一张海量的任务清单，要求他在娶欧文之前完成这些任务。这些任务在威尔士语中被称为 anoethau，这是一个罕见的词，意思是“难以获得的东西”或“奇迹”。在这里，文本的风格再次转变，变成了一呼一应式的快节奏对话。每当巨人说出一个不可能完成的任务，凯尔维奇自恃有一群可靠手下的支持，便会气定神闲地说：“对我来说，要完成这个任务很容易，尽管你认为有千难万险。”任务清单中有 40 项任务，但实际上，并非所有的任务都能完成，有些已完成的任务也并没有出现在任务清单上。讲故事的人和听众即便注意到清单和任务并非一一对应，也不会刨根问底。

许多任务都有一个共同点，那就是与凯尔维奇和欧文的婚礼准备工作有关。为了婚宴，凯尔维奇必须耕种土地、种植食物，为此，他需要获得清单要求的牛、犁铧和农夫，这些都被列为几项独立的“不可能完成的任务”。此外，任务还有必须播种亚麻来制作欧文的婚纱、必须获得超甜的蜂蜜来制作宴席上的饮料、饮料必须装在特定的酒杯中等。

斯帕代德恩作为新娘的父亲，需要理发和刮胡子，以便看起来得体些。这个故事之下有几条支线的情节极为重要，每条支线都是独立的故事，只是都与理发以及刮胡子这个情节有关。能够用来给斯帕代德恩理发的必须是一套特定的剪子、梳子、剃刀，但这些工具被塞入了一头叫作托奇・崔尔奇（Twrch Trwyth）的畸形野猪的耳朵里，也就是传说中的“野猪崔尔奇”。托奇・崔尔奇曾经是一位国王，但上帝把他和他的孩子们变成了猪，作为对某种罪行的惩罚（上帝在这个故事中扮演了一个小角色，这是不常见的）。为了抓住野猪，凯尔维奇的冒险队必须完成一系列支线任务，这也使本来就不可能完成的任务更加有难度。冒险队需要猎犬德鲁德温（Drudwyn）的帮助来猎杀野猪，为此，他们必须获得特殊的项圈、链子和皮带。为了完成这项任务，他们还必须获得母狗芮米妮（Rhymni）的两只幼崽，并将幼崽拴在一个名叫迪卢斯（Dillus）的巨人的胡子上，令任务难上加难的是，这位巨人对自己的胡子非常自豪，决不会允许他们这样做。

冒险队还需要寻找莫德伦（Modron）的儿子麦本（Mabon），因为他是唯一能够驾驭猎犬德鲁德温的人。上述任务清楚地表明，故事里有许多“嵌套”情节，一个艰巨的任务之中，还嵌套了更多任务。这个令人回味无穷的情节值得细细品味。麦本在神话中是一个年幼失踪的人，“他在三岁的时候被人从母亲身边带走，消失在墙壁之间”，之后就杳无踪迹。这样的故事模式会让现代读者联想到童话故事。凯、柏德威尔和语言翻译者高海尔探访了不列颠寿命最长的五个生物以获取麦本的信息，它们都是动物，其中，乌鸫希尔格瑞（Gilgwri）、牡鹿莱蒂恩维（Rhedynfre）、猫头鹰凯姆（Cwm Cawlwyd）和老鹰格文（Gwernabwy）都没有答案，每个动物都说起了自己漫长的寿命。下面是猫头鹰的发言：

> 当我第一次来到这里，你看到的这个大山谷是一个树木繁茂的谷地，直到人类一族来到这里，森林被摧毁了，第二代树木生长起来。而现在这里是森林的第三代。至于我自己，我的翅膀已经老迈沉重。在这漫长的岁月里，我没有听说过你要找的那个人。

猫头鹰把他们带到了老鹰那里，而老鹰又把他们带到了巨型鲑鱼林恩（Llyn Lliw）那里。鲑鱼确实知道麦本被困在哪里，对现代读者来说令人唏嘘的是，困住他的监狱原来在格洛斯特（Gloucester）。鲑鱼沉声说："在我的一生中，我从未见识过如此多的邪恶，直到我来到格洛斯特。"这句话可能会引发南瓦利安读者心领神会的笑声，因为对他们来说，格洛斯特是离他们最近的不列颠大型城镇。凯和柏德威尔登上鲑鱼的背，鲑鱼载着他们在塞文河（Severn）上航行，直到他们听到从一堵墙后面传来的巨大哀号。这时，冒险队得到了亚瑟王的帮助，亚瑟王的军队袭击了格洛斯特并使其释放了麦本。凯将救出的麦本驮在背上带走了。

此处涉及一个有用的信息点，可以反映出威尔士早期传说中的一切与我们熟悉的亚瑟王的世界是多么不同。那就是，这里没有骑士精神、宫廷礼仪或穿甲的骑士，相反，我们看到的是一个暴力支配下的、充满超现实色彩以及强烈的地方性特征的民间传奇世界。而涉及古老动物的情节以两种方式扩大了叙事范围。首先，这些情节将亚瑟王传说纳入了一个宏大的时间框架。伴随着古老的景观变化，动物们见证了高耸的岩石被侵蚀成碎片，目睹了整个森林生长、死亡、再生长。这样的叙事带来宏大而神秘的效果。其次，人类的关切被置于更广阔的视野中。可以发现，这些古老的动物绝不比人类更低等，而且各自形成了独特的复杂政治。例如，老鹰曾经攻击过鲑鱼，而他们就像两个中世纪的国王一样达成了和平条约。正如老鹰所说："一直以来，我和我所有的亲属都在攻击他，并且试图消灭他。他反过来派使者与我议和，他也有求于我，要我帮他从背上拔出三十根鱼叉。"这些与最古老的动物有关的内容将凯尔维奇的故事置于一个更广泛、更陌生、更原始的世界版图之中。类似的主题本身在中世纪的欧洲很常见，而且不限于在威尔士。从故事气氛上看，这些故事如梦亦幻，也许会让人想起澳大利亚原住民的故事。

麦本本人也很重要，他的故事彰显了一个更普遍的问题，这个问题困扰着我们对"威尔士神话"的探讨。我们充分相信麦本的经历影射着一位古不列颠神灵。麦本的名字必然来自不列颠的马波诺斯（Maponos），意思是"神圣的儿子 / 男孩"，他的母亲莫德伦的名字可以追溯到马托娜（Matrona），意思是"神圣的母亲"。这两个名字在异教时期就存在，罗马高卢和罗马不列颠北部都有关于马波诺斯神的铭文，在这些地区，马波诺斯相当于希腊罗马的阿波罗神。马托娜是法国马恩河（Marne）背后的名字，有很多证据表明，在古凯尔特人的宗教信仰中，河流被广泛认为是女神的化身。问题在于，麦本只出现在威尔士传统中凯尔维奇的故事里，在诗歌《守门人》中也只有寥寥几笔，所以我们对他的了解非常有限，而且我们也无从得知这些信息在多大程度上反映了马波诺斯的神圣属性。上述两个文本中还提到了另一个麦本，即"闪电"之子，但我们不清楚这两个麦本是不是同一个人，或者曾经是同一个人。我们再次注意到，真正的古老神话碎片以一种既引人入胜又难以琢磨的方式嵌入中世纪文学。

让我们回到凯尔维奇的故事。在一行人经历了其他各种冒险之后，对野猪崔尔奇的追捕开始了，亚瑟王扮演了故事的主角。从爱尔兰开始，围绕着群岛的西岸，五分之一的地方都被崔尔奇劫掠了。

罗马－不列颠的狩猎神像，可能是马波诺斯的形象（约150）

这只野猪和他的小猪们越过大海来到威尔士南部。抓捕野猪的过程死伤重大，亚瑟王设法杀死了一头小猪，但他自己的儿子圭德雷（Gwydre）却被崔尔奇杀死。在威尔士传统中，亚瑟王至少有四个儿子，阿姆尔、圭德雷、来彻（Llacheu）和杜兰（Duran）。而在后来法国和英国的传统中，亚瑟王与桂妮维亚并没有一个合法继承人，这是一个重要的主题，并在后来导致他的人生走向下坡路。当野猪崔尔奇越过塞文河口逃到德文郡（Devon）和康沃尔郡时，他的剪子和剃刀已经被夺走了，在那里经历了更多厮杀之后，他的梳子也被夺走了，但他没有死。崔尔奇逃进了海里，“从那时起，就再也找不到他的踪迹”，于是这场狩猎只能草草了结。

他们需要完成的最后一项任务是获得至暗女巫（Pitch Black Witch）的血，她是光明女巫（Bright White Witch）的女儿，住在地狱的高地之上，她的血液可以作为剃须泡沫来软化斯帕代德恩的胡须。四个战士进入至暗女巫的洞穴，然后尖叫着跑了出来。之后，亚瑟王自己冒险进去，把女巫劈成了两半。凯尔维奇回到斯帕代德恩的堡垒，皮克特岛（Pictland）的战士卡尔（Caw）给这个巨人把胡子刮得比他想象中更短，不仅刮掉了他的胡子，还刮掉了他的耳朵、皮肤上的肉，刀伤深可见骨。在故事的最后，我们不禁同情被残害的斯帕代德恩，他的遗言出乎意料地庄重：

> 凯尔维奇问："你剃了胡子吗，伙计？"
>
> "如你所见。"斯帕代德恩说。
>
> "你的女儿，现在是我的了吗？"凯尔维奇问。
>
> "如你所愿，"斯帕代德恩说，"但你不需要为此感谢我，而是要感谢亚瑟王，那个为你殚精竭虑的人。若非如此，我死也不会同意你迎娶我的女儿。至于我的生命，要杀要剐，悉听尊便。"
>
> 然后卡斯特尼的儿子高鲁抓住斯帕代德恩的头发，把他拖到土丘上，砍下了他的头，插在堡垒墙的柱子上。自此，高鲁占领了斯帕代德恩的堡垒和领土。那天晚上，凯尔维奇和欧文相拥而眠。今生今世，欧文就是凯尔维奇唯一的妻子。

民间传说中的超级英雄模型

故事到此结束。确实，整个故事非常复杂，但这种复杂只是因为发生了太多事情，扰乱了故事的进程，叙事线其实很简单。学者早就注意到，在凯尔维奇必须完成的艰巨任务中，有一些"双重任务"。例如，在释放被囚禁的麦本之前，必须找到并释放另一个名叫艾杜尔

（Eidoel）的囚犯，他是艾尔（Aer）之子。除了崔尔奇，还必须猎取另一头名叫伊斯吉斯林（Ysgithrwyn）的野猪首领的獠牙，他的獠牙可用来制作剃刀给斯帕代德恩剃胡子。这个情节显得完全没有必要，因为我们知道崔尔奇的耳朵里除了有剪子和梳子外还有一把剃刀。艾杜尔和伊斯吉斯林的故事完全可有可无，但是这些支线让我们了解了这一时期威尔士宫廷故事的形成和表达。

凯尔维奇的故事可能来自威尔士南部，也许是卡马森（Carmarthen）地区。讲述者应该曾在贵族观众面前表演过这个故事，他会依照文本讲述，但讲述的节奏和语气无疑会随着叙事风格的变化而变化，从而突出戏剧性和故事特征。换句话说，这个故事不是对传统口头故事表演的文字记述，因为它充满了知识性和文学性。而故事中时常出现的重复、模式和离题都表明，创作者显然借鉴了口头讲述的一些技巧，以便从记忆中编织出一个复杂的故事。

综上所述，这个故事最突出的特点之一是它兼收并蓄的风格，这要求表演者有丰富的表现力。至此，我们已经阅读了描述凯尔维奇和欧文的散文诗，那相互呼应的、华美又崇高的阿拉伊特诗篇，感受了在不可能完成的任务清单中一呼一应的故事模式，还探索了闪烁着幽默的同时也不乏暗流涌动的时刻。还记得，凯尔维奇决定将亚瑟王宫廷中的每个角色都列为见证他诉求的担保人，这是一个非常浮夸的篇章。在权威版本中，这个清单有近 200 行。这曾被认为是一种冗余又迂腐的补充情节，是抄写员擅自的决定，他试图通过添加自己知道的亚瑟王宫廷的每一位成员来扩大原始名单。在这个篇章中，角色类别之多令人吃惊，其中有爱尔兰文学中的人物，也有其他作品中的知名人物，如塔列辛以及里尔（Llyr）之子马南唯登（Manawydan），甚至还有一个名为法国国王格维林欣（Gwylenhin king of France）的人物，听起来很像征服者威廉姆（William the Conqueror）。但是，冗长的宫廷人员名单丝毫没有破坏故事的讲述，还在表演中取得了非常好的效果。这个名单是如此之长，所以一个聪明的表演者如果掌握好时机，可以让观众为那些浮夸情节哄堂大笑。故事虽长，但也包含两个值得探讨的有趣模式。

第一，故事里的很多名字都是押韵的，所以随着故事的推进，不断浮现出混杂交错的韵律和节奏。这些押韵的名字中有许多显得非常可笑，例如，故事里有“先见（Seer）之子视野（Sight）”（威尔士语：Drem fab Dremidydd）和“吮吸（Suck）之子吸纳（Sucker）”（威尔士语：Sugn fab Sugnedydd）。第二，背后有着小故事的名字不计其数。这表明在威尔士的传统中，相比流传下来的那些凤毛麟角的传说，曾经的威尔士其实有着浩如烟海的故事。如果没有凯尔维奇的担保人名单，我们几乎不知道其中一些人曾经存在过。许多故事都涉及有怪异习惯或身怀异能的人物，例如，吮吸之子吸纳“会把载有300艘船的海水全部吸入腹中，直到海变成一片干沙滩”；有两个食量超乎寻常的怪人叫长埃特姆（Hir Etrwm）和长阿特姆（Hir Atrwm），即使在睡觉时，“他们也会因饥饿而吞食昆虫的头，就像他们从未吃过食物一样狼吞虎咽”。有些段落让人隐隐觉得，这一定是故事讲述者的标准套路之一，但这些套路并没有流传到后世。例如，最古老的动物的情节使我们暂时脱离了凯尔维奇的故事，看到了威尔士传统的其他图景。再比如，我们看到了卡姆兰之战中两位人物的典故，但是在流传下来的任何威尔士文本中都没有这场战斗的完整描述。泰基德（Tegid）之子莫兰浑身长满了像雄鹿一样的毛发，因为他太过丑陋，人们都认为他是一个为军队助阵的恶魔，所以他在战斗中没有受到伤害。与此相对，桑德斯·安琪法斯（Sandde Angelface）太过美丽，人们认为他是一个随行天使，因此也没有人攻击他。其中，我最喜欢的一个奇怪小故事讲述了格温南（Gwynnan）的儿子老泰特（Teithi the Old）的王国被大海占领，他逃出来之后就来到亚瑟王身边。老泰特的匕首有一个特点，自从他来到这里，任何刀柄都不能镶嵌在上面，也是由于这个原因，他活着的时候饱受病痛和忧虑折磨，后来他也因此死去。

威尔士文学中的亚瑟王形象

行文至此，我们必须回顾一下亚瑟王本人，并提出一些观点。我们看到亚瑟王通过咨询他的手下来做决定，然后把任务分配给最合适的人。例如，翻译工作由通晓所有语言的翻译员高海尔负责，而魔法师泰尔格瓦德（Teirgwaed）的儿子门被派去检查野猪崔尔奇的耳朵里是否真如传闻所言，有一把梳子和一把剪刀，因为门可以变成一只鸟。门曾经试图抢走其中的一把，但野猪抖动自己的毒毛，毒液沾到了门身上，门从此疾病缠身。有时，亚瑟王也在前面带路，参加战斗。例如，他曾亲手把至暗女巫劈成两半，尽管他的手下抱怨说“与丑老太婆搏斗”有损他的尊严。

虽然这是一个颇具知识性和文学性的故事，但故事中的亚瑟王显然根植于民间传说资料，比我们掌握的凯尔维奇的故事更为古老。更引人注目的是，我们在《历史上的不列颠》的附录中发现了关于亚瑟王狩猎托奇・崔尔奇的独立参考资料。这份资料提供了无可辩驳的证据，证实了该故事在 9 世纪初就已经为人所知，可能是以口头形式存在，创作时间至少先于凯尔维奇的故事两个世纪。在这份资料中，野猪有一个不太一样的名字，野猪特维德（威尔语为 porcus Troit），而狩猎的地点是威尔士的牧场。在凯尔维奇的故事中，猎杀托奇是故事的高潮也是一项主要任务，但它显然是关于亚瑟王的一些独立的、预先存在于威尔士传统中的支线故事之一，这些故事在流传过程中可以稍作改编嵌入到不同的背景之中。所以，凯尔维奇故事的作者只是将亚瑟王猎杀野猪的故事编织到自己的故事框架里，并融入年轻英雄赢得巨人之女的经历中。上述所有资料都表明，凯尔维奇的故事和《守门人》的作者所借鉴的亚瑟王民间传说，在许多方面都描绘了一个与爱尔兰英雄芬恩・麦克库马尔（Finn mac Cumaill）十分相似的人物，这位英雄也是本书第 7 章的主要人物。也就是说，亚瑟王在那时候还不是一个国王，而是一群贵族战士的领袖，他带领战士们参与了狩猎和战斗，并且遭遇了超自然力量。

正是在凯尔维奇的故事里，亚瑟王第一次作为一个有勇有谋的宫廷领主出现，他被凯尔维奇称为“岛上所有领主的首领”。正如我们所看到的，宫廷担保人名单是一个浮华的大手笔，一开始列举了一些熟悉的角色，如凯和柏德威尔，但很快就滚雪球般增加到 245 个人物，其中有 20 位女士。显然，作者的意图是描绘一个广阔的、辉煌的宫廷，以证明亚瑟王的权力和影响力。

更出乎意料的是，凯尔维奇故事里的亚瑟王貌似与南瓦利安圣徒传记故事中的记述十分贴近，特别是与一位重要的圣徒密切相关，圣徒名为圣伊尔蒂德（St Illtud），全名是格拉摩根的兰特维特·梅杰（Llantwit Major）。在神话书中找寻圣徒传记相关的资料似乎是不可能的，但圣徒传记确实是中世纪学者关注的重要研究资料。

托奇·崔尔奇（艾伦·李，1982）

毕竟，圣徒的传记是另一种形式的英雄故事，而且经常与世俗故事共享母题，有时还出现同样的人物。可以粗略判定的是，凯尔维奇的故事是在威尔士西南部的一个修道院内创作的，所以如果着眼于凯尔维奇和威尔士南部圣徒之间的相关交集，那么叙述可能会带有些许地方色彩。将凯尔维奇故事中的信息与圣徒传记及其家谱中的信息放在一起，我们也许可以重建威尔士传说中亚瑟王的家谱。位于家谱中心的是安劳德领主（Anlawdd Wledig）[①] 的四个女儿。

这一切可能看起来非常复杂，家谱中的威尔士人的名字也很难理解，但我们应该关注的是，亚瑟王和凯尔维奇在家谱上与圣伊尔蒂德血脉相连，他们是通过亚瑟王的母亲伊格（Eigr）和凯尔维奇的母亲格利尔迪达联系起来的，伊格在后期传统中被称为伊格莱茵（Igraine）。伊格的父亲安劳德领主还有另外三个女儿，那就是圣伊尔蒂德的母亲里安尼德（Rhieinwlydd）、凯尔维奇的母亲格利尔迪达，还有牧羊人卡斯特尼的无名妻子，也就是高鲁的母亲，所以那 23 个被斯帕代德恩杀害的儿子也与亚瑟王血脉相连。

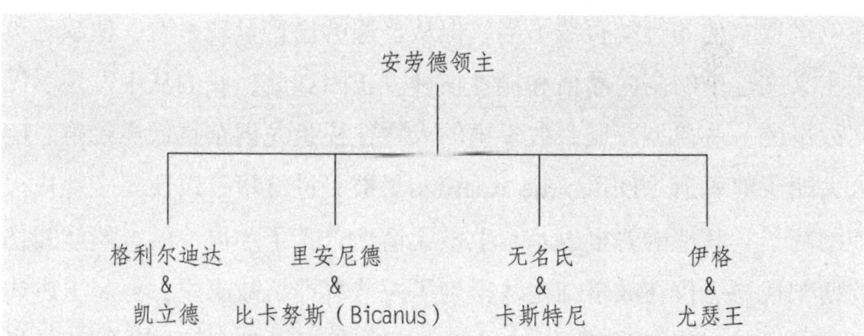

威尔士传统中的亚瑟王家谱

① wledig 是一个威尔士语修饰词，意思是“统治者，王子，领主”。

学者指出，从这些圣徒的传记来看，传说中的亚瑟王在叙事和人物描写层面与凯尔维奇故事中的亚瑟王有很多共同之处。例如，在12世纪早期的《圣伊尔蒂德传》（*Life of St Illtud*）中，圣徒拜访了亚瑟王的宫殿，“被他所看到的恢宏大气和辉煌壮丽所吸引”。在一份日期相近的资料《圣卡兰诺格传》（*Life of St Carannog*）中，亚瑟王在猎杀一条可怕的蛇，那条蛇是一个像托奇·崔尔奇一样的怪物，而圣徒谦卑地把蛇当作羊羔来引导。更令人不安的是，在《圣卡多格传》（*Life of St Cadog*）的序言中，好色的亚瑟王试图诱拐布莱坎（Brychan）国王的女儿格拉德斯（Gwladus），凯和柏德威尔在旁极力劝阻。布莱坎是传说中的国王，统领着布赖切尼奥格（Brycheiniog），即布雷肯镇周围的地区。圣徒的传记与凯尔维奇的故事讲述的一样，都倾向于将亚瑟王视为武力和权威的主宰，但传记也赋予他一些相当突出的道德缺陷，将他视为一个暴君国王以衬托圣徒的高洁品格。

需要注意的是，在凯尔维奇的故事中，关于亚瑟王的道德观并没有善恶分明的判定，因为他作为一个人物楷模，身处在一个繁荣但野蛮的世界。他的行动直截了当，但从普遍的道德呈现来看，他缺乏英雄主义文学中的高尚品格和牺牲精神。正因如此，我们从中发现了民间故事的一些典型特质，故事里的人物往往鱼龙混杂且低劣狡猾。巨人大胡子迪勒斯（Dillus the Bearded）被关进坑里，以便安全地拔掉他的胡子，其他的恶棍也基本上被无情地杀害了。可怜的、遍体鳞伤的斯帕代德恩仅在故事结尾才得到了一些尊严。故事里，亚瑟王讲述了自己所处世界的道德观：“只要人们向我们寻求庇护，我们就是贵族。我们给予他们的好处越多，我们的贵族身份就越尊贵，人们对我们的信任就越多，我们的荣誉也就越高。”这段话体现了其慷慨的品格和对名声的追求。但在亚瑟王传说中，英雄主义崇尚的其他美德，比如对领主的忠诚和至死不渝的勇气，却很少见。

最后一点，细看凯尔维奇故事中亚瑟王的经历，会发现亚瑟王实际政权的所在位置和其所辖范围形成了奇怪的冲突。有迹象表明，亚瑟王是一个康沃尔人，这一信息和威尔士传统中的其他描述是一致的。有一首美妙的 12 世纪诗歌《亚瑟王和鹰的对话》（*The Dialogue of Arthur and the Eagle*）也为我们书写了一个生于康沃尔的亚瑟王。诗中，亚瑟王遇到了他侄子埃利乌拉德（Eliwlad）的灵魂，灵魂变成了一只会说话的鹰，告知亚瑟王一些残酷的事实。在凯尔维奇的故事中，亚瑟王的宫廷并不在威尔士，而是在康沃尔一个不知名的地方，这个地方被称作格罗夫森林（Forest Grove，威尔士语为 Celli Wic）。但是，正如宫廷担保人名单所示，亚瑟王的权力范围很广，而且确实不仅限于人类世界，只要亚瑟王开口求助，最古老的动物便会帮助他寻找欧文。另外，巨人斯帕代德恩一度宣称亚瑟王是“我的下属”（under my hand），这个威尔士俗语暗示他自视凌驾于亚瑟王之上。但亚瑟王宣称他从未听说过斯帕代德恩或欧文，尽管我们已经了解到，欧文与亚瑟王姨母的丈夫卡斯特尼还有姨母的儿子高鲁关系密切，所以这为我们留下了一个谜团。

上述这些都是地理位置和家庭关系层面的问题，亚瑟王传说里也有一个非常重要且涉及面广的跨国问题。依据格莱维德・加法尔法沃尔的提示，亚瑟王的战队曾跨越大洲大洋征服四方，包括“大印度和小印度”、欧洲、非洲、科西嘉岛和希腊，还包括许多可能因其名字的传神效果而被创造出来的传奇地点。“我曾到过凯尔塞（Caer Se）和阿斯（Asse），萨奇（Sach）和萨拉赫（Salach），洛克托尔（Lotor）和弗弗托尔（Ffotor）。”格莱维德如此说。亚瑟王传说的基本主题是军事征服和击败怪物，本章也基本在叙述这些内容，这与《守门人》还有圣徒的传记中的叙述都是一致的。尽管如此，关于亚瑟王跨国战斗的描述还是极大地扩大了其传说世界观的参考框架。

因此，早期威尔士文学中的亚瑟王是一个精力充沛的军事领袖，也是一个热血激昂的怪物狩猎者。到 1050 年左右，在凯尔维奇的故事中，他已经成了恢宏宫廷的一位领主。尽管亚瑟王似乎通过母亲与圣伊尔蒂德相关联，却没有他父系一脉的亲属或家谱祖先等人的相关信息。他所处的世界似乎奇怪地漂浮在现实世界之外。

从军事领袖到宫廷领主的人物形象

我们仍然好奇，这个与众不同的人物到底经历了什么。在写这本书的时候，我不断地想起那些凯尔特文学作品是多么令人心神激荡，多么具有电影特质。在凯尔维奇的故事中，暴力、悲情、幽默和超自然的混合似乎正是为现代文化量身定做的。例如，对斯帕代德恩的残害就像《权力的游戏》中的许多场景一样，引人不适又充满吸引力。然而，无论在大银幕还是小银幕上，现代人在描绘亚瑟王传说时，都没有挖掘出这类故事。

活跃于 12 世纪上半叶的教士，即蒙茅斯的杰弗里似乎带来了一个分水岭。他将我们引入了一个不那么离奇的世界，在这个世界里，亚瑟王成为一个国际知名的人物。本书的其他章节也讨论了杰弗里，但此处必须强调的是，他获得了一些有关不列颠本土亚瑟王的传统资料，用他丰富的想象力对这一人物进行了充分的润色，并有了不错的成果，精心写下了一部不列颠原史《不列颠诸王史》，该书大约在 1137 年至 1138 年间问世，成为中世纪的畅销书。在短短几十年内，杰弗里的《不列颠诸王史》让亚瑟王的名字享誉整个欧洲，他的冒险经历迅速吸引了法国诗人，甚至还被刻在了意大利大教堂的北门上。

这本历史书籍对我们追溯亚瑟王传说大有助益，但仅仅依靠杰弗里的影响力似乎是不够的。有关亚瑟王的资料多由威尔士语书写，也许还有康沃尔语和布列塔尼语，要将这些由不同语言讲述的资料引入中世纪的法语和后来的英语等更知名语言的资料之中，口头叙述的传统似乎也发挥了一些作用。当时的背景可能是诺曼王朝向布列塔尼进军时，讲法语的人和讲布列塔尼语的人混杂在一起。不仅如此，在诺曼征服英格兰之后，威尔士边境的贵族城堡可能保留了类似的社会和文化背景，在这种背景下，讲法语的人可能会要求翻译关于亚瑟王、凯和柏德威尔这些英雄的威尔士故事以供娱乐。

在亚瑟王的故事从凯尔特本土语言转变成法语、拉丁语和英语的过程中，其语气也发生了根本性的变化。后来的故事很大程度上与丰富的本土神话传说失去联系，被重新塑造，讲起了骑士故事和骑士精神。在 12 世纪晚期，作家们对描述自我和心理相关的问题产生了浓厚的兴趣，因此，亚瑟王传说中的爱情故事和忠义两难的困境极其贴合时代需求。法国人引入了兰斯洛特和亚瑟王的妻子桂妮维亚通奸的故事（桂妮维亚的名字在威尔士语中写作 Gwenhwyfar，意思是“白色 / 美丽的魅影”）。原本与亚瑟王传说关联微弱的特里斯坦（Tristan）、伊索尔德（Isolde）和康沃尔国王马克（King Mark）之间的三角恋故事也一同被引进，使整个传奇故事变得既庞大又笨重。有关亚瑟王的早期威尔士材料中并没有这类内容，凯尔维奇故事的作者显然没有兴趣为我们提供具有心理深度的个性化人物，他的叙述有别于大众认知，属于一套更早的传统。

在接下来的 200 年里，人们对亚瑟王系列故事的兴趣经历了不同的阶段，到 14 世纪，法语和英语中的亚瑟王传统已经非常丰富。法语文本中产生了庞大而笨重的散文，其中最著名的是 13 世纪创作的所谓武加循环（Vulgate Cycle）散文体。在英语文本中，有一些精致的浪漫主义作品，如 14 世纪下半叶写于西米德兰的《高文爵士与绿衣骑士》（*Sir Gawain and the Green Knight*）。这部作品为我们描述了一个全员都还年轻的亚瑟王宫廷，成员们似乎都还不到 20 岁，亚瑟王的侄子高文不得不与一个可怕的绿衣骑士玩一个致命的“砍头游戏”。绿衣骑士是一个超自然的人物，他的皮肤、衣服和坐骑都是绿色的，他可以在被斩首后活下来，但可怜的人类高文却不能。故事以完美的前后呼应、环环相扣的情节展开，像精心设计的怀表一样，既是意料之外，细想下来也是情理之中。在英国和法国的亚瑟王传说中寻找凯尔特资料来源可谓十分复杂，高文爵士的故事可以很好地说明这种复杂性。比起高文爵士的凯尔特原型高其麦，主流亚瑟王传统中的高文是一个更加复杂且矛盾的人物。然而，高其麦其实是一个小人物，也许是因为有关于高其麦的威尔士故事被口头传播，所以在威尔士文本中没有留下任何痕迹，更有可能的是在这个阶段，英语和法语中的亚瑟王传说已经有了自己独立的、蓬勃发展的故事体系，脱离了原本的凯尔特传说。

在英国，托马斯·马洛礼爵士（Sir Thomas Malory，约 1415—1471）的作品呈现了持久且经典的亚瑟王传奇。他在 15 世纪末创作的《亚瑟王之死》是对中世纪编年史风格的一种模仿，让当时的人们对亚瑟王传说重新产生了兴趣。后来几乎所有用英语书写的传奇故事都受到马洛礼的影响。但是，书中很难看到 500 年前威尔士传统中亚瑟王的痕迹。约翰·布尔曼（John Boorman）1981 年拍摄的讲述亚瑟王传说的《黑暗时代》（*Excalibur*）在艺术上大获成功，这部电影在很大程度上根植于马洛礼的作品，不过电影里没有太出格的场景。

比起阅读马洛礼的《亚瑟王之死》，人们更愿意对其进行改编，因此我们有必要细看一下这部作品。首先，它是一部宏大的作品，囊括了亚瑟王传统中的所有内容，包括 13 世纪篇幅巨大的法国散文体传奇故事。这部作品是一个系列，包含八本书，经过很多年才写成。作品追溯了亚瑟王势力版图的扩张、短暂的成就巅峰和急转直下的人生。前两本书从亚瑟王出生前的准备工作开始讲述，有巫师梅林（Merlin）的神秘魔法帮助生产。令现代读者感到意外的是，马洛礼对魔法并不特别感兴趣，诸如少年亚瑟王从石头中拔出宝剑这样的著名事件被轻快地一笔带过。相比之下，马洛礼似乎非常热衷于描述比武竞赛。亚瑟王从湖中仙女那里得到了神剑，并与桂妮维亚结婚，桂妮维亚将圆桌骑士作为她的嫁妆之一。后来，亚瑟王将自己的势力扩展到欧洲大陆，击败了罗马的武装军团，之后被加冕为新王。

约翰·布尔曼电影《黑暗时代》中亚瑟王和桂妮维亚的婚礼（1981）

即使在故事的早期阶段，也已经有了亚瑟王政权垮台的伏笔。故事里，亚瑟王有一个同父异母的妹妹摩根勒菲（Morgan le Fay）在暗中从事背叛活动，她是埋伏在亚瑟王身边的一个永久隐患。我们还听说亚瑟王与同父异母的妹妹莫高斯（Morgause）发生了乱伦关系，生下了儿子或者说侄子莫德莱德，尽管亚瑟王当时并没有意识到对方是自己的妹妹。梅林告诉亚瑟王，两人生下的孩子将来注定会杀死他，于是亚瑟王下令将王国里所有新生的男孩都淹死在海里。当然，莫德莱德奇迹般地活了下来。这是一个很好的例子，体现了马洛礼文本中模糊的道德观：书中亚瑟王的行为就像《圣经》中的希律王，像暴君一样下令屠杀无辜者，但这一屠杀事件被描述为客观事实，叙述者笔触冷静，没有提出任何质疑。

《亚瑟王之死》核心的三本书向我们展示了亚瑟王世界的辉煌和壮丽。这些书对初了解亚瑟王的人来说是很好的资料。第三本书的重点是兰斯洛特爵士，这位法国骑士爱上了桂妮维亚王后，王后也爱上了他。兰斯洛特是一个没有凯尔特原型的人物，而且在法国的资料中，他往往是寡廉鲜耻的。但对马洛礼来说并非如此，作者认为兰斯洛特身上有完美骑士的缩影，他在书中尽可能地将骑士与桂妮维亚王后通奸的时间滞后。书中描写了兰斯洛特的一系列冒险征程。其中，我最喜欢的故事是他与女巫海拉维斯（Hellawes）的邂逅，海拉维斯如同一个狂热的邦德反派[①]，忍不住提前宣告她的邪恶计划：她打算杀死兰斯洛特爵士，将他的尸体进行防腐处理，并将其留在身边，在她想要的时候拥抱和亲吻他。兰斯洛特听到后很快就逃走了。

第四本书讲述了高文爵士的侄子、兰斯洛特爵士的门徒加雷斯爵士（Sir Gareth）的故事。这本书比马洛礼《亚瑟王之死》系列的其他几本书简短，更像是民间故事。第五本书讲述了特里斯特拉姆爵士（Sir Tristram）的故事，篇幅很长，情节跌宕起伏，介绍了康沃尔马克国王的宫廷以及特里斯特拉姆和伊苏里特（Iseult）之间的通奸故事，这两个人物更为人熟知的名字是特里斯坦和伊索尔德。第一次阅读《亚瑟王之死》的读者可以放心地跳过特里斯特拉姆的故事，因为它有一半独立于主要叙事内容。

第六本书是追寻圣杯（the Quest for the Holy Grail）的故事。众所周知，圣杯是一个传说中的杯子，基督受难时的血被收集在杯中。但是，马洛礼从未真正明确讨论圣杯到底是什么，只说它象征着人们可以想象的最高精神追求。这本书使《亚瑟王之死》的基调发生了变化，变得庄严肃穆。自此，书中修女和隐士层出不穷，也是在第六本书中，第一次提到杀人是不对的。品行完美的骑士加拉哈特（Galahad），即兰斯洛特的儿子，也在故事中出场，并最终成功完成了追寻圣杯的任务。

对现代读者来说，最后两本书也许是最引人入胜的读物。它们讲

---

① 此处，邦德反派（Bond Villain）应该是指 007 系列电影中男主角詹姆斯・邦德需要应对的反派角色，这些反派会自言自语说出犯罪计划。——译者注

述了亚瑟王朝的衰落，回荡着压倒性的悲剧冲击力。随着兰斯洛特和桂妮维亚的通奸败露并被公之于众，混乱和崩坏在厄运和恶意的共同作用下越滚越大。桂妮维亚因通奸被判活活烧死，兰斯洛特骑马去救她，在此过程中，他无意中杀死了年轻的门徒兼朋友加雷斯爵士，维系圆桌骑士的纽带也由此断裂。高文爵士要求兰斯洛特为加雷斯的死偿命。各方势力之间爆发了战争，亚瑟王本人也受了伤，后来他被妹妹摩根勒菲带到了神秘的阿渥伦岛。马洛礼没有说亚瑟王死了，只说“他换了一种活法”（He changed his life.），这是一个略显奇怪但引人深思的表达。再后来，兰斯洛特和桂妮维亚先后遁入了宗教生活，只见过一次面。在两人的最后一次谈话中，我们感受到了压在王后肩上的巨大压力。最后，兰斯洛特在一种神圣的氛围中死去，康斯坦丁（Constantine）成为亚瑟王的继任者，也是王国的统治者。

亚瑟王传奇的现代流传

本书旨在讲述凯尔特神话如何塑造我们的认知世界，而亚瑟王传说是一个非常特殊的例子。毫无疑问，亚瑟王有着凯尔特人的形象，但正如我们所看到的，随着传说的发展变迁，亚瑟王的故事离他的凯尔特文化根源愈来愈远。所以，我们有必要关注亚瑟王所处的地理环境。早期的凯尔特亚瑟王与威尔士南部的一些边境地区有所关联，但现在的亚瑟王传说已经深入不列颠的各个角落，许多地方都因为与亚瑟王有或多或少的联系而变得更加引人注目。在爱丁堡，有一座古老的火山，名为“亚瑟王座”，从山上可以俯瞰整个爱丁堡，但是这种名称联系建立的时间似乎并不久远。在 12 世纪末，格拉斯顿伯里（Glastonbury）的僧侣似乎决定利用风靡一时的亚瑟王传说来谋取利益，声称他们在自己的土地上发现了亚瑟王和桂妮维亚的坟墓。这显然是虚假的，但现在在修道院主教堂的废墟中仍然可以看到他们当时建造的坟墓。

最著名也最神秘的亚瑟王传说遗址当然是卡美洛宫廷。前文提到，在早期的威尔士传统中，亚瑟王在一个威尔士语名为 Celli Wic 的地方建设了宫廷，这个地方显然是在康沃尔，但无法得到更精确的位置。其余文献均未采纳亚瑟王宫廷在康沃尔这一观点，而大多数其他的中世纪文献对这个问题含糊其词，尽管有些人断言亚瑟王的主要住所卡美洛要么是威尔士南部的卡利恩（Caerleon），要么是坎布里亚的卡莱尔（Carlisle）。与此相反，马洛礼却大张旗鼓地告诉我们，卡美洛在温彻斯特（Winchester），这个想法显然是不可取的，因为他的文本印刷商威廉·卡克斯顿（William Caxton）对这个想法提出了质疑。通过将卡美洛置于中心位置，马洛礼使其成为英国人的象征，而这已成为该传说的重要组成部分。另一方面，在 20 世纪，考古学家们越来越希望通过挖掘古迹寻找历史上亚瑟王存在的证据。20 世纪 60 年代，莱斯利·阿尔科克（Leslie Alcock）调查了铁器时代的吉百利城堡（Cadbury Castle），作家约翰·利兰（John Leland）曾在 1542 年断言该城堡正是卡美洛的所在地。在挖掘过程中没有发现任何与亚瑟王有关的线索，但相关资料显示该山丘从 5 世纪中期到 6 世纪末一直被占领。有证据表明，这里曾有一个大殿，而且很可能是一个重要且牢固的住所，居住着后罗马战乱时期的不列颠诸侯。如果这不是历史上的亚瑟王，那就是如吉尔达斯所说的 dux bellorum，即“战斗之王”的住所，一些类似的军团占领了这里，并在此地定居。

至此，我们对亚瑟王传说的讨论进入了尾声。很难找到比亚瑟王有更大世界影响力的凯尔特传说了。该传说在发展过程中变得如此面目模糊，然而，对于作家和电影制片人来说，现在可能是时候转向源于威尔士传统的亚瑟王传说了。人们需要不断更新传说并重新讲述它，而威尔士传统则提供了一个更狂野、更不拘于宫廷身份的亚瑟王形象。不难想象，21 世纪 20 年代之后的亚瑟王也许会与女巫、巨蛇和邪恶的野猪战斗，他会被再三告诫不要对圣徒的女儿有欲望，还会领导一个由形形色色的超级英雄组成的宫廷。这样的亚瑟王将有一个额外的优势，那就是他根植于威尔士传统，有着毋庸置疑的真实性。

第3章

梅林的魔法

暴力、创伤与回归自然的疗愈力量

在凯尔特传奇故事中，梅林的形象历经了几百年发展。他不是一个巫师和魔法师，而是一个野人，也是一个预言家。对于任何因现代社会的噪声和节奏而感到精神错乱并渴望逃到大自然中的人来说，野人的故事很容易得到认同。回归荒野有着治愈的力量。

身体虚弱、精神疯狂、地缘边缘化、诅咒……精神错乱为梅林带来了特殊的洞察力，这种洞察力帮助他揭示了许多尖刻又讽刺的真相。

本章继续我们在亚瑟王世界的旅程。每个人都自以为熟悉亚瑟王的巫师梅林，但起初，他只是一个处于亚瑟王传说边缘的无关紧要的人物。要说起梅林真正的起源，那是一个历经几百年发展的凯尔特传奇故事。可以看到，梅林的故事线在苏格兰和不列颠北部、阿尔斯特（Ulster）和威尔士之间流动。在这些故事中，他不是一个巫师和魔法师，而是一个野人，也是一个预言家。

梅林是亚瑟王传说中最受欢迎的人物之一。可能因为他更神秘，所以他比亚瑟王有更多的创作素材和想象空间。2008 年到 2012 年，以梅林名字命名的奇幻电视连续剧带给他全新的生命，该剧是对梅林青春时期的想象。这本身算不上创新，因为在中世纪传统中，梅林作为孩子或年轻人的形象经常出现。事实上，中世纪早期有一个名叫安布罗休斯（Ambrosius）的千里眼男孩，他的故事是梅林传说最重要的起源之一。而电视剧再创作的新意在于，它消除了梅林和亚瑟王之间的年龄差异，该系列电视剧没有采用“老顾问和年轻国王”的经典模式，而是让他们生于同一个时代。

另一个富有创意的故事是 T. H. 怀特（T. H. White）于 1938 年创作的《石中剑》(*The Sword in the Stone*)。

托马斯·马洛礼爵士《亚瑟王之死》中插图《梅林》
［奥布里·比尔兹利（Aubrey Beardsley），1893—1894］

这同样是一部基于梅林创作的独立作品，后来成为三部曲的第一部[①]。书中，巫师梅林教导着未来的亚瑟王，把他变成各种生物，并送他去冒险。怀特的小说里有一个绝妙的构思：作品中的梅林之所以极富智慧和洞察力，是因为他是一个逆时空存在的特殊个体，也因此，亚瑟王的未来是梅林无所不知的过去。为了向怀特致敬，在这一章中，我将反向讲述梅林的人生历程，在讲述中逐步回到故事初始。

从神奇的先知男孩到森林野人

我们需要从一位上一章就谈论过的作家开始，他就是从 12 世纪上半叶开始声名鹊起的蒙茅斯的杰弗里。任何想探索不列颠传奇历史的人都必须对杰弗里有所了解，我们也将在本书中多次提到他。杰弗里可能是布立吞人，可能是威尔士人，但也可能是布列塔尼人。可以

① 《石中剑》是“永恒之王”系列作品的第一部。——译者注

确定的是，他的作品是面向盎格鲁－诺曼（Anglo-Norman）读者的，他对威尔士语的掌握似乎很有限。杰弗里的出众之处在于他写下的《不列颠诸王史》，该书于 1138 年左右开始流传，在中世纪欧洲掀起了亚瑟王传说的风潮。书中有关亚瑟王的章节只是其宏大建构的一部分，旨在为不列颠岛提供一个庞大而连贯的背景故事。在征服了英格兰之后，诺曼人似乎对以其占领之岛的传奇历史为背景的故事产生了兴趣，这也许是外来者调节因疏离感带来的焦虑的一种方式。

但是，杰弗里的第一部作品不是关于亚瑟王的，而是围绕梅林展开的。这部作品以拉丁语写就，名为《梅林的预言》（*Prophetiae Merlini*）。这是一部奇怪的作品，书中的梅林是一个神奇的小男孩，他说出了一系列难以捉摸的政治预言，还预言世界将会终结于一场宇宙性灾难，终结的兆相就是黄道十二宫被打乱、宇宙被颠覆。对于同时代的人来说，不难把这个混乱的启示看作对于他们所处时代的寓言式洞见。自 1120 年亨利一世的继承人威廉·阿德林（William Adelin）被淹死，英格兰就出现了王权继承的危机。1135 年亨利一世去世后，危机深化为内战。这一时期被称为无政府状态，法律和秩序普遍崩溃。所以，杰弗里的首批读者不会觉得梅林预言中所包含的警告难以理解。

在这部纷繁怪异的作品中，杰弗里笔下的梅林有两个非常突出的特质。第一，他是一个年幼的男孩；第二，他是一个可以洞见未来的预言家。这些都是威尔士传说中的惯用主题，只是它们最初并没有与梅林挂钩，而喜鹊般的杰弗里[①]巧妙地用这些特质塑造他笔下的梅林。起初，杰弗里是从一份资料中获得了角色的全貌，并干脆称这个神奇的先知男孩为“梅林”。事实上，传说中的威尔士预言家男孩名叫安布罗休斯，他出现在《历史上的不列颠》中。这是一部前文多次

① “喜鹊般的杰弗里”是俗语表达，作者认为杰弗里独具慧眼，擅长收集。——译者注

提到的作品，由一位不知名的威尔士语教士于830年左右在圭内斯的某个地方撰写。

安布罗休斯的故事是最著名的威尔士传说之一，值得在此一提。这显然是一个本地民间传说，而《历史上的不列颠》的作者决定将其写入书中。传说提及了暴君沃蒂根（Vortigern），他在撒克逊人开始入侵时统治着不列颠。沃蒂根允许撒克逊人在此定居，以换取撒克逊领袖亨吉斯特（Hengist）之女的青睐。这是个错误的决策，沃蒂根很快就受到了撒克逊人的威胁。后来，事态愈发糟糕，他迎娶了自己的女儿并与她乱伦生下一个儿子，这让他在圣日曼诺斯（St Germanus）眼里有了卑劣龌龊的形象。之所以在这里提到圣日曼诺斯，是因为他在故事的这一部分代表着基督教势力。沃蒂根试图在斯诺多尼亚（Snowdonia）的高地建造一座堡垒作为避难所，但白天建造的一切在一夜之间就毫无征兆地倒塌了。书中讲述了接下来发生的故事：

> 沃蒂根向他的智囊团询问自己屡遭不顺的原因，还问为什么一切总是徒劳无功。智囊团回答说："你必须找到一个没有父亲的孩子，把他处死，然后用他的血洒在建造城堡的土地上，若非如此，你永远无法顺遂如意。"因此，国王派使者到英国各地寻找一个没有父亲的孩子。他们在各行省打听后，来到格利维希（Glywysing）地区的运动场，一群男孩正在那里打球。其中两个男孩发生了争吵，一个男孩对另一个说："你这个没有父亲的孩子，你一定会倒霉透顶！"于是，使者们仔细询问了男孩的母亲和其他同伴，问男孩是否有父亲。他的母亲说没有，并说："我不知道当时是怎么受孕的，因为我从来没有和任何男人发生过关系。"然后她庄严地发誓说男孩没有凡世的父亲。就这样，这个男孩被领走了，带到了沃蒂根国王面前。

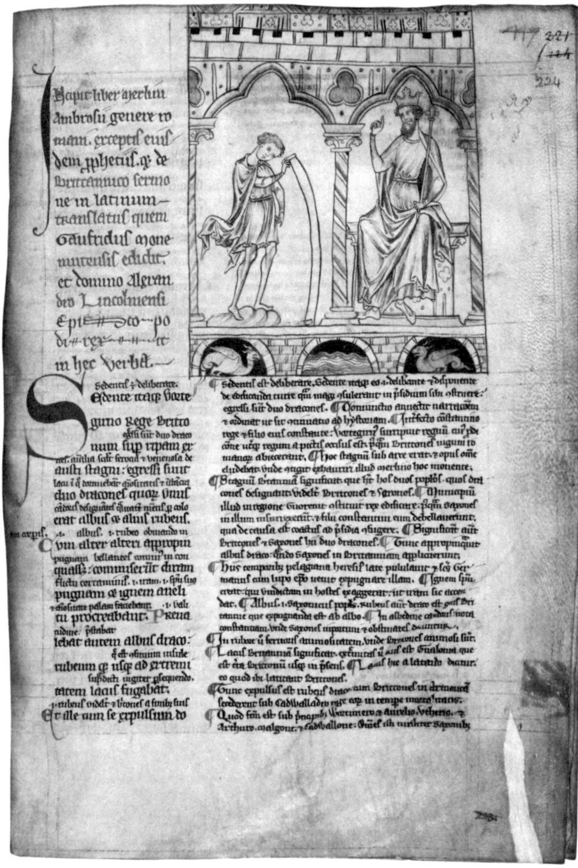

杰弗里的《梅林的预言》中梅林与沃蒂根（约 1250）

沃蒂根的智囊团显然是一群怀有异教信仰的顾问，他们扮演的角色与德鲁伊在早期爱尔兰圣徒群体中扮演的角色基本相同。事实上，暴君和巫师这一角色组合可能来自爱尔兰传说。男孩的故事模式显然是呼应了《路加福音》中基督在圣殿医生见证下出生的故事。后来，这个没有父亲的男孩拥有了比沃蒂根的巫师们更强大的预言能力，他甚至让有学识的智囊团相形见绌，他的名字叫安布罗休斯。男孩指示沃蒂根的人往地下挖，地底下有一个池子，池中有两个明显相连的容器，每个容器里有一个帐篷，帐篷里各有一条蛇（龙）：

> 男孩问智囊团这个奇妙的兆相是什么意思，智者们坦言

并不了解。男孩对国王说："我来向你解释这个神秘的兆相。池子象征这个世界，帐篷象征王国，两条蛇其实是龙，红蛇是你们的龙，白蛇是占据不列颠几个行省和地区的人民的龙，它同样占领着附近的海域。然而最终，我们的人民将站起来，把撒克逊人赶回海的另一边，赶回他们自己的国土。"

这段话深刻预言了本土不列颠人和撒克逊人之间的斗争于后来的几个世纪久久回响（见彩插图 4），预言中的主题也奠定了整个威尔士的诗歌传统。有威尔士血统的亨利·都铎（Henry Tudor）于 1485 年登上不列颠王座时，威尔士诗人立即将他誉为古老预言的实现者。至今威尔士旗帜上还能看到象征不列颠人的红龙。

这就是蒙茅斯的杰弗里选择加以阐述的故事，他援用了《历史上的不列颠》中关于先知男孩安布罗休斯的内容，但将男孩重新命名为"安布罗休斯·梅林"（Ambrosius Merlinus）。杰弗里将其早期的作品《梅林的预言》纳入了他伟大的《不列颠诸王史》，也是在这本书中，梅林传说第一次与亚瑟王的故事联系起来。

这让我们了解到两个事实。第一，杰弗里知道《历史上的不列颠》这个文本；第二，他也知道一个叫梅林的人物，在威尔士语中被称作梅尔迪恩（Myrddin）。杰弗里知道他是威尔士本土传统中的一个重要预言家，但不一定知道更多细节，他甚至改变了威尔士人物名字的拼写。在杰弗里的时代，威尔士语的梅尔迪恩会被拉丁化为梅尔迪努斯（Merdinus）。鉴于这个名字与法语单词 merde 相近（merde 的意思应该是"蹩脚"），对于讲法语的盎格鲁－诺曼贵族听众来说缺乏威严，所以杰弗里巧妙地将"d"改为"l"，把这个名字改为梅林（Merlinus）。

然而，在 12 世纪中期，杰弗里决定基于梅林进行第二次创作。在过去这 20 年间，他显然对与威尔士梅尔迪恩有关的真实传统有了更多的了解，因为他用精炼而优雅的拉丁文发表了一首诗，讲述了梅林的人生经历，内容与我们从其他来源知道的细节一致，这首诗名为《梅林传》(*Vita Merlini*)。通过这首诗，我们可以接触到一个更古老的凯尔特野人的传统记述，他的故事似乎在爱尔兰、苏格兰南部和威尔士之间流传，至少有三种不同的形式，所有这些故事都在 12 世纪的同一时间出现在文学记录中。

杰弗里的《梅林传》有 1529 行，其中的故事十分复杂，需要在此总结一下。

托马斯·海伍德(Thomas Heywood)1813 年版《梅林传》的插图

梅林以预言家的身份出场，同时，他也是威尔士西南部戴伏德（Dyfed）的国王。为了对抗苏格兰国王格温多勒（Gwenddoleu），梅林与圭内斯的国王派瑞德尔（Peredur）和斯特拉斯克莱德人（Strathclyde）的国王雷德奇（Rhydderch）一起参加了一场无名的战斗。杰弗里在诗中给所有的地名和人名起了拉丁语名字，为了便于在需要的时候将杰弗里的诗与其他资料进行比较，我在这里使用威尔士语的形式。后来，格温多勒被打败了，但这场屠杀让梅林感到非常悲痛，乃至于他失去了理智。他跑进了喀里多尼亚森林（Caledonian），在那里靠吃草和水果生存。梅林的妹妹格温迪德（Gwenddydd），也就是雷德奇的妻子，发现了梅林的行踪，于是她派了一个信使到森林里去找她的哥哥。信使看到梅林正在哀叹冬天的严寒，作为回应，信使唱出了格温迪德和梅林的妻子葛温多兰（Gwendolen）的悲痛。信使的歌声使梅林平静下来，在恢复清醒的状态下，梅林被说服去雷德奇的宫廷看望自己的妹妹。但一到那里，他就陷入了疯狂，人们不得不用铁链将他锁住，以防他逃回森林。

在这之后，一连串事件接踵而至。精神错乱为梅林带来了特殊的洞察力，这种洞察力帮助他揭示了许多尖刻又讽刺的真相。当梅林看到一片叶子夹在他妹妹的头发里，他笑了，但梅林说除非放他走，否则不会解释为什么笑。雷德奇同意后，梅林告诉他，这片叶子是格温迪德和她的情人在门外偷情的时候卷入她的头发的。格温迪德深感羞愧，试图诋毁梅林，让他的预言失去信度。她在三个不同的场合带来了同一个男孩，每次都给男孩穿上不同的衣服来掩饰身份，并且每次都要求梅林预言男孩将如何死亡。梅林第一次说这个男孩会从岩石上跌落摔死，第二次说他会死在树上，第三次说他会死在河里。于是雷德奇得出结论，梅林的神秘力量是不可靠的，所以他说格温迪德偷情是不可信的。之后，梅林被问及他的妻子葛温多兰是否可以再婚另嫁，他给出了肯定的答复，但警告她未来的丈夫要提防自己。在这里，杰弗里讲述了男孩的命运，他从一块岩石上掉下来，被岩石下面的树枝夹住，头朝下倒挂在河里淹死了，证明了梅林的预言是正确的。

回到森林后，梅林从星象看到葛温多兰要再婚了，于是他骑着雄鹿冲进她的婚礼。他把鹿角从那可怜的雄鹿身上扯下来，掷向新郎并杀死了他。随后，梅林被抓住并被带回了雷德奇的宫廷。一路上，他先是看到一个乞丐，然后看到一个买皮料补鞋的年轻人，他又一次发出了神秘的笑声。雷德奇再次许诺，只要梅林能解释为什么发出笑声，就将他无罪释放。梅林回答说，那个乞丐站在深埋地底的宝藏上而不自知，而那个年轻人在穿上他修补好的鞋子之前就会淹死。后续发生的一切再次证明梅林的预言是正确的，雷德奇也再次让梅林获得了自由。

在森林里，梅林在妹妹为他建造的观测塔里钻研占星术，并预言了不列颠往后直到诺曼征服时期的历史。雷德奇死了，格温迪德为此悲伤不已。在我们熟悉的民间传说中，塔列辛的身影也在此时出现，他到树林里去拜访梅林。两人谈论了很多话题，包括宇宙研究还有世界各地的岛屿，奇怪的是，他们还讨论了鱼。

这时，一股泉水奇迹般涌了出来，梅林喝下泉水后，疯病消散了，他无比感谢这神赐的解药。塔列辛是个无所不知的人，他以此为线索，谈论起世界各地的泉水。一些王子听说梅林已经痊愈，于是到森林里看望他，并试图说服他重掌王国，但是梅林拒绝了。此时，一个疯子出现了，梅林认出他是年轻时的一位朋友美尔迪努斯（Maeldinus），他因为吃了本来为梅林准备的毒苹果而陷入疯癫。随后，美尔迪努斯也被神奇的泉水治好了，自此，美尔迪努斯、塔列辛、梅林和格温迪德决定一起留在树林里，再也不到外面的世界冒险。在诗的结尾，格温迪德的预言详述了斯蒂芬国王（King Stephen）统治时期的事件，在那之后，梅林彻底放弃了自己的预言天赋。

杰弗里的《梅林传》是一首优雅而精妙的诗，其中充满了 12 世纪中期知识分子感兴趣的话题，如占星术。占星术在当时是一种相对较新的学问，刚从阿拉伯人那里传到西方世界。但由于全诗的许多细节让人联想到威尔士和爱尔兰的本土文学，所以这首诗看起来很像一个基于已有故事细节而拓展创作的产物。杰弗里在这之前似乎已经了解到一个讲述野人先知的布立吞故事，于是决定将其拓展为一首颇具巧思而且妙趣横生的拉丁语诗歌。

我们还有其他来自中世纪苏格兰和威尔士的资料可以支持上述结论。但这些资料给主人公起了不同的名字，所以在我列出的不同资料来源中，我都会暂时称他为“野人”。如果我们把这些资料放在一起，研究它们的共同之处，结合杰弗里《梅林传》中同样出现的内容，就能搭建起一个布立吞故事的梗概。故事发生于现在的苏格兰南部，故事里的野人曾经是国王或领主，与斯特拉斯克莱德的国王雷德奇相熟。他参加了雷德奇和苏格兰国王格温多勒之间的战争，这场战争被称为阿夫德雷德（Arfderydd）之战。《威尔士年鉴》将这场战役定在573年，地点可能是卡莱尔附近的阿图雷特（Arthuret）。在这场战斗中，野人失去了理智，隐退于喀里多尼亚森林，这也激起了雷德奇的怒火。这个野人和其他野人一起在森林里生活了很多年，始终处于惊慌和恐惧中，但他的精神错乱也给他带来了预言洞察的天赋。野人的妹妹试图安抚他，诱使他从森林中回来。他回来后，因为洞悉一切发出了一系列神秘的笑声，结果他的预言尽数成真。最后，他死于“三重死亡”，即被利刃刺穿、溺水、坠落致死或被吊死。

威尔士的资料包括一组诗歌，其中三首来自最古老的、全文以威尔士语写成的手稿，这部手稿被称为《卡马森黑皮书》（*Black Book of Carmarthen*），写于1250年左右。其余的诗则见于后来的几份手稿。这些资料都称野人为“梅尔迪恩”，杰弗里选用了这个名字，并将其改成了“梅林”。上述来源的诗歌似乎都暗含类似上述故事梗概的内容，但没有一首诗完整地讲述这个故事。这些诗歌的创作时间可能早于杰弗里的《梅林传》，但我们无法绝对确定这一点。

《卡马森黑皮书》中的三首诗是《苹果树》(*The Apple Trees*)、《问候》(*The Greetings*)和《梅尔迪恩与塔列辛的对话》(*The Dialogue of Myrddin and Taliesin*)。

《梅尔迪恩》(艾伦·李，1982)

在前两首诗中，只有梅尔迪恩在说话。在《苹果树》中，梅尔迪恩似乎是一个饱受折磨、罪孽加身的人物。在阿夫德雷德之战中失去理智后，他在喀里多尼亚森林忍受了 50 年的痛苦。但在这些事件发生之前，他说自己是一个戴着金颈环的功勋卓著的战士。诗中似乎暗示，雷德奇在战斗中站在了梅林的对立面，这一点与杰弗里诗歌中描述的不同。诗歌还暗示，梅尔迪恩失去理智和遭受的痛苦在某种意义上是神降的惩罚。后来，雷德奇遍寻梅林无果，是因为梅林畏缩在森林里的一棵特殊的苹果树下，这棵树似乎可以帮助树下的人隐去身形，但尚不清楚这棵树是否被施了魔法。我们必须煞费苦心地拼凑这些细节来理解这个故事，但原来的听众通晓这个故事的基本轮廓，所以更能理解这首诗的构思。

在第二首诗《问候》中，梅尔迪恩显得更加邋遢狂野。他疯狂地陷入森林中，找到一只宠物小猪作伴。在这首诗的 25 个诗节中，野人以一种既有趣又动人的方式向小猪倾诉。他想象自己和宠物处于同样的危险之中，都在躲避雷德奇，所以他严厉地警告小猪不要在早晨打瞌睡，以防被国王的猎狗抓到。他和小猪睡在一起，还抱怨它的小脚趾很锋利。此处可以快速了解第三首诗《梅尔迪恩与塔列辛的对话》以及其他诗歌。杰弗里一定对《梅尔迪恩与塔列辛的对话》这类早期诗歌有所了解，因为诗中相关叙述就发生在塔列辛拜访梅林之后，尽管语气和内容都非常不同。而《卡马森黑皮书》中缺失了最重要的一首与梅尔迪恩相关的诗歌，即对话诗《梅尔迪恩和妹妹格温迪德的对话》（*The Conversation of Myrddin and Gwenddydd his Sister*）。同样，对这首诗某个先行版本的了解一定是杰弗里搭建梅林和妹妹对话场景的基础。这首诗所描绘的画面与杰弗里的《梅林传》一致：格温迪德与梅尔迪恩疏远了，但仍然尊重他并关心他的福祉。最重要的是，格温迪德给他起了一个不同寻常的名字，Llallawg，后来又在名字后面加了一个小后缀 -an，就像意大利语中的 -ino[①]。妹妹

① 意大利语中的“-ino”后缀有喜爱的含义。——译者注

称他为拉洛根·菲尔迪恩（Llallogan Fyrddin，威尔士语），也叫他小拉洛根·梅尔迪恩（Little Llallawg Myrddin）。这个名字的意义会在之后揭晓，我们将继续讨论苏格兰关于野人的相关资料。

苏格兰的资料主要包括《圣肯蒂根传》（*the Life of Saint Kentigern*）中的一个片段。圣肯蒂根是格拉斯哥（Glasgow），也被称为蒙哥（Mungo），的守护神。该书由一位被称为福内斯的乔斯林（Jocelyn of Furness）的教士用拉丁语写成，创作时间大约在 1180 年。书中说，“有一个人，没有理智”，像个傻瓜，又像个小丑，生活在斯特拉斯克莱德的国王雷德奇的宫廷中。在圣肯蒂根去世时，这个傻瓜预言国王和他宫廷中的另一个贵族将在一年内死亡。作者说这个人名为拉罗森（Laloecen）或拉罗尼森（Laloicen），看起来非常像威尔士语中拉洛根（Llallogan）这个名字的北方变体。

同样的人物出现在另一个较长的故事中，名为莱罗肯（Lailoken），因此这个故事被称作《莱罗肯和肯蒂根》（*Lailoken and Kentigern*）。这个故事保存在一份 15 世纪的手稿中，但原作可能是在此前 300 年写就的，接近乔斯林写下圣徒传记的时期。在这个故事中，圣徒肯蒂根遇到了在树林中祈祷的莱罗肯，一个赤身裸体、形销骨立、毛发披身的疯子。经过肯蒂根几番问询，莱罗肯回答说，他对阿夫德雷德之战中的尸山血海难辞其咎。他还说，自己看到穹顶天堂洞开，有一个声音对他说：“莱罗肯啊莱罗肯，因为是你造成了这血流成河、积尸成山，所以你将为所发生的一切背负惩罚。因此，你将任由撒旦的天使支配，你将与林中的生物共处，直到你死去的那一天。”然后他看到了一个可怕的幻象，天上有怒目灼灼的军团施以威压。这时，一丝怪异的念头涌上脑海，于是莱罗肯逃到了森林里。

莱罗肯在圣肯蒂根面前逃离之后，又重新出现在不同场合的叙述中，说着没人相信的晦涩预言。在故事的高潮部分，他打断了正在做弥撒的圣人，拼命要求得到圣餐，并声称自己注定要在这一天死于

“三重死亡”，即被殴打、刺伤，又被淹死。这是凯尔特文学中的一个常见主题，在爱尔兰文学中更多见。圣人给莱罗肯做了圣礼。当天晚些时候，莱罗肯被一群嘲笑他的牧羊人野蛮地殴打，这些牧羊人将他赶下悬崖，于是他向特威德河（Tweed）奔逃，在落水前被钉在木桩上，而他的头溺于水面下，他的预言得以实现。

《莱罗肯和肯蒂根》显然和杰弗里的《梅林传》采用了同一叙事模板，而威尔士的梅尔迪恩相关诗歌也预设了这一模板。但这三个文学传统有很大的区别，而且必须强调的是，我们不是以此为典型案例，研究如何重建原始的“凯尔特神话”。相反，需要明白的是，我们拥有一个精彩纷呈的故事，它在不同的地区和不同的语言之间流动，在流动中改头换面，但始终保留着一些核心特征。有一个更贴切的比喻，我认为细看这些材料就像是在看三个具有强烈家族相似特征的兄弟姐妹，而不是在看同一个人的三张照片。这个故事的发源地最有可能是在苏格兰南部的斯特拉斯克莱德王国，该地区在 11 世纪之前一直使用一种与威尔士语密切相关的布立吞语。斯特拉斯克莱德王国也是所有变体故事中设置的发源地，是威尔士人称之为“旧北境”地区的一部分。有明确的证据表明，在 11 世纪斯特拉斯克莱德王国灭亡之前的几个世纪里，这一地区的文本和传统极有可能流传到了威尔士。如果这个理论是正确的，那么“拉罗森”可能是故事主人公最古老的名字，在故事传到威尔士后，他有了一个新名字，梅尔迪恩。

由于尚不明确的原因，卡马森镇的威尔士语写法 Caerfyrddin 被解读为“梅尔迪恩的堡垒”[①]，而此处的梅尔迪恩也被认为是来自北方的野人。事实上，梅尔迪恩作为一个人名在语言学上有着悠久的历史，而 Caerfyrddin 中的 fyrddin 只是卡马森镇古罗马名称莫里杜纳姆（Moridunum）流传到威尔士之后的变体，意思是“海堡”。民间

① 之所以将 Caerfyrddin 解读为“梅尔迪恩的堡垒”，是因为 Caer 是堡垒的意思，fyrddin 又被解读为梅尔迪恩。作者后文认为这是民间的错误解读。——译者注

传说的传播方式和假新闻十分相似，这里有一个很好的例子：1659 年或 1660 年，一位校长为了庆祝英国查理二世回归王位，在卡马森种了一棵橡树，而这棵树被误当作“梅林橡树”纪念了一百多年。后来在 19 世纪初，这棵树被一个当地人毒死了。

在此，值得对不同版本之间的其他差异也做出说明。杰弗里显然想给梅林的故事一个圆满的结局，所以在故事里，野人三重死亡的故事被嫁接到妹妹带来的男孩身上，这个人物在其他版本中没有出现。而故事的结局是梅林和他的妹妹与塔列辛在森林中的天文观测室里聊天。雷德奇和野人之间的关系也并非一成不变，他们有时是盟友，有时是敌人。无论是《梅林传》还是威尔士诗歌，都不认为野人是被天空中一些可怕的幽灵逼疯的，而这正是苏格兰《莱罗肯和肯蒂根》故事的一个突出特点。也许这种设定确实源自杰弗里，因为杰弗里强调梅林是一个观测天象的天文学家。

显然，我们有一系列故事设定，这些设定在这个传说中被结合到一起，并普遍存在于各种版本的故事里。这些设定主要包括身体虚弱、精神疯狂、地缘边缘化、诅咒，以及亲近动物和自然界。在本书研究的所有故事中，我认为梅林作为野人这一段经历最具与当代读者交流的潜力，可以在以下两个层面引起共鸣。首先，对于任何因现代社会的噪声和节奏而感到精神错乱并渴望逃到大自然中的人来说，野人的故事很容易得到他们的认同。精神分析学家已经证明，脱离自然本身就会导致精神疾病，而回归荒野有着治愈的力量。其次，这个故事有强大的生态色彩，野人对即将到来的大灾变有着预见能力，他的预言对安稳度日的文明社会来说无异于疯言疯语。重要的是，野人曾经也是一个战士，他逃离了战场，但无法忘记他所看到和经历的一切，所以一直处于焦灼的恐惧中。这与常见于退役军人和女性的创伤后应激障碍的症状如出一辙。也许后世借鉴了凯尔特人的资料，会对这个故事进行再创作，带来一个关于暴力、创伤和遁入荒野的故事，给我们呈现出一位更适应我们这个时代的、更具感染力的新梅林。

这一再创作还有待完成。在最著名的讲述梅林故事的影片《黑暗时代》中，我们已经可以窥见这位布立吞野人彻头彻尾的疯癫。该影片拍摄于 1981 年，由约翰·布尔曼导演，由尼科尔·威廉姆森（Nicol Williamson）饰演梅林。影片的成功之处在于，它通过伸缩时间线和融合人物特质，成功地协调了梅林故事体系下的大部分叙事节奏。一个中年的亚瑟王成了跛脚国王，只能通过追寻圣杯来治愈他的病体、保卫他的国土[①]，而海伦·米伦（Helen Mirren）则是一个融合了莫甘娜（Morgana）和莫高斯的角色，在荧幕上饱受瞩目。

尼科尔·威廉姆森在《黑暗时代》中扮演梅林（1981）

① 《黑暗时代》中圣杯蕴含的秘密是“国王与土地同在”。——译者注

威廉姆森的表演很古怪，他时而发出浑厚的鼾声，时而狂热地凝视着什么，不可捉摸。他扮演的梅林穿着一件破旧的黑袍，戴着银色的头盔。他说话的时候故意把重音用在错误的地方，比如他曾说“所有东西都会遇到它们的宿敌”（宿敌一词他误用了重音，读作 opp-*oh*-sites）。他不断暗示着王国不为人知的宿命走向。当一个角色表现出他期待的样子时，他反复感叹：“就是这样！”但观众并未真正明白他意欲何为。

这个人物与梅尔迪恩最相似的特质是如萨满一般亲近土地。在这部电影的独特呈现方式中，龙就是土地力量的化身。在一个场景中，年轻的亚瑟王害怕地蜷缩在一个黑暗的不列颠森林中，突然莫名其妙地出现了巨大的蜈蚣和一只孤独的鬣蜥。只待梅林出现，他解释，这是龙的力量，是无所不在的自然之灵：

> 要我告诉你那里有什么吗？那是龙。是一种有着无与伦比的力量的异兽，如果你一眼看到它的全貌，它就会把你烧成焦炭……它无处不在，无所不能。它的鳞片形如树皮，闪闪发光，它的吼声震彻疾风。它那分叉的舌头像……（此时身旁劈过一道闪电）——哦，像闪电一样！是的，就是这样！

在影片中，龙是梅林惊人力量的源泉。我想，这里遥遥呼应了《历史上的不列颠》中的安布罗休斯，他知道斯诺多尼亚地下深处红龙和白龙的秘密。梅林通过一个地下洞穴与这股神秘的力量取得了联系，他带着莫甘娜进入这个洞穴，并试图打败她，然而莫甘娜扭转了局面，将梅林囚禁起来。在电影中，龙的力量是通过念出一个意为“制造魔咒”（The Charm of Making）的咒语来实现的，这似乎是早期爱尔兰文学的一种奇怪设定。当然，咒语的前两个词 anál nathrach 在古爱尔兰语中的意思是“蛇的吐息”（breath of serpent）。

威廉姆森饰演的梅林有一种古怪的爱尔兰风情，这在某种程度上是恰如其分的，因为有另一个版本的野人故事，来自现在的北爱尔兰。这个故事与梅尔迪恩和莱罗肯的版本有许多共同的主题，但回到我之前的比喻，既然三种文学传统下的梅林就像血脉相连的兄弟姐妹，那么，我们现在将要讨论的是一个如表弟一般的支线故事，也就是苏布赫（Suibhne）的故事。苏布赫这个名字通常被英译为斯威尼（Sweeney）。

流亡中历经磨炼的苏布赫

苏布赫的故事记载于一个12世纪的文本中，故事名为《疯狂的斯威尼》（*Buile Shuibhne*）。“疯狂”（威尔士语写作Buile）在此处不仅意味着精神错乱，还意味着预言般的洞察力或诗性的狂热，在英语中没有对应的词。故事主人公是科尔曼（Colmán）的儿子苏布赫，他是达尔纳拉迪（Dál nAraidi）的国王。达尔纳拉迪是一个早期的爱尔兰民族，其领土大致与现代安特里姆郡（Antrim）一致。这部传奇文本关注的主题在12世纪爱尔兰文学中大受欢迎，讲述了国王和圣徒之间的冲突。

与所有的爱尔兰传奇一样，故事发生在过去。早期爱尔兰传奇有令人眼花缭乱的时间跨度，不仅有关于半神达努神族（Túatha Dé Danann）的故事（爱尔兰学者认为达努神族在公元前1200年左右统治了爱尔兰），还有关于阿尔斯特传奇（Ulster Cycle）的故事（人们认为他们是基督同时代的人），还包括3世纪的芬恩·麦克库马尔的故事等。人们常常想象早期的爱尔兰文学是由传统的民间故事组成的，而事实上，我们面对的是不列颠群岛复杂的故事体系，就像一幅巨大的、未展开的挂毯，它是爱尔兰知识阶层的共同文化资产。它是那样的包罗万象，一端是神话，另一端是历史。苏布赫的故事站在历史的一端，是围绕唐郡（Down）莫伊拉（Moira）之战展开的，该战役又名马格拉斯（Mag Rath）之战，是三大战役的最后一场，也是发生在 637 年的重大历史事件。该事件的历史背景很复杂，但究其根本是有一位名叫多姆纳尔·麦克艾德（Domnall mac Áed）的国王击垮了达尔里阿达人（Dál Riata）的苏格兰旁系和乌雷德人（Ulaid）组成的联军。该国王属于爱尔兰统治王朝的北部分支伊内尔人（Uí Néill），而历史上的乌雷德人是文学中阿尔斯特人（Ulsterman）的后裔。

故事开始于苏布赫和圣罗南（St Rónán）之间的焦灼冲突。圣徒在达尔纳拉迪的领土上为一座新教堂划定边界时，教堂的钟声传到了苏布赫国王的耳朵里，苏布赫对圣徒未经允许在他的领土上建造教堂感到不满，于是想动身前往教堂驱逐圣徒。苏布赫的妻子伊奥兰（Eorann）知道激怒圣徒得不偿失，于是试图阻止他。她抓住苏布赫的斗篷，但斗篷脱落了。苏布赫赤身裸体地离开了宫廷。我想，这种情节无疑凸显了苏布赫的愤怒。但是这种情节对当时的观众来说，也许起不到如此荒唐或滑稽的效果。之后，国王抢走了圣罗南的诗篇，并把它扔进了附近的一个湖里，然后，他把手架在圣徒身上，试图把他拖走。在这戏剧性的时刻，一位信使到来，告诉苏布赫莫伊拉之战不能没有圣徒的帮助，说完便离开了。

第二天，圣徒的诗篇被一只水獭从湖中取回，字迹无损（中世纪爱尔兰文学中经常出现前来相助的水獭）。圣徒对苏布赫下了一个全身长满水泡的诅咒，还诅咒他将赤身裸体地在世界各地流浪和飞行，并死于尖锐的矛锋。后来苏布赫一再打破圣徒的苦心安排：在战斗前持续升级的冲突中，圣徒规定每天晚上到第二天早晨是休战时段，但苏布赫一次又一次在不允许战斗的时段杀人。

当圣罗南和他的随从用圣水洒向战斗人员时，故事的高潮来临了。一些水落到了苏布赫身上，他感受到了侮辱，不仅用长矛杀死了圣徒的一名随从，还恶向胆边生，向圣徒投掷了另一根长矛。长矛在圣徒胸前挂着的铃铛上刺了一个洞。圣罗南重述了他的诅咒，说苏布赫将会像鸟儿一样悬空，在钟声响起时落在树枝上，并死于矛锋，死状会和他杀死的那名随从一样。战斗还在继续，这一次，军队兵戈相接带来的可怕噪声使苏布赫失去了理智。他的手麻木了，于是放下了武器，开始以某种神秘的方式飞行，像鸟一样从一个地方跃到另一个地方。很久以后，他身上真的长出了羽毛。

因为精神错乱，苏布赫离开了战场，开始了流浪的生活。因为这样的经历，他有了“疯子苏布赫”（Suibhne Geilt，爱尔兰语）或“疯狂的斯威尼”（Mad Sweeney）的绰号。自此，这个传奇故事变得复杂起来。苏布赫在爱尔兰各地游荡，在孤独的峡谷和荒凉的野地过着精神错乱的流亡生活。有一次，他越过大海，在克莱德（Clyde）河畔邓巴顿（Dumbarton）以北的一片森林中停留了一段时间。当然，这正是喀里多尼亚森林的所在地，莱罗肯和梅尔迪恩也在此处经历了疯狂的游荡。也是在这里，苏布赫遇到了一个叫阿拉德罕（Alladhán）的本地疯子。在12世纪的爱尔兰语中，-dh-的发音类似于-gh-，因此有人认为阿拉德罕是莱罗肯或拉洛根这个名字传到爱尔兰语之后的一种混乱借用。如果是这样的话，就进一步强调了这一系列故事是多么的错综复杂。学者已经确定，用于形容苏布赫的爱尔兰语单词geilt（意为“疯子”）一定是从凯尔特语的布立吞语分支中借用的。由此我们可以推测，在8世纪或9世纪，在斯特拉斯克莱德地区流传着一个故事，故事讲述了一个战士在阿夫德雷德战役中丧失神志，逃离战争并成为一个野人和先知。到了10世纪或11世纪，这个故事传到了威尔士，在那里这个人物获得了“梅尔迪恩”的名字。在900年左右，这个故事也传到了爱尔兰的东北部，在那里，同样的主题被依样叙述，围绕着一个看似不相关的人物——苏布赫，和一场不同的战斗——莫伊拉之战。我们知道，苏布赫的故事比梅林的传奇故事要早，大约900年的一份权威文本将苏布赫在莫伊拉之战中的“疯狂”和“野性”视为一件好事，因为正是由此产生了与此相关的故事和诗歌。

最后，苏布赫回到了爱尔兰，并得到了另一位圣徒莫林（Mo Ling）的保护。苏布赫在莫林的教堂参加晚祷，圣徒指示他的厨师每天佐以牛奶为这个疯子提供食物。厨师不是把牛奶倒在碗里，而是倒在她用脚在牛粪上踩出的凹坑里，大概是为了表达对几乎丧失人智的苏布赫的厌恶。但厨师的丈夫，也是莫林的牧牛人，相信了恶意的流言蜚语，认为他的妻子和苏布赫有染。嫉恨交加之下，这位牧牛人在苏布赫从粪坑里喝奶的时候用长矛刺穿了他的身体。就这样，苏布赫按照圣罗南预言的方式死去。但他在死去之前已经接受了莫林的圣礼，因此读者相信他将得到救赎。

这是一个奇怪的故事，需要注意几个要点。苏布赫的罪行很严重，他理应受到惩罚：他不仅违反休战协议，还攻击圣徒等人；他毁坏圣钟并试图毁坏圣书和圣殿，还用长矛杀人。在他出征对抗圣徒罗南之前，他不经意被王后剥光了衣服，这一情节有丰富的象征意义。因为华服是苏布赫的军事盟友所赠，代表了他作为一个有权力和地位的人在社会关系网络中的身份，所以华服被剥去意味着一切权势将付之东流。如莎士比亚笔下的李尔王所说，一个“无处容身的人”就仿佛“一个可怜的、光秃秃的、分叉的动物”，而这正是苏布赫的真实处境。

爱尔兰的苏布赫和英国的野人故事有一些明显的共性。它们都有三段式的叙事，主人公先是发疯和逃亡，遇到另一个自我或是一个女人，与之交流知识之后回归故里，在某种意义上得到净化、经历了天赋启迪或是改头换面，最终死于非命，三个阶段大同小异。同样，这些故事也都与圣徒密切相关。换句话说，野人和圣徒之间存在着一种令人意想不到的、隐秘的关联，不管这个圣徒是肯蒂根、罗南还是莫林。这位凯尔特野人是基督教中的荒漠隐士和野兽形象的奇妙组合。对于中世纪早期保守的修道士来说，到荒野中去做艰苦的祷告者、过着禁欲主义的生活是无比高尚的愿望，但是野外流浪也是那些被上帝惩罚的人注定遭受的磨难。我们可能还记得上一章中提到的托奇·崔尔奇，上帝因为他的罪过把他变成了野兽。那么，像苏布赫、梅尔迪恩、莱罗肯这样的野人，与圣徒或是罪孽深重的社会流亡者都有一些共性。《圣经》中也有相似的故事。圣保罗（St Paul）在前往大马士革（Damascus）的路上被“天堂之光”击倒并暂时失明，“天堂之光”勒令他停止迫害基督徒，就像莱罗肯在天空中看到的可怕的幻象那样。而从《旧约·但以理书》中，我们可以看到尼布甲尼撒国王（King Nebuchadnezzar）精神错乱，在宫外过着野兽般的生活。这个篇章显然对苏布赫的传奇故事产生了重大影响：“他被赶出人世，吃草如牛，身体被天上的露水打湿，直到头发长得像鹰的羽毛，指甲像鸟的爪子”。

像尼布甲尼撒一样，苏布赫也历经磨难。总体而言，这个传奇故事讲述了一个暴烈热血的凡间战士，他蔑视教会的仪式，反对宗教权威，故事还记述了他的转变和最终的救赎。对于现代读者来说，《疯狂的斯威尼》的吸引力之一在于故事对自然界的精致描绘。文本中，自然界以双重身份出现：一方面，苏布赫在变成鸟类流亡的过程中用带有原始新鲜感的眼光狂热地描绘着大自然；另一方面，自然界是苏布赫遭受苦难的炼狱之地，也是他的赎罪之所。

凯尔特神祇的现代命运

前文提到的人物包括梅尔迪恩、梅林、莱罗肯和苏布赫，稍做比较可以发现最后一位在现代社会中拥有最深远的影响。有诺亚·莫斯利（Noah Mosley）的歌剧《疯王苏布赫》（*Mad King Suibhne*，2017），还有葆拉·米汉（Paula Meehan）的一部引人注目的戏剧《斯威尼夫人》（*Mrs Sweeney*，1997）。该戏剧将传说中的元素移植到都柏林一个阴暗的庄园里。苏布赫的妻子莉尔·斯威尼（Lil Sweeney）在剧中名为伊兰，她遭受着贫穷、失业，还有毒品的侵害。伊兰的丈夫是一个鸽子爱好者，在发现他所有的鸽子都被杀死后，他退缩到一个像鸟一样的状态。这部剧讨论了什么是“诅咒”，同时也迫切希望引发现代人的反思。诅咒的来源不是圣人，而是疯狂、分裂和创伤。米汉说，如果退缩到这种状态令人震惊，那么对于那些无路可退的人，他们的负担会更加沉重。

另一个对苏布赫故事的改编使这个中世纪的人物引起了国际社会的注意。这部作品保留了故事超自然的层面，但改编之后与原来的故事相差甚远，以至于是否在谈论同一个人物都有待商榷。这是现代人接受凯尔特神话时经常遇到的问题，因为与希腊神话相比，有创造力的人较少意识到这些凯尔特神话故事可能存在更经典或更权威的形式，于是他们对一些名字和奇怪的主题进行了现代化的改编。总的来说，现代改编完全忽视了这些孕育人物特征的原始叙事。这个饱受质疑的改编是尼尔·盖曼（Neil Gaiman）2001 年的奇幻小说《美国众神》（*American Gods*）。该小说在 2017 年被影视化，成为一部热门电视剧。小说和电视剧都讲述了一群旧世界的神和超自然生物在当代美国的故事，他们为了生存和恢复他们的力量而斗争。苏布赫以“疯子斯威尼”的身份出现，但是他的“疯”与原版故事有所不同。小说中的斯威尼是一个经常喝酒、满口粗话的人，他对自己的无能为力感到沮丧，脾气暴烈。他完全不像中世纪传奇故事的主角，在树枝间跳来跳去，惊慌失措。他还自称是“矮妖”（leprechaun），而在小说中，他的身高接近 2 米。

盖曼把爱尔兰神话和民间传说的几条线编织在一起。在小说和电视剧中，斯威尼被赋予了神话背景，与中世纪苏布赫的传奇故事完全不同。小说里的斯威尼曾经是长臂卢赫（Lugh，古爱尔兰语为 Lug），卢赫是爱尔兰神话中超自然种族达努神族曾经的国王。关于这位国王，本书第 10 章有更详细的讨论。中世纪爱尔兰的知识阶层倾向于以一种伪历史的方式来看待达努神族，认为他们是一群古老的人类，拥有神奇的力量，在遥远的过去曾占领了爱尔兰并建立了统治。我们知道，达努神族中的一些人继承了神祇的特质，这些神祇是中世纪早期爱尔兰人曾经崇拜的对象，卢赫是其中最有迹可循的一位：他的名字可以追溯到凯尔特传说中的卢格斯（Lugus），有充分的证据证明这是一位凯尔特神祇。在中世纪的故事中，卢格斯是一个英雄人物，不仅是战士和国王，还是一个“精通各种艺术”之人，这也是他常见的绰号 samildánach 的内涵。

盖曼将“伪历史”中的卢赫与斯威尼一概而论。《美国众神》中的另一位神祇，艾比斯先生（Mr Ibis），实际上是埃及的文书之神托特（Thoth），对斯威尼说：“你是众神之神。你是太阳之神、运气之神、工艺之神、艺术之神，你主宰着对文明有价值的一切。他们称你为‘光之神’（the Shining One）。”这段话凸显了斯威尼如今凄惨的境遇，他曾经是爱尔兰神圣的至尊之王，却因某种说不清道不明的原因被诅咒，变为流浪的苏布赫。《美国众神》中的许多人物都曾是神祇，但可怜的斯威尼是一位几经沧桑的神祇，而今他的权威和重要性已经大大降级。他经历的挫折和痛苦是一个反复出现的主题，而且不难看出这里有一个稍显微妙的殖民主义潜台词。斯威尼，也就是曾经的卢赫，是该系列故事中唯一的凯尔特神祇，却沦为“星期三先生”（Mr Wednesday）这一核心人物的仆人，“星期三先生”实际上是北欧神祇奥丁（Odin），造成这一结果的部分责任被推到了基督教这里。“他们让我成为一只鸟，”斯威尼在作品中如此说道，“然后基督教会出现了，把我们都变成了圣人、巨魔和精灵。”因此，在一层面上，盖曼笔下的斯威尼给我们一个相当刻板、极其过时的爱尔兰人形象，他们受制于人、情绪低落，被牧师所控制，被酗酒和流亡的压力所困扰。另外，在这个系列中，有一个触动人心的时刻，那就是斯威尼因沮丧而失去理智，站在路上用典型的中世纪式爱尔兰语对着天空大喊：“为什么这些坏事都发生在我身上？我受的苦还不够多吗？我不是坏人！我不是！”这段话的耐人寻味之处在于，他所使用的语言正是《疯狂的斯威尼》创作时期（大约在 1200 年）所使用的爱尔兰语。

盖曼笔下的斯威尼与凯尔特传统有着另一个更深层的潜在一致

性。任何爱尔兰神话爱好者都会告诉我们，苏布赫和卢赫没有任何关系。他们谴责盖曼滥用并乱改了卢赫的神话，因为卢赫从来没有变成一只鸟。但是卢赫有一个威尔士语的对应名称鲁尔（Lleu，我们将在第 8 章讨论鲁尔的故事），两位都是凯尔特神祇卢格斯的衍生形象，尽管他们的故事没有多少共同之处。在威尔士版本的故事中，鲁尔出轨的妻子及其情人密谋杀死他，但当妻子的情人向他投掷长矛时，他长出了翅膀。鲁尔变成鹰飞走了，历经磨难才恢复成人形。实际上，盖曼在一个单一的凯尔特神祇衍生出的威尔士和爱尔兰不同版本之间创造了一种巧妙的潜在联系，创造了互为映射的神话人物形象，也强调了小说和电视剧系列作品的主旨，即神祇随着故事讲述的需要千变万化，他们的经历随着人们的所思所想百转千回。

第4章

布鲁图斯的谜题

起源故事与文化认同的构建

与其试图重建一个失落的凯尔特创世神话，不如看看威尔士和爱尔兰人在中世纪讲述的关于他们自己的起源的真实故事，这也许能更有收获。这些故事虽然不像希腊的乌拉诺斯和盖亚的故事那样久远，仍然有着超过一千年的历史。

坚忍不拔的首领，经过漫长的跋涉
到达了不列颠的海岸，为她古老的子民们
带去了神灵的武器和荣誉
记忆的女儿啊！让我们追忆远古时代
而我，与不列颠的荣耀一起成长
远离卑微的关怀和悠远的歌声
夺走无瑕海湾的圣山
由大不列颠的诗人，来记录她的美名。

——亚历山大·蒲柏

第4章
布鲁图斯的谜题　起源故事与文化认同的构建

定义“神话”是一项公认棘手的任务，有一种说法是神话与神祇的活动有关。神话往往把重点放在解释诸神与事物起源的关联上，为我们提供以“起初……”为开端的叙述。神话事无巨细地解释了世界的演变和万物的更替，它告诉我们，为什么在一些特定的文化中会产生形形色色的男女关系、人与动物的关系以及人神关系。希腊有许多创世神话，其中最著名的创世传说讲述了象征天空的乌拉诺斯（Uranus）是如何在代表大地的盖亚（Gaia）的子宫中出现，然后与盖亚交配，产生了一众泰坦（Titan）的故事。其中两个泰坦克洛诺斯（Cronus）和瑞亚（Rhea），孕育了奥林匹亚诸神。

奇怪的是，和刚才概述的内容相比，凯尔特文学传统非常缺乏神话特质。放眼任何使用凯尔特语的国家，它们的文学作品都没有记述关于宇宙起源的神话，也没有关于世界如何演变成型的故事。这也是由于本书多次提到的一个事实：凯尔特神话的存在方式和希腊神话或印度神话非常不同。凯尔特神话并没有一套与古老宗教习俗相联系的诸神光辉故事，只有两部由爱尔兰和威尔士的知识阶层在基督教时代创作的内容丰富的中世纪文学作品。凯尔特神话当然有希腊教或印度教意义上的神话特质，但这些特质已经与其他许多元素混合在一起，并且被彻底地重新加工了。事实上，我们已无法重建古爱尔兰或古凯尔特神话世界，为了弥补这样的遗憾，我们应当着眼于资料充裕的中世纪叙事，对它们的复杂性和辉煌性做出公正的鉴赏。

凯尔特起源神话的缺失将凯尔特爱好者引向了奇怪的方向，事实上，有几个人干脆编造了一个起源神话。1910 年，神秘主义者兼革命家埃拉・扬（Ella Young）为爱尔兰写下了一个别出心裁的创世神话，我个人非常喜欢这位爱尔兰作者。在一本名为《凯尔特人的神奇故事》（*Celtic Wonder Tales*）的书中，扬把女神布瑞吉特描述为爱尔兰的创造者。扬在书中写到，布瑞吉特把绿色斗篷扔到"混沌坩埚"（the cauldron of chaos）里，并邀请其他爱尔兰神灵下到锅中，就这样，她在沸腾的虚空中创造了如今的世界。彼得・贝雷斯福德・埃利斯（Peter Berresford Ellis）2002 年出版了《凯尔特神话和传说全书》（*The Mammoth Book of Celtic Myths and Legends*）。书中我们可以看到一个显然具有学术严肃性的创世母题。这本书的开端用了另一个爱尔兰创世神话，相当有说服力，与扬的说法完全不同。作者埃利斯还讲述了伟大的神比勒（Bile）如何孕育出母神达努（Danu）和父神达格达（Dagda），他们都是神话中的人物，正是他们的结合孕育了其他神明。

当然，这类天马行空的创意并没有错，它们本质上可以被理解为凯尔特爱好者所写的小说。例如，关于埃利斯创作的神话，我们可以注意到，在爱尔兰文本中没有名为"比勒"的人物，Bile 的意思仅仅是"圣树"。另外，母神达努是学者重建的一个人物，在存世的文本记载中，她总是被称为达南（Danann）或阿努（Anu）。然而这些可能根本不是同一个人物，而且她们中任何一位都没有作为独立的角色出现在文献中。达努和达格达也并无交集。在其他地方，达格达被说成是战争女神摩里岗（Morrígan）的丈夫。然而这些咬文嚼字的做法在很大程度上是毫无意义的。我们应当看到，上述两个创世神话都源于悠久的浪漫主义传统，试图修补凯尔特神话中的漏洞并重建一个完整的凯尔特神话世界，以期凯尔特神话能自豪地与希腊神话或印度神话比肩。

上述是本章核心内容的背景。与其试图重建一个失落的凯尔特创世神话，不如看看威尔士和爱尔兰人在中世纪讲述的关于他们自己的起源的真实故事，这也许能更有收获。这些故事虽然不像希腊的乌拉诺斯和盖亚的故事那样久远，仍然有着超过一千年的历史。在这一章，我将重点介绍不列颠的起源，为了便于比较，我也会讨论爱尔兰的故事。

流浪者布鲁图斯与不列颠的起源

不列颠的名字从何而来？历史学家通常会说，“不列颠”源自罗马的不列颠尼亚行省，它本身是一个古不列颠词汇的拉丁化，这个词后来被改为普里坦尼（Pritanī），可能是讲凯尔特语的古不列颠人对自己的称呼，指“身披彩绘之人居住的小岛”。彩绘也许是指尤利乌斯·恺撒（Julius Caesar）曾经对不列颠人的描述。恺撒说他们古怪又吓人，用菘蓝装饰身体。

但这些解释并不为中世纪时的人们所认同。中世纪的文本认为不列颠的名字来自一个叫布鲁图斯（Brutus）的流浪者。在我们探讨不列颠这一名称如何出现之前，我们需要讲述布鲁图斯的故事。布鲁图斯的生平在两本我们已经耳熟能详的书中有所记述，9 世纪的《历史上的不列颠》对他进行了简要描述，书中主人公被称为布里托（Brito）。然后，在蒙茅斯的杰弗里 1138 年的《不列颠诸王史》中有着更详尽的描述，提供了更多细节。

要讲述布鲁图斯的故事，我们得从特洛伊战争和英雄埃涅阿斯的故事开始。埃涅阿斯带着一队特洛伊流亡者从大火中逃了出来，包括他的小儿子阿斯卡尼俄斯（Ascanius），他们几经冒险来到了意大利。有人预言，埃涅阿斯将建立一个新的国家，这个国家最终注定会发展壮大，成为后来的罗马。这就是罗马文学最伟大的作品《埃涅阿斯纪》（*Aeneid*）前半部分的故事。

韦斯的《不列颠诸王史》中的一页（14 世纪）

《埃涅阿斯纪》是公元前 1 世纪维吉尔创作的史诗作品，从其记述来看，埃涅阿斯到达意大利和他传奇般地建立罗马之间有三个多世纪的漫长间隔。在这部史诗的 1 100 多年后，在《历史上的不列颠》基础上，杰弗里接过这个故事，填补了这位罗马诗人留下的一些空白。

杰弗里告诉我们，布鲁图斯的父亲是西尔维厄斯（Silvius），西尔维厄斯又是阿斯卡尼俄斯的儿子，也就是说，埃涅阿斯是布鲁图斯的曾祖父。在布鲁图斯还在母亲肚子里时，一个占卜师说了一个预言，这个预言混杂着荣耀和危机。他说，未出生的布鲁图斯将获得巨大的声誉，但他也预言，布鲁图斯将害死自己的父母。这一切都如预言那般发生了，布鲁图斯的母亲在生他的时候死去，后来，他又意外地用箭射中了他的父亲。虽然是意外，但可怜的布鲁图斯因为杀人被驱逐出意大利。他来到希腊，在那里，他发现了一群被奴役的特洛伊人。后来，布鲁图斯成为他们的领袖，经过一系列的战斗，他们抓捕了希腊国王庞德拉苏斯（Pandrasus）的卫兵，并在夜间袭击营地，从而打败希腊。布鲁图斯把卫兵当作人质，并像摩西（Moses）一样迫使希腊国王释放他的人民。之后，庞德拉苏斯将他的女儿伊尼戈（Ignoge）嫁给了布鲁图斯，并为他提供船只和补给品。布鲁图斯率领众人就此起航。

布鲁图斯带领特洛伊人登陆了一个荒岛，发现了月神狄安娜（Diana）的一座废弃神庙，并进行了仪式周到的祭祀。布鲁图斯在女神的雕像前睡着后，看到了幻象，幻象中是他注定要定居的土地，那是西海中的一个岛屿，目前只有几个巨人居住在那里。到目前为止，这个故事其实是重新解读并融合了《埃涅阿斯纪》中的各种叙事要素，这一点随着故事的推进会更加鲜明。

布鲁图斯在北非经历了一些冒险，遇到了曾经威胁过希腊人奥德修斯（Odysseus）的塞壬（Siren）。他还发现了另一群流亡的特洛伊人，他们生活在西西里岛、撒丁岛和意大利之间的第勒尼安海（Tyrrhenian）沿岸。这群特洛伊人的领头人是神通广大的战士康林纽斯（Corineus），他体格庞大，宛如巨人。康林纽斯在故事里的形象是憨厚忠诚的大块头，他帮助布鲁图斯摆脱了困境，但也因为在行动前欠缺思考而陷入危机。例如，康林纽斯在未征得国王允许的情况下在皇家森林里打猎，从而引发了与阿奎丹（Aquitaine）国王戈法利斯·皮克图斯（Goffarius Pictus）的冲突。在战斗过程中，康林纽斯的侄子图尔努斯（Turonus）被杀，后来，人们在他的坟墓所在之地建立了图尔城（Tours）。尽管特洛伊人取得了军事上的成功，但他们也意识到高卢敌军在人数上占有优势，于是他们退到自己的船上，前往不列颠。杰弗里告诉我们，不列颠在当时被称为阿尔比恩（Albion）。特洛伊人在托特尼斯（Totnes）登陆，也就是现在的德文郡。早在17世纪，当地的传说就认定有一块小花岗岩是布鲁图斯上岸时踩到的石头，它现在被镶嵌在前街的人行道上。正如狄安娜警告布鲁图斯所言，阿尔比恩是一片森林中的荒野，有很多巨人出没。布鲁图斯和他的手下与这些巨人作战，最终取得了胜利（见彩插图5）。

布鲁图斯以自己的名字为这个驱逐了巨人的岛屿命名为“不列颠”，并成为岛上第一个国王。值得信赖的康林纽斯以自己的名字命名了康沃尔郡并成为其统治者。特洛伊人在一个节日里受到了巨人的骚扰，因此除巨人首领、最强大的巨人戈马戈特（Goemagot）之外，其他巨人被尽数杀死，戈马戈特后来通常被称为歌革玛革（Gogmagog）。后来，戈马戈特诡异地分裂成两个巨人，即歌革（Gog）和玛革（Magog），他们的形象至今仍然出现在伦敦每年的市长游行中。故事里，戈马戈特被留了一条命，以便能与超人般强壮的康林纽斯练习搏斗，而康林纽斯最后设法将他扔下悬崖摔死了。布鲁图斯按照曾祖父埃涅阿斯的模式，在泰晤士河畔建立了一座城市，称之为“新特洛伊”（Troia Nova）。杰弗里评论说，随着时间的推移，城市的名字变成了特立诺万特姆（Trinovantum），再后来，这个城市成了伦敦。因此人们认为特立诺万特姆人（Trinovante）实际上是一群古不列颠人，他们的土地覆盖了现代埃塞克斯（Essex）和萨福克（Suffolk）的一些地区，首都在卡姆罗敦（Camulodunum），也就是现在的科尔切斯特（Colchester）。这是典型的中世纪词源学幻想，事实上，他们的名字与特洛伊无关，其凯尔特词源再清楚不过了，意思就是“英勇陷阵之人”。

随着时间的推移，布鲁图斯为他的人民制定了法律，并对阿尔比恩进行了长达 24 年的统治。他死后，岛屿被他的三个儿子瓜分，也正是基于三个儿子的名字，后来的各个地区有了各自的威尔士语名称。罗科里努斯（Locrinus）得到了英格兰（威尔士语写作 Lloegr），奥尔巴克图斯（Albanactus）得到了苏格兰（威尔士语写作 yr Alban），坎伯（Camber）得到了威尔士（威尔士语写作 Cymru）。

这个故事从 12 世纪中叶开始广泛流传，正如我们看到的，故事一直到 18 世纪都十分流行。2009 年，希拉里·曼特尔（Hilary Mantel）将这个故事写进了《狼厅》（*Wolf Hall*），这是她的杰出作品，是关于托马斯·克伦威尔（Thomas Cromwell）三部曲中的第一卷，书中写道：

> 布鲁图斯是埃涅阿斯的曾孙，出生于意大利。他的母亲在生他的时候就死去了，而他的父亲因意外被他用箭射死。他逃离了故土，成为一位领袖，他率领的一帮人曾在特洛伊当过奴隶。他们一起启航北上，变幻莫测的风和潮水把他们逼到了阿尔比纳（Albina）的海岸……登陆之时，他们被迫与巨人作战，打败了由歌革玛革领导的巨人，并把巨人的领袖扔进了大海。
>
> 无论从任何视角来看，这一切都始于屠杀。特洛伊人布鲁图斯和他的后代一直统治该地区，直到罗马人的到来。在伦敦被称为路德镇（Lud's Town）之前，它被称为新特洛伊。而我们曾是特洛伊人。

布鲁图斯的传说讲述了不列颠人的特洛伊起源，这些故事在都铎王朝时代确实特别风行，我们将在下文探讨个中缘由。但是，这个故事究竟是否能算作一个凯尔特故事呢？

要回答这个问题，我们需要更仔细地研究布鲁图斯的传说是如何发展的。在开始之前，有必要指出，中世纪的人们对“历史”的理解和我们并不相同。我们认为，历史描述了过去事件的流变和相互关系，建立在对政治、经济和社会溯源的理解基础之上，并且需要尽可能考量第一手证据。对中世纪的学者来说，融合各种起源传说是至关重要的，而这种融合的产物也就是我们所看到的伪历史。中世纪的学者认为，衡量这些伪历史价值的标准是它们是否紧扣作者所处的社会现实，而不是它们是否真实准确地叙述了虚无缥缈的过去。

中世纪的学者在描述他们周围民族的祖先来自何处时，参考了两个资料来源，那就是《圣经》和希腊罗马的历史。在那个时期，经典古籍几乎和基督教信仰一样主宰了他们的想象世界。很明显，在中世纪早期，北欧各民族都想努力挤入希腊和罗马历史成就的宏大叙事之中。他们不想成为野蛮人，根据他们的理解，有一些自古以来就位于世界中心的文明，而他们希望成为与这些文明有着重要往来的民族的后代。符合这个思考方向的最早期的文本之一是《法兰克人的民族表》（*The Frankish Table of Nations*），它可能起源于6世纪的拜占庭。这个文本解释了各民族如何将他们的起源追溯到遥远的过去，他们假想中古老的祖先们通常经历了危险的冒险和旅行，并由此建立了他们的国家。通常情况下，这些假想的祖先名字是基于一些人物的名字创造出来的，例如，法兰克人被说成是一个叫弗朗修斯（Francius）的人的后裔。布里托的故事是这些关于民族起源的叙述中体系比较健全的一个，布里托也就是后来的布鲁图斯。

《爱尔兰入侵书》与文化自信

让我们继续讨论凯尔特相关的问题，我们需要暂放布鲁图斯的故事，看看爱尔兰人是如何解释不列颠名称的来源。在许多方面，他们的处境都相当艰难。不列颠曾是罗马的一个行省，因此与古典世界有着必然的联系。爱尔兰则不同，《圣经》中没有提到这个岛屿。一些古典作家的著作将爱尔兰描述为野蛮人居住的遥远而冰冷的荒野。中世纪早期的爱尔兰有大量关于他们所居住岛屿过往的历史传统，但内容只关乎本国内部。因此，爱尔兰人发现自己与人类乃至世界历史的主流格格不入。

爱尔兰人解决这个问题的办法是编造中世纪最详尽的伪历史，他们对这种伪历史抱有极大的信心，而且至少在 17 世纪之前，这种伪历史被广泛认为是真实的。依此建立的历史体系经过几个世纪的发展，7 世纪开始成形，并在 11 世纪末因为《爱尔兰入侵书》（*Lebor Gabála Érenn*）这本专著建立起权威。《爱尔兰入侵书》通常被称为“入侵书”（The Book of Invasions），该书按时间顺序对爱尔兰史前时期进行了全面的梳理，从诺亚洪水来临之前开始讲述，一直延伸到盖尔人（Gael）到来并建立了后来的爱尔兰民族的经过。在我看来，这本专著有利于了解中世纪爱尔兰知识阶层的思想观念，因为这本书帮助他们理解了传奇文学中发生的所有戏剧性事件的深刻背景。本书的延伸阅读中列出了一个优秀的现代英文译本。

“入侵书”既复杂又简单。复杂的一面在于，它是一部种种事件纷至沓来的作品，充满了陌生的名字和混乱的谱系，任何为托尔金[①]尚未完成的作品辗转反侧的人都会感觉到这种复杂性。然而，简单的一面在于，其主线剧情具有反复性。爱尔兰接连被六个不同的民族定居或入侵，最后一个定居的族群是盖尔人。第一批入侵者是由诺亚的孙女赛赛尔（Cessair）领导的一个小队。由此可以看出，对于编写该文本的学者来说，首要任务是建立爱尔兰历史和《圣经》之间的联结点。赛赛尔和她的人民在洪水中淹死了。然后是帕特兰人（Partholón），他们是诺亚的儿子贾费特（Japhet）的后裔，后来全都死于瘟疫。他们的一些表亲在一个叫诺曼德（Nemed）的人的带领下来到这里，然而一场洪水带来了灭顶之灾。但在灾难之前，族中一些人逃了出来，族群也就此分裂。

---

① 托尔金（J. R. R. Tolkien）是《霍比特人》《魔戒》系列作品的作者。——译者注

诺曼德的一些后裔去了北方，定居在一些神秘的“北方岛屿”上，并拥有了魔力。后来他们回到了爱尔兰，成了我们知道的半神后裔达努神族，本书第 10 章将讨论这个族群。其他后裔向东走到了地中海地区，后来到达了希腊，这是“入侵书”中听起来和杰弗里书中的描述最相似的地方。杰弗里笔下的布鲁图斯找到了一群被希腊人奴役的特洛伊流亡者，而这正是发生在诺曼德后裔身上的事情。希腊人想把山地变成农田，于是强迫诺曼德难民用麻袋装满土拖到山坡上。因此，他们有了“装袋人”（Men of Bags），即弗伯格人（威尔士语写作 Fir Bolg）这一绰号。时机成熟之际，这些“装袋人”战胜了残酷的希腊人，回到了爱尔兰，从而像他们的诺曼德祖先一样在那里定居。

行文至此，我们需要切入“入侵书”中的另一条主线。必须再次强调，书中伪历史的全部意义在于，为爱尔兰人在《圣经》中找到一席之地。早在巴别塔时期，有一个人名叫费尼乌斯·法赛德（Fénius Farsaid），这个奇怪名字的意思是“爱尔兰人法利赛”（Irishman the Pharisee）。当上帝为了惩罚人类的妄自尊大而分裂人类的语言时，博学的费尼乌斯提取了每种语言最精妙的部分，创造了世界上第一种完美的语言，那就是爱尔兰语。中世纪爱尔兰文学有一个令人耳目一新的特点，那就是我们从中看不到后来殖民主义造成的可怕影响。现代爱尔兰文学的特点是文化危机和浪漫民族主义的复杂交织，而中世纪爱尔兰文学对本土文化价值有着根深蒂固的信心。

费尼乌斯的孙子戈伊德尔·格拉斯（Goídel Glas）带着一群追随者前往埃及，这支队伍以他们领袖的名字命名，成为盖尔人，也就是中世纪爱尔兰语中的戈伊迪尔人（Goídil）。与以色列人一样，他们后来也离开了埃及，西行寻觅应许之地。这也让人想起布鲁图斯按照狄安娜女神的预言前往阿尔比恩的旅程。后来，他们在伊比利亚半岛定居了一段时间。

现在，我们必须回到前文所说的“装袋人”，他们在爱尔兰愉快地定居。“入侵书”认为爱尔兰岛后来的许多政治机构都是由弗伯格人建立的。在他们的王权统治下，该岛第一次被分成了四个行省。然而，他们的远房表亲达努神族选择在此时从具有神秘魔力的北方岛屿返回，他们乘着黑云到达，在战斗中击败了弗伯格人。一个半世纪以来，达努神族统治着爱尔兰。

但盖尔人并没有忘记那片本该属于他们的应许之地。在一个冬日的夜晚，他们的国王布里根（Bregon）在伊比利亚海岸发现了海上的爱尔兰，他的孙子米尔·埃斯帕因（Míl Espáine）带领盖尔人发起了入侵。达努神族被打败了，盖尔人自此占领了岛屿。基于他们的领袖米尔，他们获得了米莱西安人（Milesian）这个名字。

以上就是“入侵书”的基本叙述。上面提到的内容可谓是简单性和复杂性相互交织，我们可以清楚地看到，虽然种种事件纷至沓来，但它们都属于一个基本框架下的重复叙事，叙述要素主要包括洪水、应许之地、流亡者、征伐叛乱和入侵占领。该文本经历了一系列的修订和翻新，一直没有完整版。其中，最近的一个版本可以追溯到17世纪中期。同样，它所涉及的内容基本与《圣经》有关，不仅内容涉及巴别塔，在更抽象的层面，其叙事主题也换用自《旧约》。

“入侵书”是爱尔兰学术界历经几个世纪仔细思考和深刻阐述的最终成果，它是一项重大的学术成就，具有极大的文化权威。相比之下，杰弗里的《不列颠诸王史》是作者个人的作品，我们很难确切地知道他本人对作品的定位。杰弗里对历史叙述的主要资料来源是古典文学和历史学，还包括一些真实可考的布立吞谱系的碎片信息。他用丰富的想象力将这些碎片拼接成一个独立的、悲剧般宏大的叙述。不可否认，他的故事中充满了令人难忘的人物。例如，战士葛温多兰是康林纽斯的女儿，她在战斗中打败了自己的丈夫罗科里努斯，成为第一位不列颠执政女王。还有李尔王的父亲布拉杜德（Bladud），他会运用亡灵巫术，像代达罗斯（Daedalus）一样，用人造翅膀在空中飞行。可喜的是，当代流行文化为我们提供了与《不列颠诸王史》非常相似的内容，奇幻作家乔治·马丁（George R. R. Martin）于2018年在他的《血与火》（*Fire and Blood*）这部作品中描述了坦格利安王朝①，为《权力的游戏》提供了深刻的背景故事。如果数以百万计的现代读者喜欢阅读虚构的中世纪国王和王后的编年史，那么不难想象杰弗里的受众也对他的作品大为热衷。

事实上，《不列颠诸王史》不仅在英国流行，在欧洲也迅速风靡。如今，有200多份手写本存世，而且一经出版，很快从拉丁文翻译成本土语言，其中也包括威尔士语的译本。杰弗里《不列颠诸王史》的威尔士语译本以布鲁图斯本人的名字命名，被称为*Brut*（Brutiau的复数形式），并有数份译本存世。但从一开始，人们就对杰弗里的作品提出了批判。在文本中，杰弗里称他的素材来源于"一本最古老的不列颠语书籍"，这本书是牛津大学的校长沃尔特赠送给他的（不列颠语在此处特指威尔士语）。这种说法缺乏可靠性，因为我们从其他来源了解到的威尔士传统与杰弗里精心编写的伪历史几乎没有任何相似之处。在杰弗里死后约半个世纪，一位来自纽堡（Newburgh）名叫威廉的教士对他的成就进行了尖锐的评价：

> 在我们这个时代，出现了一个特立独行的作家。他为了弥补不列颠人的种种缺陷，编织了一张可笑的虚构网络，凭着无耻的虚荣心颂扬不列颠人，认为他们的德行远在马其顿人（Macedonian）和罗马人之上。这个人名为杰弗里，绰号是"亚瑟王"。他有这个绰号是因为他从不列颠古老的虚构故事中摘取了关于亚瑟王的故事，进行了主观的补充，并用拉丁语对故事进行润色，给虚构的故事披上了华丽的外衣，并称之为历史。

① 坦格利安王朝（Targaryen dynasty）是《权力的游戏》世界架构中最重要的一个部分，是颇具中世纪色彩的虚构历史。——译者注

古不列颠人，《伦敦百科全书》（*Encyclopaedia Londinensis*）第六卷插图，1810

这段话很刺耳，但可能并不准确。尽管杰弗里的《不列颠诸王史》是虚构作品，但仍有许多令人信服之处。没有人否认其中有许多好故事，布鲁图斯的故事就尤其有价值。这个文本很长，除了布鲁图斯的故事外，还包括许多其他故事，不列颠人起源于特洛伊人的想法就是一大亮点。正如我们前文所分析的，这不是杰弗里的独创，但他通过阐述这一观点，将不列颠人与最伟大的拉丁史诗作品《埃涅阿斯纪》中的崇高世界框架联系起来，还解释了罗马人的起源。同样重要的是，杰弗里将不列颠人描述为罗马人的亲属，而不是他们的臣民。威尔士人相信他们是最初的不列颠人，尽管他们不太清楚恺撒遇到的那些身涂菘蓝的部落与大约 400 年后撒克逊人遇到的罗马化的、信奉基督教的不列颠人有很大的不同。他们更愿意抹去这种差异，想象自己一直是罗马人的乡下表亲，认为彼此有着共同的特洛伊人祖先，基于此，他们就可以在平等的基础上看待罗马帝国的权威。这段极富幻想的历史告诉我们，即使不列颠不再是罗马的一个行省，“罗马性”仍然是不列颠人身份的重要组成部分。显而易见，爱尔兰人缺乏与罗马的联系，这就是为什么在他们的“入侵书”中占据重要地位的是希腊人，而不是罗马人。

国家史诗的宏大叙事

蒙茅斯的杰弗里对古历史的记述往好了说可以被称为幻想作品，往坏了说则是谎言和欺诈，但其作品带来了深远悠久的影响。在 14 世纪末，也就是乔叟写作的时代，杰弗里的作品开始流行，人们认同伦敦的前身是“新特洛伊”，因此这两座城市在集体想象中融为一体。这个故事似乎还涉及从东到西的权力迁移，并暗含了新的民族会周期性地从旧世界的灰烬中成长起来的历史模式。这种模式的一个非常著名的例子可见于 14 世纪末英国诗歌《高文爵士与绿衣骑士》的开头，这可以说是不列颠亚瑟王传说系列故事中最动人的一个篇章。这个故事涉及亚瑟王的侄子高文生命中的一个小插曲，但整篇叙述还是围绕不列颠的特洛伊创始先辈展开，从“特洛伊遭遇的围困和攻击结束了，城市被摧毁并烧成灰烬”开始讲起，然后完全按照《法兰克人的民族表》的方式，讲述了来自特洛伊的难民四散欧洲并建立了后来的国家和民族的故事。罗慕路斯（Romulus）建立了罗马，提留斯（Tirius）建立了托斯卡纳（Tuscany），朗格巴德（Langobard）建立了伦巴第（Lombardy），而“远在法国的洪水之上，菲利克斯·布鲁图斯（Felix Brutus）在广阔连绵的山坡上愉快地建立了不列颠”。对写下《高文爵士与绿衣骑士》的无名诗人来说，不列颠历史的核心主题是胜利与灾难的交织以及接踵而至的“幸福与失误”。这种历史观正是来自杰弗里的作品。

尽管杰弗里的作品险些被全盘否定，但 16 世纪和 17 世纪的人发现杰弗里所写的布鲁图斯的故事确有可圈可点之处。正如我们所看到的，一些与杰弗里同时代的人对故事的真实性表示怀疑，意大利历史学家波利多尔・弗吉尔（Polydore Vergil）对此进行了彻底的调查，并在 1534 年以《英格兰史》（*Anglica Historia*）为题出版了一本书。亨利七世了解到王朝的威尔士根源，于是，在他的激励下，自 16 世纪头十年开始，弗吉尔的《英格兰史》系统地拆解了杰弗里的伪历史，此后不列颠人再也无法相信他的虚构编年史。威尔士人则不然，他们一心想要捍卫传统的叙述方式。威尔士人文主义者约翰・普莱斯爵士（Sir John Pryse）用拉丁语写了《为历史上的不列颠辩护》（*Historiae Britannicae Defensio*）一书，这本书旁征博引，篇幅很长，由他的儿子在 1573 年出版。这本书的主要目的就是反驳弗吉尔，并重新确立布鲁图斯故事的历史真实性。

尽管存在争议，杰弗里的叙述仍然很受欢迎，甚至在英国也是如此，它对当时的文学产生了巨大影响。杰弗里作品的大部分内容被《霍林斯赫德的编年史》（*Holinshed' s Chronicles*）吸纳，这是一部于 1577 年首次出版的重要历史合著。这本书在当时成为包括莎士比亚在内的许多作家的灵感来源。在某种程度上，《麦克白》（*Macbeth*）、《辛白林》（*Cymbeline*）和《李尔王》（*King Lear*）的情节都来自《霍林斯赫德的编年史》。值得注意的是，杰弗里的《不列颠诸王史》是《李尔王》可以追溯到的最早资料来源，国王的三个女儿划分国土这一情节的原始模板来自布鲁图斯死后的势力划分。在布鲁图斯的故事中，国土的各个部分以他的三个儿子命名。伊丽莎白一世去世后，即便苏格兰的詹姆斯六世成为英格兰的詹姆斯一世，当初的势力划分也并没有被遗忘。1605 年，在作为市长就职游行的一部分而上演的伦敦庆典中，《大英帝国的胜利》（*The Triumphs of Reunited Britannia*）的作者安东尼·芒迪（Anthony Munday）重点回顾了不列颠久远的历史，他把苏格兰与英格兰以及威尔士的结合说成是恢复该岛原本统一的国家形式，也就是恢复了最古老的、国王布鲁图斯统治下的统一国家。可见，布鲁图斯的传说连同杰弗里的《不列颠诸王史》都有着持久的政治价值。

在 18 世纪，人们希望布鲁图斯的故事能够为新的国家史诗提供主题。像美国建国两个世纪后努力挖掘伟大的美国小说那般，人们竞相创作国家史诗。任何有价值的文化都需要一个宏大的叙事，以总结该国的传奇历史，同时宣扬自己当前的雄心壮志是来自神的旨意。英国已经有了两部国家史诗，但 18 世纪的受众认为这两部史诗都不能令人满意。一部是埃德蒙·斯宾塞（Edmund Spenser）在 16 世纪 90 年代创作的《仙后》（*Faerie Queene*），这部作品与中世纪的浪漫小说十分相似，讲述了形形色色的骑士和高贵的女士，还包括一些女性骑士，但这部作品篇幅冗长、残缺不全。另一部是约翰·弥尔顿（John Milton）于 1667 年创作的《失乐园》（*Paradise Lost*），它讲述了亚当和夏娃的堕落，以及天堂的战争和宇宙的诞生。即使是英国最狂热的爱国主义者也不得不承认，这部作品的立意远远超越了国家层面。

同时，布鲁图斯的传说看起来有望成为一部国家史诗，它讲述了史诗般的远征，还记述了大量的战争。而且最重要的是，它将不列颠原史与罗马的历史联系在一起，也与维吉尔的《埃涅阿斯纪》形成了关联。维吉尔的史诗把诗人荷马创作的《伊利亚特》中的一个小人物埃涅阿斯写入了拉丁文诗篇，将其塑造成了颇具荷马风格的史诗英雄。同样的，虚构的不列颠人物布鲁提亚德（Brutiad）也可以作为埃涅阿斯的孙子被写成英雄。

《李尔王将其王国分配给他的三个女儿》，朱莉娅·玛格丽特·卡梅伦（Julia Margaret Cameron），1872

还有不少作家试图创作史诗，其中最著名的是亚历山大·蒲柏（Alexander Pope），他是英国 18 世纪末举足轻重的诗人。他在职业生涯的早期对杰弗里写下的古老故事并无兴趣，但在卓越地完成了荷马两部作品的翻译之后，他对杰弗里的故事另眼相看。1743 年，他在给一位通讯员的信中说，新的史诗“已经完全计划好了”，我们有一篇散文概要记述了事件发生的过程。

亚历山大·蒲柏画像，老乔纳森·理查森（Jonathan Richardson the Elder），1738

从概要来看，很难让人相信这会成为一部国家史诗。维吉尔的埃涅阿斯有着众所周知的平平无奇的英雄形象，而蒲柏旨在刻画一个结合了完美品行和文明理性的并不受欢迎的角色模板。蒲柏的作品从特洛伊人到达直布罗陀海峡开始讲述（史诗的传统做法是从故事中间开始讲述，然后通过倒叙来回顾之前发生的事情），故事里，布鲁图斯四处漂泊，到达了充满懒惰和安逸的、郁郁葱葱的特内里费岛

（Tenerife），一些特洛伊船员渴望在那里永久定居。

可能铸就史诗的作者所面临的主要问题之一是“神圣体系”的问题。几乎所有的古老史诗都把希腊和罗马眼中的异教诸神作为史诗作品的主要人物。这对一个信奉基督教的诗人来说有悖信仰，但很难找到解决办法。弥尔顿的《失乐园》作为一部神学史诗，其中除了上帝、弥赛亚、亚当和夏娃，所有人物都是天使，没有任何异教神。蒲柏提出的解决方案是尝试融合维吉尔和弥尔顿作品中的史诗特质，这很可能会造就一些怪异的场景，比如天堂里一个长着银色翅膀的“特洛伊天使”乞求基督教的上帝帮助特洛伊人。蒲柏的计划是让这位天使在布鲁图斯和他的同伴奥伦特斯（Orontes）面前做一次浮夸又怪异的亮相。

故事里，布鲁图斯和特洛伊人曾被海浪冲上岸，在苏格兰的约翰奥格罗茨①附近几近淹死。布鲁图斯刚爬上岸，附近的火山就爆发了。当燃烧的熔岩奔流呼啸而至，奥伦特斯惊慌失措地奔跑着，但布鲁图斯气定神闲。然后突然间，特洛伊的天使横空相助，天使用强大的翅膀拍打两下，便熄灭了冲天的大火。

蒲柏的脑海里可能已经有了诗篇的整体轮廓，但他只写了八行，而且是写于他生命的最后一年。下面这些句子是诗的开头：

坚忍不拔的首领，经过漫长的跋涉，到达了
不列颠的海岸，为她古老的子民们
带去了神灵的武器和荣誉
记忆的女儿啊！让我们追忆远古时代
而我，与不列颠的荣耀一起成长

① 约翰奥格罗茨（John o’Groats）是位于大不列颠岛最北端的苏格兰小村庄。——译者注

远离卑微的关怀和悠远的歌声
夺走无瑕海湾的圣山
由大不列颠的诗人，来记录她的美名。

对于一个杰出的诗人来说，这是一些毫无意义的诗行，是标准的仿弥尔顿式的无韵诗。诗人在创作诗篇时似乎产生了一种冷漠和厌烦的感觉，于是将其搁置。我们只能推测个中缘由，蒲柏可能只是因为体力不支，无法推动自己完成作品。但很难不怀疑这些材料可能是二手甚至第三手的，因为即使在杰弗里的文本中，布鲁图斯的故事也缺乏原创性。最糟糕的是，在蒲柏的时代，英国没有人坚定地认为这个故事具有真实性，所以显得毫无意义。

布鲁图斯的故事被列入这本关于凯尔特神话的书中，是因为它是一个被极度珍视的凯尔特起源故事，凯尔特人长期以来都积极讲述着这个故事。但我怀疑它也是本书中唯一一个已经失去生机、走到尽头的故事。它是唯一一个只为了满足好奇心而存在的，而不是可以在21世纪改头换面、推陈出新的故事。这个故事还提出了一个棘手的问题，即如何界定虚构和欺骗。毕竟，所有的神话和传说都是“不真实”的，因为它们并没有真正发生。但布鲁图斯的故事表明，一个传奇故事可以既失实又不可考。当蒲柏放弃创作他的布鲁提亚德时，大英帝国仍在建构本民族的史诗传奇。布鲁图斯故事的全部意义在于把不列颠人描绘成罗马人的表亲，而在今天，许多作家并不会觉得和皇室力量同气连枝是件好事。

不过，在威尔士，布鲁图斯故事的热度并没有那么快消退，而且走向了一个令人唏嘘的方向。威尔士的古典研究者们在博学的约翰·普莱斯的启发下，仍然宣称不列颠人和特洛伊人同源，甚至在蒲柏放下笔的时候也依然相信故事的历史真实性。他们认为，甚至连威尔士语中也潜藏着起源于特洛伊的痕迹。一位渊博的学者认为，“威尔士语”（Cymraeg）这一威尔士词是“古怪的希腊语”（Cam Roeg）

这一说法的变形，意在表明威尔士语正是源自荷马史诗中特洛伊人所说的希腊语。

也许最后一个坚信该起源故事的人是一位威尔士古物学家，名叫西奥菲勒斯·埃文斯（Theophilus Evans，1693—1767）。1740 年，埃文斯出版了他的论文《原始时代的镜子》（*Drych y Prif Oesoedd*）的修订版。该论文的主要目的是证明英国的基督教历史悠久，而且独立于罗马。他在论文中回顾了许多传统的历史，坚称布鲁图斯和其他传统都具有真实性。埃文斯自信满满地认为那是真的，面对任何怀疑者，他都保持其坚不可摧的观点。他说，威尔士有许多古老的手稿记述了原始时代的不列颠，其中一些手稿清楚地讲述了一些故事，这些故事和蒙茅斯的杰弗里在《不列颠诸王史》中所讲述的完全相同。当然，他尤指布鲁提亚（Brutiau）的故事，布鲁提亚是杰弗里文本中对布鲁图斯的早期威尔士语译法。埃文斯被宗教的虔诚和民族主义的热情点燃了，他说这些手稿显然是杰弗里的创作素材，也正是杰弗里从牛津大学校长沃尔特那里获得的那本神秘的“最古老的不列颠语书籍”的副本。在杰弗里死后 6 个世纪，他编造神话故事的强大能力又欺骗了其他人，但至少埃文斯可能是最后一个受害者。

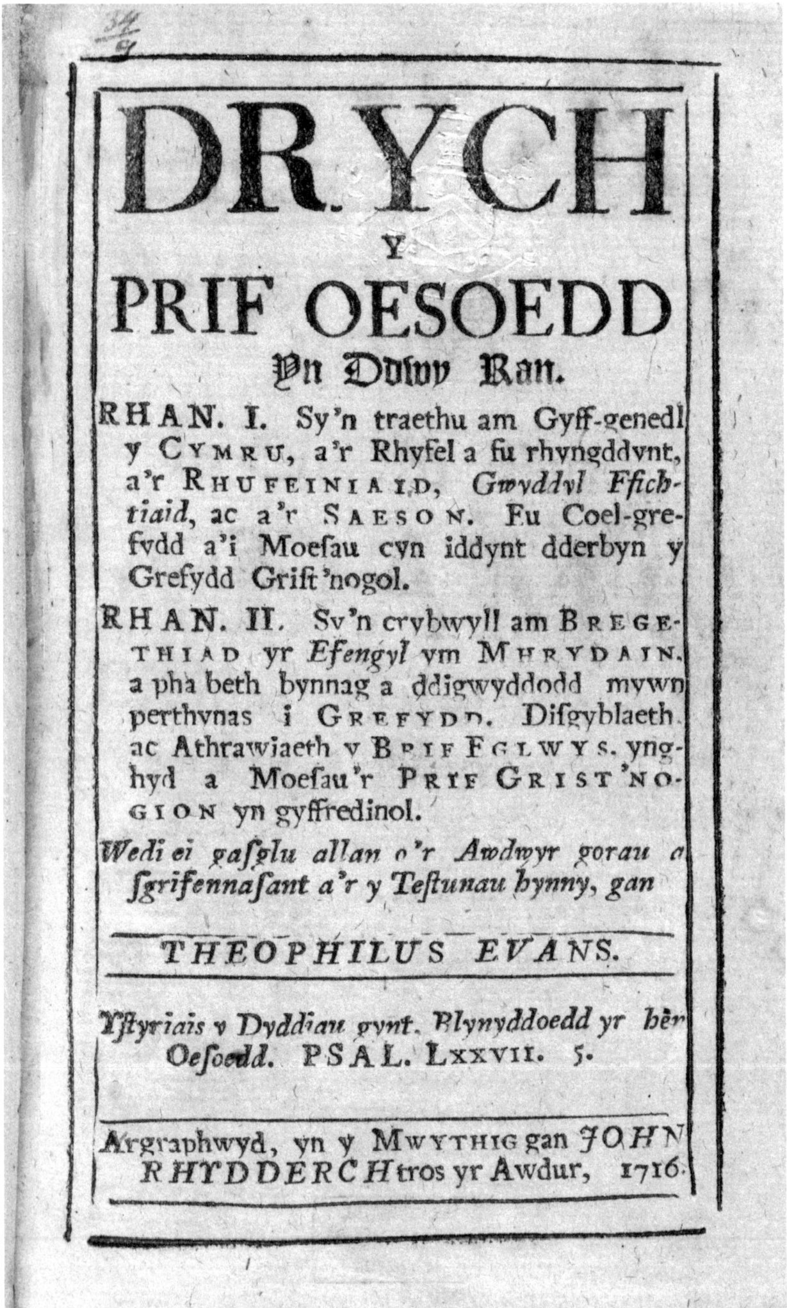

DRYCH Y PRIF OESOEDD
Yn Ddwy Ran.
RHAN. I. Sy'n traethu am Gyff-genedl y CYMRU, a'r Rhyfel a fu rhyngddynt, a'r RHUFEINIAID, *Gwyddyl Ffichtiaid*, ac a'r SAESON. Fu Coel-grefydd a'i Moeſau cyn iddynt dderbyn y Grefydd Griſt'nogol.
RHAN. II. Sy'n crybwyll am BREGETHIAD yr *Efengyl* ym MHRYDAIN, a pha beth bynnag a ddigwyddodd mywn perthynas i GREFYDD. Diſgyblaeth ac Athrawiaeth y BRIF EGLWYS, ynghyd a Moeſau'r PRIF GRIST'NOGION yn gyffredinol.
Wedi ei gaſglu allan o'r Awdwyr gorau a ſgrifennaſant a'r y Teſtunau hynny, gan
THEOPHILUS EVANS.
Yſtyriais y Dyddiau gynt, Blynyddoedd yr hên Oeſoedd. PSAL. LXXVII. 5.
Argraphwyd, yn y MWYTHIG gan JOHN RHYDDERCH tros yr Awdur, 1716.

《原始时代的镜子》扉页（西奥菲勒斯·埃文斯，1716）

第5章

布兰温的悲剧

女性形象与牺牲精神的现代解读

在布兰温的故事中，精神错乱一般的愤怒、施虐倾向和政治上的短视相互作用，造成了残酷的结果。这也是一个关于国家身份认同的故事，讲述了不列颠与欧洲大陆，最重要的是与爱尔兰之间的关系。归根结底，这是不列颠后裔作为个人、家庭和国家更愿意深埋于历史，却又不可避免地反复提及的一个故事。

“自从我降生，就注定悲哀。两个岛屿本来安然无事，却因为我而覆灭了！”她深深地叹了一口气，心碎神伤。人们为她建造了一个四面围立的坟墓，她被埋葬在那里，就在阿劳河畔。

第5章
布兰温的悲剧　女性形象与牺牲精神的现代解读

从安格尔西（Anglesey）的兰代桑特（Llanddeusant）向东走大约1.6千米，沿着阿劳（Alaw）河岸，你会发现一个低矮的土丘安置在农民的田里。土丘中凸起的是一块从中间裂开的岩石。考古学告诉我们，这是34个世纪前建造的青铜时代墓穴的全部遗迹，这个墓穴在威尔士传统中被称为“布兰温的坟墓”。但是布兰温是谁呢?

布兰温最后的安息之地再平静不过了，但她的故事黑暗无比又极其残酷，容易给人留下深刻的印象。里尔的女儿布兰温是威尔士传说中最可怜的人物。她是一个无辜受害的不列颠公主，被她的爱尔兰丈夫虐待，她设法自救却亲眼见到自己有一半爱尔兰血统的小儿子被活活烧死。她的故事构成了《马比诺吉昂》第二分支的内容。《马比诺吉昂》是伟大的中世纪威尔士散文故事，可以追溯到1100年左右。对布兰温之墓的描述实际上处于故事的高潮部分，当时她被亲眷从爱尔兰带回“强者之岛”不列颠，她哀痛欲绝地倒在了阿劳河边。在那里，她说出了临终之言，她也因为自责不已而痛不欲生。以下是故事的片段：

> 他们在河边坐下来休息。布兰温遥望着爱尔兰，又望向强者之岛，望着她生前最后的景象。“唉，神的儿子啊！”她说，“自从我降生，就注定悲哀。两个岛屿本来安然无事，却因为我而覆灭了！”她深深地叹了一口气，心碎神伤。人

们为她建造了一个四面围立的坟墓，她被埋葬在那里，就在阿劳河畔。

在 12 世纪初《马比诺吉昂》第二分支面世之前，人们似乎已经默认这个青铜时代的土丘是布兰温的安息之地，所以这可能不是作者的独创。不过，由于这个坟墓从未是“四面围立的”，所以作者似乎并不了解这个地点的第一手资料。布兰温之墓的故事提醒我们，这些威尔士故事不像童话那样可以在不同国家和语言之间传播，而是被编织进了特定的当地风貌之中。

布兰温的坟墓
（威尔士安格尔西）

《布兰温》(克里斯托弗·威廉姆斯，1915)

作者显然很了解各地的传说，其作品的四个分支略有不同，但似乎都在一定程度上符合威尔士本土口述故事的风格。

凯尔特人的定义和特征

本书关注的是凯尔特神话，但重要的是在公元前13世纪将死者的骨灰埋葬于布兰温坟墓的并不是凯尔特人。“凯尔特人”(Celt)现在被认为是一个有点不可靠的术语，这个词的大多数流行用法都不被专业学者所认可，但我们必须暂时坚持这一术语。史前学家普遍认为"凯尔特人"在公元前 1 000 年到达不列颠群岛，但他们对实际发生的事件仍有争议，比如，是否有大规模的人口流动，以及他们是否引进了精英文化和语言。条理分明的语言学家指出，"凯尔特的"或"凯尔特人的"（Celtic）只是一个标签，专指承袭了印欧语系某一分支的一组相关语言，除此之外没有什么意义。所以可以认为有一个群体使用或者曾使用凯尔特语，但不能断定这个群体是凯尔特人。再看拉丁美洲，在那里，你可以找到数以百万计以西班牙语（源自拉丁语，属罗曼语系）为母语的人，但这些人是土著人或非洲人的后裔。所以，说西班牙语并不意味着他们是西班牙人，更不是罗马人。

直到 18 世纪，人们才开始广泛地给威尔士人和爱尔兰人贴上标签，并使用希腊和罗马作家的术语描述他们，这些术语在古典时期用于描述北欧人。"凯尔特人"首先被用来标记一部分高卢人，就是那些土地被罗马帝国占领的"野蛮人"，他们的文化鲜明地表现出对罗马权威的抵抗。随后，"凯尔特人的"这个标签成了一块投射幻想的画布：到 18 世纪末，这个古老的术语被重新启用，并开始极具概括性地用于描绘本地爱尔兰人、苏格兰高地的盖尔人、威尔士人和康沃尔人。以上这些民族呈现出反对集权和帝国势力扩张的鲜明特质，只是到后来，帝国势力从罗马变为讲英语的不列颠。

国际浪漫主义运动很快就认同了凯尔特人这一族群，从字面上理解这一术语并给出了进一步的阐释。19 世纪的浪漫主义爱好者认为，"凯尔特人的"的标签不仅确定了一组讲相关语言的民族，还确定了几个世纪流传下来的共同族群特征，这些特征最早可以追溯到被罗马压迫的高卢人。关于此，最有影响力的两个声音来自法国哲学家欧内斯特·勒南（Ernest Renan，1823—1892）和英国诗人马修·阿诺德（Matthew Arnold，1822—1888），他们将凯尔特人的特征定义为流散性和女性化，认为他们与自然和精神世界有着内在的联系，对事物有着强烈的感受，但不善于自我管理。事实上，从政治上讲，他们认为凯尔特人是英勇的落败方，注定要在与帝国权威的斗争中失败，而凯尔特人对风景、审美和诗歌的本土感受永远无法被纳入帝国文化体系。令人惊讶的是，凯尔特国家的民族主义者接受了这一颇具袒护意味的观点，部分原因是这种观点有助于强调凯尔特国家的独特性，因为他们的文化处于不列颠主流文化的边缘，与伦敦以英语为中心的国家权力形成了对立。这种想法自然地流传开来，人们认为凯尔特民族之间的友好纽带是完全自然的，应该加以培养。根据这种思维方式，人们会认为威尔士人和爱尔兰人之间的共同点应该比二者与英国人之间的共同点多。这就是浪漫的泛凯尔特主义现象，这种现象广泛出现在凯尔特思潮流经的地方，从凯尔特民族的旅游局到新世纪小饰品商店再到电影和电视作品，可以说无处不在。2020 年有一部电视连续剧《天命之咒》(*Cursed*)，讲述了亚瑟王传说的前传。在该剧所聚焦的湖中仙女的情节中，威尔士传说中的神剑发出了早期爱尔兰语“Ogam”字母的光芒，这些字母以最为原始的形式呈现。可见，流行的泛凯尔特主义坚持塑造所有凯尔特元素都具有共通性、没有本质区别的印象。

因此，当我们发现中世纪的威尔士人和爱尔兰人丝毫没有意识到他们都是凯尔特民族时，会感到非常惊讶。毕竟他们在种族或语言上没有任何共同之处，即使在中世纪早期，威尔士语和爱尔兰语也完全无法建立交流，而且这两个民族最权威的起源传说也没有将他们联系在一起。正如我们在之前章节所说，中世纪爱尔兰人中的知识阶层认为他们最早的祖先是来自东方的斯基泰人（Scythia）；而威尔士人则认为他们的祖先不列颠人是特洛伊难民的后代，因此与罗马人有密切的表亲关系。对于那些坚持把讲凯尔特语的民族混为一谈的人来说，里尔的女儿布兰温的故事成为一个强有力的反对之声，这是威尔士传统中有关爱尔兰人的至关重要的故事，故事里的威尔士和爱尔兰在一场灾难性的种族灭绝战争中互相残害、界限分明。

悲剧性的和平编织者布兰温

布兰温的故事有丰富的细节，为了故事主题的连贯性，需要先概述一下情节。故事是这样的，不列颠群岛的统治者是巨人本迪盖夫兰（Bendigeidfran），其名字的含义是“蒙福的布兰”，他是里尔的儿子。在故事的开头，他和随从坐在威尔士北部哈莱奇（Harlech）的岩石上，俯瞰着爱尔兰海，和他一起的是他的兄弟，即里尔的另一个儿子马南唯登，还有他们同父异母的兄弟尼希恩（Nisien）和埃夫尼希恩（Efnisien）。尼希恩致力于缔造和平，而埃夫尼希恩则不同，故事里阴森森地警告，他是个挑起争端的人。

有 13 艘船从爱尔兰驶来，那是爱尔兰国王马索鲁赫（Matholwch）的船队。马索鲁赫前来向布兰美丽的妹妹布兰温求亲以促成两个岛屿之间的联合。经同意，两人结婚了。但是这门婚事并没有征求埃夫尼希恩的意见，这个爱挑事的同父异母兄弟后来才知晓布兰温的婚事。他在马厩里发现了马索鲁赫的马匹，于是一怒之下将马匹残害得体无完肤，割掉了它们的眼皮、尾巴和嘴唇。对此，评论家很难搞清楚确切的原因。

爱尔兰国王对此感到愤怒和不解，他不明白为什么不列颠人要把捧在手心里的公主嫁给他做妻子，然后又用这种方式侮辱他。马索鲁赫正要离开之时，布兰设法把他叫回来并给了他一些补偿。当马索鲁赫仍然闷闷不乐时，布兰又给了他一个巨大的宝物，一个神奇的坩埚，这个坩埚本就来自马索鲁赫的家乡爱尔兰。这个宝物有着复活死者的魔力，如果今天把一个死去的战士放进去，明天他就会活过来，只是失去说话的能力。在晚餐时，人们发现马索鲁赫对坩埚早有了解，他还告诉布兰坩埚的渊源。马索鲁赫说，有一天他在打猎，看到一个巨人和他更巨大的妻子从湖里走出来，这显然是通往异世界的入口。

《重生的坩埚》（The Cauldron of Rebirth，艾伦·李，1982）

巨人夫妇的名字是莱萨·莱斯格奈韦德（Llasar Llaes Gyfnewid）和科米黛·科缅沃丝（Cymidei Cymeinfoll）。莱萨背上背着魔法坩埚，而科米黛有一种惊人的能力，每过 6 个星期她就会生下一个全副武装的战士。由此，他们开始在爱尔兰大量繁衍后代，而马索鲁赫不知道如何管理，于是试图消灭这两个巨人及其后代。他让人建了一座铁屋，把他们请进屋里，再把他们灌醉，然后让人在屋里堆上煤并持续加热，直到铁屋燃起熊熊火焰。

莱萨醒来后意识到被困在一个大炉子里，他冲向墙壁，用肩膀冲破了它。终于，莱萨和妻子逃出了铁屋，也逃出了爱尔兰。布兰此时接着讲述了这个故事：莱萨和他的族人来到了不列颠，布兰妥善地安置了他们，让他们投入社会生产，变成了有用的公民。

坩埚的馈赠在一定程度上安抚了马索鲁赫，他和布兰温一起回到了爱尔兰。第一年，一切都很顺利，布兰温也成为饱受赞赏的王后。后来，她怀孕了，并生下了马索鲁赫的儿子格沃恩（Gwern），但是，一些非议之声开始在爱尔兰人群体里发酵，人们又重新提起马匹被迫害的事。面对公众的不满，马索鲁赫被迫放弃庇护王后。布兰温被派往厨房工作，每天屠夫在剁完肉后都要给她一记耳光。

《布兰温和椋鸟》（Branwen and the Starling，艾伦·李，1982）

布兰温养了一只椋鸟，它栖息在布兰温的揉面槽边上。布兰温教它听懂人话，并向鸟儿描述哥哥们的模样。她在鸟儿的翅膀下绑了一封信，让它飞越海洋把信送到不列颠。

布兰正在参加一个集会，忽然一只椋鸟落在他的肩上。读完信后，他知道了妹妹的困境，于是为救出妹妹，他召集军队入侵爱尔兰。讲故事的人告诉我们，当时的爱尔兰海比较浅，所以布兰可以涉水渡海。这是一个极具冲击感的画面：身形巨大的国王在海浪中大步流星，乐师们在他肩上助阵，强悍的无敌舰队跟随在他身后。

军队在利农（Llinon）河口登陆。不列颠船只无法航行过河，因为河里有诡异的干扰航行的磁石，所以布兰在岸边躺下，用自己巨大的身体做桥，让他的部队在他的背上行进。他说："想成为首领的人，就应当成为一座桥。"

爱尔兰人提议讲和，讲和的条款包括废黜马索鲁赫，并且将爱尔兰的王权移交给他与布兰温所生的有一半不列颠血统的幼子格沃恩。爱尔兰人还建造了一座足够大的房子来招待布兰。据说布兰因为身形巨大，以前从来没有住过房子，爱尔兰人希望以房子取悦布兰。但狡猾的爱尔兰人策划了一场伏击，他们在房子里的柱子上挂了一百个袋子，声称里面装的是面粉，但实际上是武装的战士。这时，埃夫尼希恩再次出现，他走过房子，露出"凶狠、愤怒的目光"，他怀疑这是一场骗局，于是将一百个战士的头压碎在袋子里。此处也许是一个令人不适的情节，他感觉到脑浆在他的指间流淌。马索鲁赫被赶下了王座，爱尔兰的统治权交给了刚学会走路的格沃恩。在宴会上，一切似乎都很顺利，直到埃夫尼希恩突然毫无征兆地抱起格沃恩，把他扔进火中。布兰温想跳进火里救起她的儿子，但布兰把她拉住了，战争也就此爆发。爱尔兰人的优势在于他们可以利用重生之炉使死者复活，意识到这一事实，埃夫尼希恩悄悄潜入遍布爱尔兰人尸体的坩埚中，伸手将坩埚打爆，坩埚爆裂的同时，埃夫尼希恩也因心脏破裂而死。

古德斯特拉普坩埚（The Gundestrup Cauldron，约公元前 150 年—公元 1 年）

只有七个人在这场冲突中幸存下来，其中包括马南唯登、布兰和布兰温的弟弟，还有塔列辛。爱尔兰人几乎被全数歼灭。布兰自己也被毒矛刺伤了脚，他命令手下砍下自己的头并把它送回不列颠。幸存者身心困顿地回到了家乡，在安格尔西岛登陆。经历了一连串不幸的事件，布兰温自责不已，心碎而死，此处呼应了本章开头的叙述。在接下来的七年里，这七个幸存者一直待在哈莱奇，布兰神秘的、还保留着生命特征的头颅在那里继续发挥作用。后来，他们搬到了葛沃斯（Gwales），葛沃斯通常被认为是威尔士西南部的格拉斯霍姆岛（Grassholm），在那里，他们又生活了 80 年，仿佛处于另一个世界一般过着宁静喜悦的生活。

《埃夫尼希恩》
托马斯·普拉瑟克（Thomas Prytherch），1910

在此期间，有三只神秘的“莉安侬（Rhiannon）的鸟”从海上飞来朝着他们唱歌。最终，其中一个幸存者，格沃恩的儿子海林（Heilyn），打开了面向康沃尔的大厅的门，于是所有幸存者又陷入了悲伤。按照指示，他们把布兰的头颅带到了伦敦的 Gwynfryn，即“白山”（White Hill），通常被认为是现在伦敦塔所在的位置。在那里，他们把布兰的头颅朝向法国埋葬，形成了一种防止入侵的魔法保护。除了五个躲在山洞里的孕妇，爱尔兰人几乎完全败亡。等到孕妇的孩子们长大，她们与彼此的儿子又生下孩子，于是爱尔兰的人口又慢慢地增长起来。

生与死的交融

这个故事是《马比诺吉昂》第二分支的内容，我们需要了解这个故事在四个分支内容中的位置，以及这个故事对整体情节的作用。最重要的一点是，在第二分支内容中出现了一个新的家族，即里尔王室。在现代威尔士语中，里尔这个词 Llŷr 有一个重音符号。

里尔这个名字与我们熟知的爱尔兰人李尔（Lir）的名字属于同一词源，一些读者可能听说过李尔是三个孩子的父亲，而孩子们被充满嫉妒的继母变成了天鹅。里尔和李尔都是“海洋”的意思，一个多世纪前，有观点认为在爱尔兰和威尔士的故事背后一定有一些失落的凯尔特神话，这些神话讲述了有关海神之子的故事，浪漫主义学者也都在这个观点的指导下进行研究。这说明浪漫主义时期，人们对中世纪凯尔特文学的理解已经发生了变化，而这种观念在现在被认为是不可信的。就有关海神之子的故事来看，爱尔兰和威尔士的传统很不一样，而且更有可能的是，二者的相似性是源自中世纪早期爱尔兰和威尔士的基督教学术团体之间的接触，对此可以找到可靠的历史证据。读者可能还想知道，爱尔兰的李尔、威尔士的里尔和莎士比亚的李尔王之间是否有什么联系，毕竟李尔王的孩子和里尔的孩子一样，有着广为人知的悲惨结局。如果简单地解释，那么这个名字可能是 12 世纪上半叶蒙茅斯的杰弗里从威尔士族谱中借用的，而李尔和他的三个女儿的故事正是在他的作品中首次出现，通过一些中间媒介，这个故事传播到了莎士比亚那里，但威尔士或爱尔兰的故事与杰弗里讲述的故事之间似乎没有特殊的联系。

里尔家族中最令人难忘的家族成员是蒙福的布兰（威尔士语写作 Bendigeidfran）。他名字的前半部分与英语 Benedict 一词同音，两个名字都来自拉丁文中的“赞美诗”（benedictus）一词。而布兰这个名字里也有“渡鸦”或“乌鸦”的含义，在现代威尔士语中，这个词也有一个重音符号，写作 Brân。故事中并没有明确说明为什么布兰被认为是“蒙福的”。到了 18 世纪，对于这个名字背后的传统已经有了相关解释，人们认为是布兰将基督教引入英国。故事中有一个奇怪之处，布兰是一个巨人，但是他的兄弟姐妹和同胞们显然都是正常身形，而没有人对这种差异作出解释。布兰的身形有三次支撑起主要的情节设定。正如前文所说，首先，他能够涉水渡过爱尔兰海（尽管故事里说当时的爱尔兰海比较狭窄）；随后，当他的部队需要渡河时，他因为身形足够巨大，甚至可以躺下作桥，以便行军；最后，当爱尔兰人决定通过建造一座足以容纳他的房子来讨好他以求和时，正是考虑到从未有房子能装得下他。

布兰的身形让人倍感意外，因为他是一个完全正面的人物，而威尔士传统中的巨人通常不是这样的。我们已经见过一个例子，就是斯帕代德恩，那位“巨人首领”，在《凯尔维奇如何赢得欧文》中，他是一个邪恶的人物，描写他的痛苦主要是方便叙述者制造乐子。相比之下，布兰是个谨慎的人，性格始终如一，必要时当然会发怒，但也会自我牺牲和保护民众，甚至在死后，他埋在地下的头颅筑起了魔法屏障，让敌人远离不列颠的海岸。

在故事的开头，我们被告知布兰“被封为这个岛屿的国王，并被授予伦敦的王冠”，换句话说，布兰是整个不列颠的统治者。故事一直使用一个罕见的、宏伟的名字称呼不列颠，那就是“强者之岛”。这个称呼是为了在不列颠人即将遭受灾难时强调他们的尊严和力量，这会使故事中的大灾难更显悲壮。另外，这个名字也带来一种古老的神话气息。重要的是，《马比诺吉昂》四个分支的故事背景都是不列颠群岛，故事设定不仅早于诺曼人和撒克逊人，也早于罗马人。在故事的第二分支中，这个想象中的古不列颠被赋予了古罗马的形象，其首都在伦敦。威尔士人从未忘记他们的祖先曾经拥有整个岛屿，几个世纪以来，他们一直抱着幻想，缅怀失去的“旧北境”地区（yr Hen Ogledd）。事实上，正如我们看到的，我们拥有的一些最古老的威尔士语文学作品写于现在的苏格兰南部。这种饱含失落感和怀旧感的内容融入了威尔士政治预言体裁的作品中，宣扬有一天不列颠人将崛起并驱逐可憎的盎格鲁－撒克逊人。对于现代读者来说，这是一个令人大开眼界的视角，因为它将英格兰人视为外来的篡夺者和移民者。一首令人难忘的10世纪的诗歌欣喜地设想了英格兰人尸横遍野的画面，除了威尔士边境到萨尼特岛（the Isle of Thanet），到处都是死去的人。

然而在这一点上，我们的故事有一些奇怪之处。作者将自己所处的现实嫁接到了这个想象中的过去。尽管布兰在伦敦被授予了王冠，但他实际上并不在伦敦，而是在岛屿的西部边缘，也就是威尔士北部的哈莱奇。在这部作品的四个分支中，没有任何一个人曾冒险走到过比赫里福德更东边的地方，那里是一个在威尔士人的祖先布立吞人控制下的统一岛屿，但它在某种程度上超出了作者的认知范围，所以作品并未对此进行详细刻画。

布兰的贵族气质和魅力凸显了故事第二分支所涉及的一个主要问题：什么样的人是一个好国王？所有四个分支的内容在某种程度上都可以被看作是“王子的镜子”，这也是中世纪作品中一种常见的主题，国王的行为模式往往被看作是值得效仿的榜样或是需要规避的噩兆。

书中不断地将布兰与狡猾的爱尔兰国王马索鲁赫进行对比。在这个故事中，两位国王都经常“进入议会”，听取“议员们”的意见并接受建议。布兰听取意见，但他会做出自己的决定，他的权威受到尊重，不受质疑。当他同父异母的兄弟、神经质的埃夫尼希恩残害了马索鲁赫的马匹，布兰对马索鲁赫给予了无比慷慨且诚挚的补偿，并且坦诚地向爱尔兰国王解释，无论他多么痛恨埃夫尼希恩的怪异行径，也不能因此就处决自己的兄弟。布兰说到做到，言出必行。

布兰是一个高度敏感的人，在马索鲁赫收获了金银财宝并得到了将补偿损失的马匹的承诺后，布兰注意到这位已经成为自己妹夫的爱尔兰国王仍然郁郁寡欢：

> 马索鲁赫和布兰开始交谈。在布兰和马索鲁赫的谈话中，布兰观察到对方无精打采，然而记忆中他以前总是精神抖擞的。对于他忧郁的根源，布兰的推论是马索鲁赫可能认为对于自己遭受的损失，布兰给出的赔偿太少了。“我的好伙计，”布兰说，“今晚你不像前几晚那么好相处。如果原因是赔偿金对你来说太少了，我会依你所愿给出更多赔偿，明天我会给你更多马匹。”
>
> “主啊，”马索鲁赫说，“愿上帝报答你。”
>
> “我将进一步补偿你，”布兰说，“我会给你一个坩埚，这个坩埚有神奇的力量。如果有一个人今天被杀，那就把他放入坩埚，到明天他就会愈合如初，只是他再也没有说话的能力。”马索鲁赫喜出望外，大为感谢。

当然，布兰的慷慨带来了致命的后果，他为爱尔兰人送去了战力上的优势，在故事的后期两个民族之间爆发战争时，爱尔兰人充分地利用了这种优势。

马索鲁赫在各方面都与布兰形成了对比。他就是乔治·马丁[①]所说的懦夫，胆小怕事、爱发牢骚，任由参谋们摆布。和布兰相比，他永远都在随波逐流，由他的顾问团决定他的政治政策和行动，而这些行动总是带来灾难。他不仅听任参谋摆布，还盲从民众的意见，这些都清楚地表明他是一个软弱的国王，可以轻易被他的人民左右，甚至他在妻子的问题上也是如此：

> 在娶妻第二年，爱尔兰出现了风言风语，说马索鲁赫在威尔士受到了羞辱，还风传着威尔士人对他的马匹所做出的可怖的事情。

① 乔治·马丁是前文提到过的仿中世纪背景玄幻巨著《血与火》的作者。——译者注

他默许布兰温被罚去厨房，这毫无道理可言。一个触目惊心的细节是，屠夫每次“在剁完肉后”都要给布兰温一记耳光，大概是为了让他手上的血沾污她的脸。这个情节显然是用被虐待的布兰温呼应被她同父异母的哥哥割下耳朵和嘴唇的马。

这个故事还提出了另一个掷地有声的观点，即愿意为他的人民牺牲自己的福祉的人才是一个好国王。布兰曾两次践行这一准则。第一次，他躺在爱尔兰海上，让他的军队在自己的背上踏过。第二次，他受了致命伤，命令部下砍下他的头颅并带回去。他的头颅将继续活着，其话语将安抚他们，直到他们把它埋于伦敦，而头颅本身也将继续守护子民，成为一个辟邪之物。头颅被埋在白山下，面朝法国，它将抵御来自海上的“侵略者”。这两段国王自我牺牲的情节中有一段发人深思的内容。正如我们前文所说，布兰准备躺在爱尔兰海上时，他说出了那句令人难忘的台词：“想成为首领的人，就应当成为一座桥。”作者告诉我们，这句话后来成了一句谚语。“首领”（chief）这个词在中世纪威尔士语中写作 penn，其字面意思是“头”。这或许暗合了整个故事：我们高贵的巨人、强者之岛的国王，在故事开始时是一个首领，后来变成一座桥，最后变成一个会说话的断头。

在神秘和魔力以及异常的气氛中，布兰并没有立即死去。相比之下，马索鲁赫自此在故事中销声匿迹，十分可悲。后来，马索鲁赫的国家被入侵，这显然是他懦弱行为的直接结果，他意识到大难临头，于是放弃了王位，并试图确保自己的安全。下面是他给布兰的话：

> 马索鲁赫要把爱尔兰的王权交给儿子格沃恩，他是你的侄子、你妹妹的儿子，他将在你面前被授予王位，以弥补对布兰温的错误和伤害。选一个你喜欢的地方吧，为王权交接做准备，可以在这里，也可以在强者之岛。

很明显，马索鲁赫是一个让我们感到厌恶的人物，这种厌恶延伸到了所有爱尔兰人身上，所以故事将所有爱尔兰人都描述为奸诈和充满怨恨的人。请再次注意，此时的文本尚未形成任何“凯尔特人”的身份意识。

我们将继续讲述里尔家族，聚焦于布兰的兄弟马南唯登。他也是个谨慎且始终如一的角色。一首早期的威尔士诗歌将他与亚瑟王联系在一起，诗中指出，“他的建议很有深度”。马南唯登在威尔士攻打爱尔兰的灾难性远征中幸存下来，成为《马比诺吉昂》第三分支的主角，这部分的描述极具民间故事色彩。故事中，他灵活地避开了不必要的英雄主义，并设法走向了一个快乐的结局。马南唯登的名字是个难题，它似乎一定程度上借用了李尔之子、爱尔兰海神玛诺南（Manannán）的名字。但马南唯登不是一个神祇，在我们流传下来的任何威尔士文本中，马南唯登都与海没有关系。有资料显示，玛诺南在 700 年左右的一个美妙的爱尔兰故事中出现了。在这个故事中，他出现在一个叫布兰的人类渡海者的面前。有人认为这个故事的某个版本在 9 世纪或 10 世纪传到了威尔士，在那里，故事的一些主题找到了适宜生长的文化土壤，经过很大的改变之后变成了《马比诺吉昂》第二分支的内容。毕竟，威尔士的布兰也是一位渡海者。

但是布兰的妹妹布兰温如何了呢？她因被动懦弱饱受指责，作为女主角，她在以她名字命名的故事中处于边缘地位。事实上，第二分支之所以被称为《里尔之女布兰温》，是因为在 19 世纪中期，首次翻译四个分支书稿的夏洛特・盖斯特女士（Charlotte Guest，1812—1895）认为应该如此命名。这些故事在中世纪的手稿中没有标题，其中四分之三的故事以一个统一的格式开启叙述，叙述通常会介绍一个男性统治者和他所统治的领土，因此故事第二分支最新的编辑伊恩・休斯（Ian Hughes）选择将故事重新命名为《里尔之子蒙福的布兰》（*Bendigeidfran Son of Llyr*）。

当然，布兰温并不像莉安侬那样引人注目，莉安侬聪慧又尊贵，是故事第一分支的女主人公，也是第三分支的重要角色。布兰温没有布洛德韦德（Blodeuwedd）那样令人扼腕，也不像阿丽安萝德（Aranrhod）那样拥有强大的魔力以及锐意满满的傲气（这两个角色出现在故事第四分支）。然而，布兰温被描述为这个岛屿的“三大女祖先之一”，这一点很奇怪，因为布兰温唯一的儿子从小就在她面前被杀害。所以，布兰温的故事比人们看到的要更复杂。

凯尔特学者安德鲁·韦尔什（Andrew Welsh）建议，如果我们把布兰温看作一个“悲剧性的和平编织者”，一位来自人们更耳熟能详的早期日耳曼文学而不是凯尔特文学的女性角色，那么布兰温的形象就会变得更加清晰明了。在日耳曼文学的情节中，往往有一个部落或民族与另一个群体陷入痛苦的、长期的敌对状态。两个民族（部落）达成了初步的和解，为了维系和平，其中一个民族的贵族女子就会嫁给另一个民族的首领。

利马瓦迪（Limavady）比内韦纳山（Binevenagh）上海神玛诺南·麦克李尔（Manannán Mac Lir）的雕像，约翰·达伦·萨顿（John Darren Sutton）

“和平编织者”怀孕，这就像在自己的身体里将两种血脉编织在一起。她所生的孩子将属于两个民族，因此复仇和屠杀的循环可以被打破了。当然，这美好的愿景从未实现。日耳曼人编织和平的故事之所以具有悲剧性，是因为仇杀的火焰会不可避免地再次爆发，伤心的女人将被迫见证她的血亲、姻亲和后代的死亡。古英语诗歌《贝奥武甫》(*Beowulf*）中有两个令人难忘的例子，也就是希尔德布尔（Hildeburh）和弗拉瓦鲁（Freawaru）的故事。在许多方面，这种故事模式与威尔士传说中的布兰温十分相似。当爱尔兰和强者之岛之间似乎已经建立和平，突然暴发的灾难和残酷的暴行给人强烈的冲击。后来，马索鲁赫被免去了爱尔兰国王的职位，爱尔兰的王位被赋予布兰温和马索鲁赫的儿子格沃恩（顺便一提，格沃恩的名字有着“桤木树”的意思）。在庆祝和平的宴会上，小格沃恩蹒跚着从一个亲戚走向另一个亲戚，画面充满了孩童的天真。但一开始，他并没有去看他母亲同父异母的兄弟，那位心性残忍、不可预知的埃夫尼希恩：

> 和平建立之后，布兰把格沃恩叫到他身边。离开了布兰之后，格沃恩来到了马南唯登身边，每个人都看出马南唯登非常喜爱他。爱罗绥思（Euroswydd）的儿子尼希恩在此之后把男孩叫过来，于是男孩亲切地走到尼希恩身边。
>
> “为什么？”埃夫尼希恩问，“我的外甥，我妹妹的儿子，为什么不来找我呢？即使他还不是爱尔兰的国王，我也想向这个男孩表示我的喜爱。”
>
> “好孩子，让他去吧！”布兰说道。于是，男孩很高兴地去找埃夫尼希恩。“我向上帝忏悔，”埃夫尼希恩心想，“我将要做的事是在场任何一个人闻所未闻的暴行。”他站起来，抓住男孩的脚，没有一丝犹豫，将男孩猛地扔进火里，在场没有任何人能抓住他。当布兰温看到自己的儿子被烈焰灼烧时，她正坐在两兄弟中间。她试图跳进火中，但布兰一只手抓住她，另一只手握紧盾牌。然后，宴会现场的一切都乱套了。

把这个故事看作是日耳曼模式也有一定的问题。在日耳曼人编织和平的故事中，联姻通常发生在两个民族之间长期敌对之后，但在《马比诺吉昂》第二分支的初始，完全没有给出威尔兰和爱尔兰会发生冲突的伏笔。马索鲁赫之所以向布兰温求婚，是抱着两个岛屿之间能够相互提供政治支持的意图。所以按照日耳曼的故事模式，故事第二分支的事件顺序并不合理。

凯尔特文学，尤其是《马比诺吉昂》这部作品，对于初次阅读的人来说可能显得相当漫无边际。就像文本中的句子往往用“然后”这一连接词串联在一起一样，叙事中的事件也是一个接一个。故事没有人们所期望的小说或电视连续剧那样的逻辑结构。但这个印象并不正确，《马比诺吉昂》每个分支的不同情节都是通过故事主题和情节变化的微妙构思连接起来的，用交织着相似性和冲突性的故事模式表达讽喻。而在第二分支中，布兰温本人处于这一模式的中心。之所以把布兰温看作“悲剧性的和平编织者”，是因为她的悲剧正是两个岛屿之间和平崩坏的具象化呈现。同样值得注意的是，神秘的重生坩埚，这个在威尔士传统中从未提及的物品，作为布兰温的一种化身，与布兰温形成了巧妙的对比和联系。坩埚也在两个岛屿之间辗转，只是与布兰温的路径完全相反。布兰温从威尔士到爱尔兰再回到威尔士，而坩埚则从爱尔兰到威尔士再回到爱尔兰。两者的故事最后都在起点处终结，这也反映了故事第二分支的主旨，即两个岛屿未能缔结联盟，缔结联盟则是马索鲁赫当初航行前往威尔士的原因。布兰温和坩埚也通过更微妙的言语呼应联系在一起：当埃夫尼希恩潜入坩埚时，他将坩埚砸成了四块，而后心脏破裂而死；不久之后，当布兰温想到两个岛屿走向了毁灭，她也因痛苦心碎而死，最后被埋在一个四面围立的坟墓里。

关于布兰温的故事，还有一点被评论家忽视了。我们已经了解到，在这个故事中，建议和忠告是一个反复出现的主题。当一切都因埃夫尼希恩而崩坏之前，在爱尔兰和威尔士之间正在敲定和平协议时，布兰决定接受爱尔兰的提议。这时我们读到："这一切都是来自布兰温的建议，因为她担心这个国家会荒废无望。"布兰温长期被赋予一个被动又苍白的女性角色，此时却不是作为一个棋子，而是作为核心的和平调解人出现。她所担心的会荒废无望的国家是爱尔兰，作为一个和平的编织者，她对两国都心怀关切。这就是为什么当她看着爱尔兰和强者之岛陷入战局之时，唱出了那悲痛欲绝、饱含自责的咏叹调："两个岛屿本来安然无事，却因为我而覆灭了！"对她来说，她被夹在两者之间，即使承受了所有的痛苦，对她施以痛苦的两座岛都仍然是良善之地。

秘密与揭示

暂时将布兰温的故事放到一边，我们还可以从另一个角度来看第二分支的故事结构。《马比诺吉昂》处处可见"三个一组"，威尔士的故事讲述者用这一组合来对他们所掌握的巨大的叙事网络进行编码，以便于记忆。其中一些内容在一个重要的文本《不列颠岛的三人组合》（*The Triads of the Island of Britain*）中保存了下来，这个文本有极好的现代版本及英文译本。但令人沮丧的是，在这个内容丰富的文本中，许多威尔士的故事没有被保存下来。《马比诺吉昂》第二分支提到了三个"三个一组"，我们已经看到布兰温被称为"该岛的三位女祖先之一"，而另外两个"三个一组"形成了一对组合，我认为这对组合非常重要。当布兰的断头被埋葬时，我们读到：

> 那是三个幸运的秘密之一，而当它暴露时，它也成了三个不幸的揭示之一，因为只要头颅的魔法不为人知，就不会有漂洋过海登岛的侵略者。

故事第二分支整体上是由秘密和揭示结合的模式紧密地串联起来的。那么，哪些是秘密呢？在隐喻的层面上，这个故事充满了秘密。

首先，布兰温的婚事隐瞒了埃夫尼希恩；后来，布兰温遭到了非难，爱尔兰人试图对驶往英国的船只实施禁运来掩盖布兰温的遭遇；再后来，埃夫尼希恩的可怕意图也是他内心的秘密。在故事的发展过程中，所有这些秘密都带来了灾难性的后果。还有更多有关秘密和揭示的母题，涉及各种容器，其中生与死被诡异地交融在一起。爱尔兰湖水之中走出了莱萨和科米黛，科米黛的子宫本身就是一个容器，神秘地孕育着武装战士。重生坩埚吸纳了死者，走出了活人。马索鲁赫计划建造铁屋这一容器是为了消灭莱萨和科米黛的孩子，但他们最后还是活着从里面冲了出来。爱尔兰人为求和建造的大房子表面上是为了接纳和感念巨人布兰，但实际上是为了建造屠杀不列颠人的刑场，挂在钩子上的一百个袋子里尽数藏着武装战士，但埃夫尼希恩知道他们的存在。后来，埃夫尼希恩把自己藏在爱尔兰人的尸体中并在毁掉坩埚的过程中丧命。《马比诺吉昂》第二分支远不是漫无边际的事件堆砌，而是一个主题环环相扣的紧密叙事网络。

《马比诺吉昂》四个分支给我们留下了一些未解之谜。保留一些具有开放性的问题也是作者的风格之一。对我个人来说最疑惑的问题是，为什么尼希恩袖手旁观？大家记得，在里尔家族中有两个兄弟，尼希恩和埃夫尼希恩，他们是布兰、马南唯登和布兰温同父异母的兄弟。我发现我总是把他们想象成双胞胎，尽管书中并未如此描述。但我们显然容易联想到在双胞胎设定中，一方是另一方的邪恶镜像这一典型主题。文献表明，尼希恩是早期威尔士圣徒的名字，这位圣徒是格温特郡（Gwent）特里格（Tryleg）的拉尼申（Llanishen）的守护者，它的意思是“接近 / 临近出生”。而另一位，埃夫尼希恩名字的意思是“不临近出生”。

从名字上看，这两个人显然处于对立面。故事告诉我们，尼希恩“是个好孩子，他能在两方势同水火时使他们和平相处，而埃夫尼希恩常在兄弟最相亲相爱时煽动他们之间的纷争”。故事开篇便有这段介绍，讲述了两兄弟的名字，描述了他们的个性，感觉像是在为故事的展开做铺垫。在这个故事中，“两方势力”和“两个兄弟”最终可以说是同一主题的两种呈现形式。因为联姻，布兰和马索鲁赫成了兄弟，在布兰温的婚礼之后，在他们关系最好的时候，埃夫尼希恩确实煽动了两人之间的纷争。有一个细节暗示，这种讽刺打动了故事的早期读者。这个故事完整地保存在两份手稿中，在其中一份手稿中，抄写员将 y deu lu（意为“两个主人”）写成了 y deulu（意为“他的家族”）。这可能只是一个寻常的失误，但它确实强调了要把这两个主人作为两个家族来理解这一事实，这就需要尼希恩所有的谈和技巧。而在结尾处，当爱尔兰人和不列颠人在格沃恩被杀后陷入全面战争的“势同水火之时”，尼希恩没有在需要他的时候出现。但他肯定是在场的，小格沃恩在走向埃夫尼希恩之前曾去找他，这是故事中除开场外唯一一次提到尼希恩的名字。这说明尼希恩在事件中几乎没有发挥任何作用。由此可见，《马比诺吉昂》第二分支讲述了一个黑暗、扭曲的故事，其中，维系和平的力量是极其微弱的。

但为什么埃夫尼希恩会做出这样的行为？这是另一个重大谜团。他是一个充满矛盾的人物。一方面，有人认为我们在埃夫尼希恩身上看到了一个中世纪反社会者的形象，因为他残害马索鲁赫的马以及谋杀格沃恩的行为都是如此怪诞且缺乏动机。另一方面，他愤怒的原因在于他在未被告知的情况下得知妹妹出嫁，有人认为这隐晦地暗示了他对妹妹有乱伦的欲望。戏剧家、诗人和政治家桑德斯·刘易斯（Saunders Lewis，1893—1985）在他 1975 年的威尔士语戏剧《布兰温》中充分地放大了这种解读。然而，这里有一个悖论，虽然我们没有足够的信息来确定埃夫尼希恩的动机，但他也是整个《马比诺吉昂》文本中唯一一个让我们得以偷听他内心想法的人物，不是一次而是两次。就在他谋杀格沃恩之前，我们读到了他的想法。“‘我向上帝忏悔，’他在心里说，‘我将要做的事是在场任何一个人闻所未闻的暴行。’”这种小说式的内心描写对于《马比诺吉昂》这样古老的中世纪故事是非常罕见的，在古老故事中，人物往往是通过对话来塑造的。故事中对面部表情的描述也很罕见，但当埃夫尼希恩在爱尔兰人为格沃恩的授冠仪式建造的大厅里走来走去时，提到了他“凶狠、愤怒的表情”。换句话说，我们得到了有关他内心世界的微妙暗示，这是埃夫尼希恩这个人物如此引人注目的因素之一。我自己的观点是，他可以被看作一个极端的反联邦主义者，他反对本土岛屿和爱尔兰之间一丝一毫的联合。他对马匹的残害触目惊心，就像近年来困扰世界的恐怖主义行动一样，这不是乱伦或嫉妒的表达，而可以被视为实施某种极端暴行的尝试，他妄图以此使马索鲁赫拒绝布兰温，从而阻挠两个岛屿的联合。在这一点上，他几乎成功了，他对格沃恩的谋杀既是我们所说的恐怖主义行动，也是阻止威尔士和爱尔兰走向联合的成功尝试。他是一个“爱国主义者”，当战争爆发，爱尔兰将士因坩埚死而复生，而威尔士连连落败，我们看到他对同胞的遭遇感到震惊和同情：

> 当埃夫尼希恩看到强者之岛的人伏尸遍地、无处容身，他在心里说：“上帝啊，我真可怜，是我造成了这场对强者之岛的屠杀。除非我努力把他们从这里救出来，否则我就对不住大家。”

但如果这就是爱国主义，那么可以说《马比诺吉昂》第二分支的作者对爱国主义的看法略显阴暗。

布兰温故事的现代意义

本章首先讨论了泛凯尔特主义的问题。《马比诺吉昂》第二分支是与爱尔兰关系最密切的威尔士故事。事实上，学者曾经认为，它是表明作者对中世纪爱尔兰文学有着极高熟悉度的有力证据，因为有些主题确实看起来是从爱尔兰借用的。例如，铁屋处刑的设定出现在一些早期的爱尔兰传说中。但总的来说，现在专家认为这些相似之处并不意味着威尔士故事的讲述者一定阅读过爱尔兰文学，毕竟这些情节是可以在谈话中传递的本土传说细节，而且我们知道，在《马比诺吉昂》创作之前的几个世纪里，博学的爱尔兰教士在前往欧洲大陆的途中经过了威尔士。有些故事细节也许并不可靠，这说明口口相传的可能性很大。例如，布兰当作桥梁所渡过的利农河，其名字 Llinon 似乎是中世纪爱尔兰称为 Sinann 的香农河（Shannon）和爱尔兰称为 Life 的利菲河（Liffey）两者名字的混合体。从地理上看，只有利菲河符合这个故事的设定，而且耐人寻味的是，似乎有一个关于爱尔兰地名的故事潜藏在文本中。利菲河流经都柏林，而都柏林的爱尔兰名字是 Baile Átha Cliath 即“栏板渡河之镇”，该镇用榛树编织的栏板平铺在沼泽地上帮助渡河。当布兰躺在利农河上时，他的手下在他的背上放上“栏板”，使用的正是这个爱尔兰词的威尔士语同义词。讲故事的人没有提到这些，但这就是都柏林名字的由来。由于没有类似的故事出现在任何爱尔兰文本中，所以它看起来像是另一种尝试，为叙事增添了一丝略显虚假的爱尔兰本土色彩。还有一个例子，有五个怀孕的爱尔兰妇女通过躲入山洞而在屠杀中幸存下来，并最终重新在爱尔兰定居。她们有五个人这一事实很重要，因为中世纪的爱尔兰人传统上将其岛屿一分为五，即芒斯特（Munster）、康诺特（Connacht）、阿尔斯特和伦斯特（Leinster）这四个大省，以及米斯（Meath）。从词源追溯，Meath 的意思是“中部”。但这个故事与爱尔兰关于各省起源的实际传统完全不同，所以看起来作者或作者的先辈只知道爱尔兰人将他们的岛屿分为五部分，然后自己编了一个新的故事来呼应这一事实。

本章最后，让我们回到布兰温的坟墓。它曾不止一次被挖掘过。1813 年，人们从遗址中发现了一个青铜时代的骨灰盒，在后来的挖掘中又发现了八个骨灰盒和另外三个骨灰盒的碎片。这些骨灰盒中大部分装着火化的人类遗骸，其中四个被纳入墓穴环，其余的在内室被发现，其中一个被塞进了一个小墓室。被塞进小墓室的遗骸上有一串玉石和琥珀的珠子。对于浪漫主义者来说，他们绝对相信这里有布兰温本人的骨灰。

但是，正如我努力说明的那样，这个故事本身并不容易让人产生浪漫的幻想，在故事中，精神错乱一般的愤怒、施虐倾向和政治上的短视相互作用，造成了残酷的结果。这也是一个关于国家身份认同的故事，讲述了不列颠与欧洲大陆，最重要的是与爱尔兰之间的关系。归根结底，这是不列颠后裔作为个人、家庭和国家更愿意深埋于历史，却又不可避免地反复提及的一个故事。

第 6 章

库丘林的挑战

英雄主义与现代道德困境

库丘林是爱尔兰最著名的英雄，也是爱尔兰最伟大的战士，可比肩希腊神话中的阿喀琉斯。最强大的神力给他带来最可怕的厄运，他也成为爱尔兰自我牺牲和民族自主性的永久象征，是被构建起来的民族偶像。

库丘林是如此强悍，即使在临近死亡之时，只有当化作乌鸦的巴德落在库丘林的肩膀上时，他的敌人才相信他已经死亡。可见，战士终究无法战胜战争本身。

第 6 章
库丘林的挑战　英雄主义与现代道德困境

爱尔兰岛有一些相当令人困惑的景象。例如贝尔法斯特（Belfast）东部的一条道路上有一幅画得乱七八糟的壁画，画中写着"库丘林（Cú Chulainn）——2000 多年前在爱尔兰人对阿尔斯特侵略战争中的保卫者"。人们只能感慨，不同的意识形态造就了千奇百怪的英雄形象，中世纪爱尔兰文学中最伟大的英雄居然被硬说成某种新教分离主义者的原型，这样的想法是如此地不合常规，简直荒谬至极。库丘林是爱尔兰最著名的英雄，他是卢赫神的儿子，也是爱尔兰最伟大的战士。19 世纪的作家们喜欢将本土的传奇人物与希腊神话人物相对应并建立联系，从而帮助读者对一个陌生的神话建立一定程度的了解。与库丘林相对应的人物是阿喀琉斯，阿喀琉斯是希腊神话中强大的战士。但是，著名的阿尔斯特猎犬（Hound of Ulster）——库丘林究竟为何会出现在保皇派壁画上呢？这背后有一个很长的故事，为了讲述这个故事，我们会根据需要援引中世纪资料，这也是本书第一次将目光转向丰富的爱尔兰文献。

这些文学作品普遍认为阿尔斯特是一个与众不同的地方，这也不无道理。阿尔斯特是中世纪爱尔兰伟大传奇的一个重要故事背景，这一系列作品被称为"阿尔斯特传奇"。位于这个系列作品核心的是爱尔兰的伟大史诗《夺牛长征记》（*Táin Bó Cúailnge*），其爱尔兰语名称表达的意思是"掠夺库利的牛群"，这部作品通常被简称为《夺牛记》（*Táin*）。正如我们在上一章中提到过的，中世纪的爱尔兰被分为四个省，伦斯特、阿尔斯特、康诺特和芒斯特，在古爱尔兰语中被并称为“五大省”（cóiceda），因为位于四省中间的米斯，通常也被算作一个省。虽然其他省份都有关于其传奇统治者的大量深厚的传统故事，但只有阿尔斯特有一套属于自己的传奇故事，这套故事以富有魅力的英雄库丘林为核心。

精彩纷呈的阿尔斯特传奇

阿尔斯特传奇讲述了几十个精彩纷呈的故事，还包含一些重要的诗歌，其中最关键的是 7 世纪至 12 世纪的作品（许多早期的故事也存在于中世纪后期和现代早期的文本中）。这些故事和诗歌分布于各式各样的作品中，从短篇小说到普通现代长篇小说，篇幅不等。在解读阿尔斯特传奇系列作品的时候，要重点关注两点。一个是伟大的史诗作品《夺牛记》，它是这一系列传奇的核心，后文我们会看到，许多其他阿尔斯特传奇故事基本上都是它的前传。另一个需要关注的是一个人物组合，他们在传奇作品的许多故事中反复出现。这个组合包括乌雷德的国王孔赫瓦尔・麦克奈萨（Conchobor mac Nessa），他是个一贯讨人厌的角色。在爱尔兰语中，乌雷德用来称呼阿尔斯特全境及其民众。孔赫瓦尔・麦克奈萨统治着艾文马哈（Emain Macha），也就是如今阿马（Armagh）附近的纳文堡（Navan Fort）。这个组合还包括明察秋毫的法官桑卡・麦克艾利拉（Sencha mac Ailella）、品性高洁的德鲁伊卡斯伯德（Cathbad）、战士柯纳尔・卡尔纳赫（Conall Cernach），以及一心正气但又矛盾重重的英雄费古斯・麦克罗伊（Fergus mac Róich）。麦克罗伊是乌雷德的上一任国王，其名字的意思是“男性力量，骏马之子”，而他的性能力也是出了名的强悍。还有绰号为“毒舌”的布里克鲁（Bricriu），他惯于煽动纷争，总是在暗处鬼鬼祟祟。站在这些人对立面的是西部康诺特省的统治者，他们是乌雷德的敌人。敌方势力包括梅芙（Medb）和她的丈夫艾利尔（Ailill），梅芙也通常被称为女王美伊芙（Queen Maeve），他们是乌雷德最主要的敌人，统治着克鲁阿尚（Crúachan）的皇家堡垒。克鲁阿尚现在位于拉斯克罗亨（Rathcroghan）考古遗址群，靠近罗斯康芒郡（Roscommon）的塔尔斯克（Tulsk）。

《夺牛记》是一则享誉世界的伟大战争故事，有三个写于不同时期的版本，这三个版本的内容有着或多或少的一致性。最早的版本可能首创于 8 世纪，而另外两个版本可能是在 4 个世纪后创作的。故事讲述了由孔赫瓦尔领导的阿尔斯特与由梅芙和艾利尔领导的爱尔兰大部分地区之间的一场重大冲突。这些人物生活在一个特殊的社会环境中，被文学研究者称为“英雄时代”。在这个时代的历史上留名的人物都是贵族战士及其亲属，同时，神灵与人类结党并干预人类事务。在这个时代，人类穷极一生的主要目标是获得经久不衰的名声以防止被历史长河吞没。在这里，只有极端的男性暴力才符合世界残酷的法则。

许多国家的文学史上都有“英雄”时代。例如，阿尔斯特传奇与荷马的《伊利亚特》或盎格鲁 - 撒克逊诗歌《贝奥武甫》的世界架构有很多相似之处。在许多文化中，英雄时代通常被想象成发生在真实历史的边界之外，这个想象的时代足够接近真实，因此让观众感到熟悉，但又足够遥远，让传说、神话和记忆都变得模糊不清。令人意外的是，中世纪的爱尔兰知识分子对《夺牛记》中所叙述的伟大战争发生的时间有非常准确的记忆，那就是 1 世纪的前几十年。所以乌雷德国王孔赫瓦尔的生活与基督的生活完全同步。

在此值得停下来强调一下，基督教在各个层面上都与所有早期爱尔兰神话有着很深的羁绊。理解早期爱尔兰神话最好的思路就是把它们看作早期信奉基督教的爱尔兰知识分子对基督教到来之前的英雄时代的想象和描述。早期爱尔兰神话有三种作用：第一，取悦有权有势的支持者；第二，通过讲述支持者猜想的祖先的故事来巩固他们对权力的诉求；第三，对战士阶层进行道德教育。这些战士虽然是基督徒，但由于他们长期互相残杀，所以并不总是遵从基督教价值观。这意味着在传奇作品中，特别是在阿尔斯特传奇中，人们对基督教到来之前的历史持有相当复杂的观念。

因此，我们经常发现有人试图在这个非基督教的神话世界中明确地表现出基督教相关的主题，即使是非基督教群体也可能对真正的信仰做出预言，这在中世纪文学中是司空见惯的。例如，在孔赫瓦尔降生的故事中，德鲁伊卡斯伯德从中干预，让孔赫瓦尔与基督在同一天降生，并在孔赫瓦尔的母亲生下他时预言救赎者的到来。更为戏剧性的是，孔赫瓦尔死于耶稣受难的同一时刻。这个故事就像许多早期的爱尔兰传奇故事一样短小精炼，却充满了奇异的事件。孔赫瓦尔生来残疾，他的头骨里插着一把由钙化的脑物质形成的弹弓。他必须非常安静地坐着，不能过度兴奋，否则他会因弹弓弹出而死去。孔赫瓦尔在这种困顿的状态下安坐了数年。有一天，世界上出现了反常的自然现象，黑暗和风暴降临，孔赫瓦尔的德鲁伊解释说，在遥远的地方，“基督，上帝之子，没有罪过”，却正在被处死。孔赫瓦尔一跃而起试图保护基督，当他拔出剑冲向风暴时，嵌入他头骨的弹弓松动了，他也因此死去。据说从他额头上喷出的血起到了洗礼之水的作用，因此孔赫瓦尔作为基督的信徒死去，并由此得到了救赎。

接下来我们会发现，基督和库丘林之间也有着很强的联系。将阿尔斯特传奇的社会背景置于这个特定时期显然不是偶然的。创作爱尔兰中世纪文学的知识分子都是教会人士，对他们来说，充其量只能以复杂的心情对待英雄主义精神。一方面，他们认为《夺牛记》的故事本质上具有历史性，因此是爱尔兰岛宝贵文化遗产的一部分；另一方面，故事中很少有在道德上令人钦佩的人物，他们的行事动机总是骄傲或者愤怒，更不用说故事中有不少人物与非基督教的神灵打交道，故而神职人员认为他们无异于恶魔。将这个故事与基督的生命历程重合，凸显了现在爱尔兰人的信仰与他们祖先的精神世界之间存在的差距。

《夺牛记》的第二个版本可见于 12 世纪末的“伦斯特之书”(Book of Leinster)，这本书的结束语正是一段著名的充满矛盾性的陈述。抄写员用爱尔兰语书写道：“祝福会降临于每一个按照本书内容且不添加任何其他形式内容排练《夺牛记》的人。”抄写员主张将该文本作为爱尔兰文化的珍贵传家宝加以保存。然后，他改用拉丁语暴躁地评论道：

> 我抄写了这篇叙述或者说是寓言，但我并不相信它所提及的各种事件。因为其中有些内容是来自恶魔的欺骗，有些是诗意的编造，有些是合情合理的，但有些是荒诞至极的，而有些则是为了取悦愚蠢的人。

这位 12 世纪的抄写员重视《夺牛记》，但对其中的一些内容持否定态度，这和维多利亚时代的学者对希腊不掩情色的古物的看法一样，他们相信这些古物是值得不惜一切代价保存下来的珍宝，但他们无法对一些碍眼之处视若无睹。

当然，对基督教到来之后的文化来说，这不是一种容易保持的心态。《夺牛记》是凯尔特神话网络中的重要节点之一，基于这部作品我们需要意识到，我们理解这些神话事件的方式可能与最初故事讲述者的初衷背道而驰，他们的初衷可能比我们想象中的复杂。人们经常假设传承到后世的凯尔特神话故事被不怀好意的中世纪教士篡改了，其实并非如此。我们几乎可以称之为“神话”的爱尔兰和威尔士故事是基督教中世纪知识分子的创作，他们汇集了古老的传统，但也根据所处时代的需要自由地进行创作和改编。当然，这些作品中可能有未受基督教影响的原初神话元素，但我们现在还不能精准地将这些元素提取出来。

著名的梅芙女王（见彩插图 7）的故事是体现当代凯尔特神话爱好者精神文化冲突的一个好例子。在梅芙的故事背后，是一位基督教创立之前的主权女神，是爱尔兰文学和文化中长期存在的神话原型。梅芙这个名字本身与英语单词“蜂蜜酒”（mead）有关，意思是“令人陶醉的东西”，也许指的是土地女神指定合法统治者时用来盛放烈酒的容器，但这个学界假设可信度并不算高。更重要的是，一个古老的英雄冲突故事中的主要角色之一是一个独立、强大、性欲旺盛的女人，这一点无疑让许多读者感到无比心潮澎湃。梅芙对丈夫的基本标准之一是“不可卑鄙，不可嫉妒，不可畏缩”，因为正如她所说，她身边“从不缺在暗处伺机顶替的男子”。从某种意义上说，这可能是土地女神对下一位国王候选人说的话，让他明白他只是自己一连串情人中的一个。但是在人类层面，这是对女性自我意志和性独立的有力宣示。

《夺牛记》的核心冲突

我们如今可以把梅芙当作凯尔特神话中最令人心潮澎湃的“坏女孩”典型来颂扬，这显然是对现代性[①]的一种掷地有声的回应。但是，这可能不是《夺牛记》原始编纂者塑造梅芙形象时的初衷。而且必须注意的是，研究史诗的专家认为，她是一个故意引起厌女倾向的刻板形象。可惜我们并不知道那些传奇故事的早期女性听众对她的评价如何。梅芙从不节制自己的欲望，集任性和贪婪于一身，而中世纪的修道士作者最不愿看到女性呈现出这样的特质。事实上，《夺牛记》中的核心冲突正是由梅芙的贪婪和自我引起的。《夺牛记》是早期爱尔兰传奇中最长的一部，下面我们对其内容进行一个精简的概述。

《夺牛记》的故事开始于一个名为“枕边谈话”的序章，故事里康诺特的统治者艾利尔和梅芙正躺在床上。他们决定统计一下各自的

① 梅芙故事与现代性相呼应的特质是心理与道德的危机，对精神异化、信仰崩塌、背离传统，以及享乐主义的种种体验与认同。——译者注

财富，统计后他们发现彼此之间唯一的区别是艾利尔拥有一头非凡的公牛，名为芬博纳赫（Finnbennach），名字的意思是“白犄”。芬博纳赫出生在梅芙的牛群中，但它骄傲地不屑于被一个女人拥有，因此决定大摇大摆地投奔艾利尔。这段序言没有出现在史诗三个版本中最早的那一版中，但现代译者总是把它包括在内。因此从一开始，这个传奇故事就根植于性别政治。

梅芙决定通过获得另一头公牛唐恩·库莱恩（Donn Cúailnge）来弥补自己的损失，这头公牛名字的意思是“库利的棕色公牛”。它属于阿尔斯特的一位牧场主。梅芙说服公牛的主人将这头牛出借一年。然而，她的信使喝醉了，于是口出狂言说如果不出借公牛，梅芙就打算用武力夺取公牛，交易也因此泡汤。梅芙组建了一支军队，军队中包括来自阿尔斯特的流亡者，这群人中最著名的是阿尔斯特的前国王费古斯·麦克罗伊。然后，梅芙的军队出发去抓捕唐恩·库莱恩。为了进一步解释这个故事，我们可以看看《夺牛记》的另一部前传。前传中说，引发冲突的两头公牛其实是达努神族中两个半神族的化身，他们曾经冲突不断，强烈的仇恨绵延了几个世纪，以不同的形式持续存在。

当梅芙的军队逼近时，所有的阿尔斯特人都突发一种源于诅咒的恶疾。而唯一有能力保卫阿尔斯特的人是 17 岁的库丘林。库丘林在他可靠的车夫拉伊（Láeg）（见彩插图 6）的协助下对前进中的军队展开了游击战。他要求在岔路口单挑，并以此来阻止敌军前进。在长达数月的对峙中，库丘林打败了一个又一个挑战者。然而到最后，即使是他也无法阻止梅芙夺取棕色公牛。

来自达努神族的奇幻人物开始从故事中浮现，他们很像古典史诗中介入人类纷争的诸神。主管战事的女神摩里岗试图勾引库丘林，但库丘林拒绝了她。女神很生气，发誓要在他的下一场战斗中作梗。果然，当库丘林在渡口战斗时，摩里岗变成鳗鱼的形态缠绕在他的脚边，然后又变成狼的模样惊扰了牛群，让牛群在渡口奔逃踩踏，后来又变成小母牛的样子引发牛群暴乱。在她的每一种形态下，库丘林都设法伤到了她。后来，另一位神灵卢赫来探望这位筋疲力尽、伤痕累累的英雄，他还表明自己是库丘林的神族父亲。卢赫让库丘林昏迷了三天，同时对他施展治疗术。当库丘林睡着的时候，阿尔斯特的"少年军团"前来相助，但全军覆没。库丘林醒来后，一些非常奇怪的事情发生了，这也是《夺牛记》中最令人难忘的场景之一。库丘林经历了一次可怕的变异或者说"扭曲"（爱尔兰语称为 ríastrad）。《夺牛记》的一位英语译者托马斯·金塞拉（Thomas Kinsella）出色地将这个词翻译为"扭曲到痉挛"（warp-spasm）。库丘林就像无敌浩克（Incredible Hulk）一样，暂时变成了一个怪物。他的膝盖以怪异的方式弯折，他的下巴伸得很长。人们可以看到他体内的器官在跳动，看到他的整个身体在皮肤里扭曲。他的一只眼睛变得非常小，而另一只则变得非常大，而且他的头部发出一种奇怪的光。如果拍摄一部关于《夺牛记》的电影，那就需要导演大卫·柯南伯格[①]来形象地呈现"扭曲到痉挛"的恐怖身体。在这种畸形的形态下，库丘林野蛮地袭击了康诺特营地，并为"少年军团"报了仇。

之后，梅芙和库丘林便恢复了单人对战。但狡猾的梅芙一再作弊，同时派几个战士对付库丘林。库丘林的养父、阿尔斯特前国王费古斯被梅芙派去与库丘林作战。库丘林同意向他屈服，条件是费古斯在他们下次见面时投降，这一点在故事后期尤为重要。梅芙又诱使库丘林的义兄弗迪亚（Fer Diad）与他对战。库丘林不想杀弗迪亚，恳求他退出战斗。最后，这两个彼此深爱的兄弟展开了为期三天激烈的、令人心碎的决斗。后来库丘林获胜，杀死了弗迪亚，他也因此受了重伤，无法继续战斗，被抬走以待康复。《夺牛记》的读者对性的细微笔触很敏感，他们认为库丘林和弗迪亚的关系有同性恋的色彩。

---

① 大卫·柯南伯格（David Cronenberg）是一位擅长拍摄惊悚片的导演。——译者注

此时，诅咒引起的疾病开始从阿尔斯特人身上解除，他们先是一个一个地痊愈，然后全体康复。但是梅芙仍然拥有棕色公牛，战斗的高潮也就此来临。库丘林因为仍身受重伤，起初只能缺席战斗。而费古斯几近将孔赫瓦尔置于死地，但被孔赫瓦尔的儿子，他也是费古斯的养子，科马克·康德·朗格斯（Cormac Cond Longas）阻止了。随后，库丘林终于加入了战斗，他与费古斯对峙，迫使费古斯遵守之前的承诺，在他面前屈服。终于，费古斯撤退了，并将他所有的部队撤出了战场。这使梅芙的部队突然士气大损，如砧上之肉。梅芙开始撤退，库丘林在她蹲下小便之时遇到了她，也有可能那时她正为月经所苦。梅芙恳求对方饶恕，于是库丘林放过了她。

梅芙将棕牛唐恩·库莱恩带回康诺特，在那里，棕色公牛与白犄公牛搏斗并杀死了白犄公牛芬博纳赫。在此过程中，棕色公牛也受了致命伤，之后在爱尔兰四处游荡，其牛角上不时掉下白犄公牛的尸体碎片。最后，棕色公牛回到了阿尔斯特的家中，精疲力竭而死去。

我们对《夺牛记》的概述到此为止。故事中，我们很难不对梅芙产生好感，尽管故事想要传达的原始信息可能是警告女性统治带来的恶果。虽然梅芙在其他阿尔斯特传奇文本中表现出了极高的智慧，但必须指出的是，在《夺牛记》中，梅芙是一个带来灾难的无能统治者。费古斯哀叹说，阿尔斯特人民的衰落是因为他们“盲从了一个误导他们的女人”。用有些矛盾的讲法，梅芙作为中世纪厌女症诞下的背德典型人物，在我们看来散发着女性主义的光芒。库丘林对梅芙的宽恕就是一个很好的例子。故事的这一幕因其朴实坦率而备受肯定，因为梅芙不仅是一个掌握权力、性欲旺盛的女人，这段文字还坦然地描述了她的身体机能。然而，《夺牛记》的最新英语译者夏兰·卡森（Ciarán Carson）标注出，原文的字面意思是她的“血水”或“血尿”，所以不清楚是指排尿还是月经，甚至可能是流产或是疾病感染引起的尿血。结合上下文，这段插曲颇有喜剧色彩，对梅芙进行了嘲讽：

> “我发誓，”费古斯说，“现在不是你去解手的好时机。”
> “我没有选择，”梅芙说，“再不解手我定会死去。”
> 费古斯过去守住了爱尔兰人的退路。于是梅芙就地解手，流动的液体宛如三条大壕沟，每条壕沟都足够容纳一支部队，这个地方也因此被称为福尔梅德巴（Fúal Medba），意思是“梅芙之流”。

这又一次说明了这些故事放在原始背景下是多么令人不适。人们怀疑这个故事的作者并不清楚排尿和月经之间的区别，作者只知道妇女会有各种不方便的身体排泄，并把这作为她们不适合统治的铁证。

库丘林短暂而辉煌的一生

我们回到库丘林的故事。为什么他很重要？正如前文所说，他是《夺牛记》中阿尔斯特一方的荣耀战士，因为他是孔赫瓦尔的外甥。年仅 17 岁的他单枪匹马地保卫着阿尔斯特，对抗由梅芙和艾利尔领导的、联合了岛上其他地区的军团。

希腊英雄阿喀琉斯是凡人珀琉斯（Peleus）和女神忒提斯（Thetis）的儿子，与此相同，库丘林的父母也是神与凡人的结合，他是孔赫瓦尔的女性同族德克缇拉（Deichtine）和卢赫神的儿子。卢赫是一位英俊且势力范围极广的神，拥有至尊的地位，同时主管着所有艺能。库丘林母亲受孕的故事是阿尔斯特传奇中《夺牛记》的前传之一，卢赫经历了至少三次尝试才终于让英雄库丘林诞生。

这个故事比《夺牛记》短得多，而且值得一讲。在 700 年左右的最早的版本中，库丘林的母亲德克缇拉是孔赫瓦尔的女儿，而在其他版本中，她是孔赫瓦尔的妹妹。当孔赫瓦尔和阿尔斯特的贵族们猎杀一群神奇的鸟时，德克缇拉正驾驶着孔赫瓦尔的战车到处跑。雪下得很厚，阿尔斯特人寻求庇护时找到了一座神秘的房子，房子的主人对他们的到来表示欢迎。这座房子属于一对夫妻，妻子正要临产，于是德克缇拉担任助产护士，辅助她生下了一个男婴。也是在这一晚，一头母马生下了两匹小马驹。第二天早上，阿尔斯特人醒来后发现自己在纽格兰奇（Newgrange），这个位于博恩（Boyne）河弯处的新石器时代大土丘是爱尔兰文学中发生传奇事件的主要地点。

后来，房子和夫妇都消失了，但孩子和小马驹还在。德克缇拉把孩子带回家并抚养他到幼年，但他却病倒死去了。当晚，卢赫神在德克缇拉梦中出现，告诉她那晚他正是房子的主人，现在他把自己的孩子放进她的肚子里，这个孩子将被叫作谢坦塔（Sétanta）。德克缇拉的怀孕是一个丑闻，因为她已有婚约。阿尔斯特人怀疑孔赫瓦尔和自己的女儿会生下一个乱伦的孩子，于是德克缇拉打掉了孩子，并以处女之身走向了她新丈夫的床畔。然后，她和丈夫按照神的指示，怀上了一个儿子，给他取名为谢坦塔。下文很快就会说明这个孩子如何得到“库丘林”这个名字。

这确实是一个错综复杂的故事，有不少于三次受孕过程：第一次，那对夫妇都是神族；第二次，父母中的一方是神，另一方是人类；最后一次，双方都是人类。库丘林降生的过程无比困难，让他留在世界上似乎更加困难。他的名言是：“只要我举世闻名，即便只存活一天我也甘愿。”库丘林是卢赫的儿子这一事实在《夺牛记》中变得很重要，因为故事里他的神族父亲直接干预人类事务以帮助他。

在《夺牛记》中，我们可以通过一些闪回的过往了解库丘林的童年生活，这部分内容被称为“童年的事迹”。费古斯向梅芙和艾利尔讲述了库丘林的身世，告诉他们这位年轻的英雄出生在马格穆尔海弗纳（Mag Muirthemne）的相关经过。

纽格兰奇墓穴通道的入口处

库丘林出生地所在的领土不属于阿尔斯特人，因此，让阿尔斯特人突发恶疾而陷入战事全线瘫痪的诅咒无法对库丘林发挥作用。谢坦塔七岁时离开母亲，前往他舅舅孔赫瓦尔所在的艾文马哈地区。这里有一段相当感人的往事。小男孩独自出发、毫不畏惧，拿着他的掷石棒和玩具盾牌，当他到达艾文马哈时，他还不了解社会规则，很快与孔赫瓦尔的“少年军团”战士们发生了争吵，他成功以一人之力击退了所有 150 人。在追赶其中一个人时，谢坦塔搅扰了孔赫瓦尔安静的棋局，孔赫瓦尔责备了他。这也是年轻的谢坦塔第一次与阿尔斯特的国王碰面。

“童年的事迹”中也解释了谢坦塔是如何成为库丘林的。在谢坦塔还是个小男孩的一天晚上，他在一个聚会上迟到了。一只可怕的看门狗为防止人们攻击主人的家被放了出来，谢坦塔就设法用他的掷石棒和球杀死了那只狗。狗的主人库林（Culann）很生气，于是小男孩提出在训练出新的小狗之前承担起看门狗的职责，他也因此获得了库丘林这个名字，意为“库林的狗”。犬类的形象在库丘林的人生中至关重要。他的变异或者说“扭曲到痉挛”的身体状态使他形似犬类，膝盖向后拧，咆哮不止。他身上还背着不能吃狗肉的禁忌。在他即将死去的故事中，他到了一个地方，遇到一个老妪正在烤狗肉，这段描述说明他大限已至，因为不论是违反不吃狗肉的禁忌，还是挨饿，结局都是死去。

杀死库林的狗是“童年的事迹”中的众多事件之一。值得注意的是，史诗的结构特点使一些专家认为它的构思是在有意识地模仿维吉尔的《埃涅阿斯纪》。闪回是希腊和罗马史诗这类体裁作品的典型创作手法，而维吉尔的诗在中世纪早期的爱尔兰众所周知。所以在这种文学作品中，似乎除了本土传统，还有更多的因素在起作用。

《库丘林杀死库林的狗》（*Cuchulain Slays the Hound of Culain*），斯蒂芬·里德（Stephen Reid），载于埃莉诺·赫尔（Eleanor Hull）的《少年库丘林》（*The Boys' Cuchulain*），1910

但为什么库丘林要担起单枪匹马保卫阿尔斯特的重任，实现这开天辟地的壮举呢？要想找到答案，得翻看《夺牛记》那些数量惊人的前传。有一个专门的词来概括这些前传，即 remscéla。这些前传是早期的短篇故事，名为“阿尔斯特人的九日诅咒”（*Noínden Ulad*）。在故事中，来自异世界的神秘女子玛莎（Macha）被迫在赛马中与阿尔斯特国王的马匹赛跑，这要归功于她那口无遮拦的丈夫的愚蠢行为。玛莎不仅怀有身孕，而且实际上临近分娩，但她还是赢得了比赛。她在终点线上倒下，当场生下一对双胞胎。她对阿尔斯特人的残忍行为发出诅咒，诅咒他们世世代代在最需要保卫领土之时，只能拥有女人分娩时的力量。

现在是时候看看在库丘林短暂而辉煌的一生中极为重要的女性了，这里不仅包括在《夺牛记》中提到的女性，还包括整个阿尔斯特传奇中提到的女性。总共有三位女性：他的妻子、他的情人还有一个敌人。

阿尔斯特传奇告诉我们，库丘林因其英俊的外表而闻名，他的一生中拥有无数的情人。有些文本将他描述为身材矮小、皮肤黝黑、面容憔悴的人，也颇有说服力。而《夺牛记》说他有一头金发和五颜六色的酒窝。他的两只手各有七个手指，两只脚各有七个脚趾，两只眼睛各有七个瞳孔。他的妻子是弗伽尔·马纳赫（Forgall Manach）的女儿艾美（Emer），他们的关系在阿尔斯特传奇最引人注目的故事之一《病痛缠身的库丘林》（*The Wasting Sickness of Cú Chulainn*）中得到了集中展现，该文本近乎以歌剧的形式凸显了故事里丰富的情感。

在这个故事中，库丘林被异世界的力量所迫，去帮助一个名叫芬德（Fand）的仙女。芬德的求助方式很奇特：她和同伴利班（Lí Ban）在库丘林睡着时出现，用马鞭把他打得半死。在发烧一年后，库丘林被召唤到芬德所在的天堂般的国家。在那里，他打败了芬德的敌人并爱上了芬德。与此同时，在爱尔兰，艾美则因为丈夫的叛变大受打击。她当机立断，召集了一队妇女，带着刀子去对抗芬德。爱尔兰的传奇故事因其女性角色的丰富性和能动性而引人注目，而且艾美与梅芙不同，艾美显然是一个让我们钦佩的人物。为了抢回她的丈夫，艾美不惜与仙后对抗，虽然她明明知道仙后比自己强大得多。用希腊神话类比，就好像奥德修斯忠实的妻子珀涅罗珀（Penelope）要去把自己的丈夫从仙女卡吕普索（Calypso）那里抢回来一样。

我们都期待着一场暴力冲突，但在这里，故事的展开出乎意料地为我们呈现出极强的女性共情力。两个女人都公开且诚实地表达了她们的感情。特别的是，每个人都认识到了彼此无私的爱，并要求库丘林走向另一个女人。芬德决定，既然自己已经有了丈夫海神玛诺南·麦克李尔，那么库丘林应该和艾美在一起，这样艾美就不会感到孤独。库丘林和芬德都很伤心，但芬德要求自己的丈夫在她和库丘林之间摇动他的迷雾斗篷，斗篷的奇效可以确保他们永远不会再相遇。德鲁伊则给库丘林和艾美喝下忘忧酒，这样他们就可以从脑中剔除这段往事。

除了艾美和芬德，库丘林生命中第三个重要的女人是战争女神摩里岗，摩里岗对库丘林穷追不舍。两人之间有一种极度矛盾的关系，因为摩里岗是主导战事的神灵，而正是在战场这个舞台上，库丘林演绎着他的人生并且荣耀加身，但战争最终毁灭了他和他挚爱的亲人，其中包括他的义兄弗迪亚。我们看到，在《夺牛记》中，女神摩里岗向英雄示爱，但他拒绝了女神，于是她成了他的敌人。在库丘林击败对手后，摩里岗化作一位挤奶老妇人的模样出现在他面前，她身上的伤口与库丘林在她三种动物形态下给她留下的伤口相对应。摩里岗给库丘林递上三杯牛奶。库丘林每喝一次，都会为她祝福，他的祝福也会治愈她的伤口。库丘林告诉摩里岗，如果他知道她的真实身份，他就不会拒绝她，可是后悔已经太迟了。

很久以后，当库丘林临近死亡时，女神以乌鸦的形态出现。以乌鸦形象出现时，摩里岗通常被称为巴德（Badb）。爱尔兰至少有三位战争女神，她们有时似乎被模糊为同一个女神，巴德是这位女神的其中一个化身。受了重伤的库丘林把自己绑在一块高耸的石头上，这样他就可以站着死去，面向他的敌人。库丘林是如此强悍，即使在临近死亡之时，只有当化作乌鸦的巴德落在库丘林的肩膀上时，他的敌人才相信他已经死亡。可见，战士终究无法战胜战争本身。

被重塑为爱尔兰身份象征的库丘林

在现代，我们仍然要研究库丘林是如何被重新塑造为爱尔兰的身份象征的。这种重塑开始于 19 世纪末，主要依赖于学术界的贡献。在那之前，库丘林虽然没有被完全遗忘，但他在爱尔兰的民间传说和故事中并不是一个主要人物，即使在爱尔兰语言仍然盛行的地区也是如此。库丘林人生的全貌必须由学者饱览古老文献之后拼凑而成，这些努力不久便获得了令人振奋的效果：爱尔兰现在有了一个英雄，让人可以立即联想到希腊神话中最伟大的战士阿喀琉斯，同时也拥有了一部可以与荷马的《伊利亚特》相媲美的复杂史诗。

在众多将这位英雄融入自己作品的作家中，没有人比叶芝的影响更深远了。叶芝是 19 世纪末至 20 世纪上半叶最著名的爱尔兰诗人，他的卓越成就遍及诗歌、散文、戏剧和民族主义政治领域，可以说他的影响印刻在了爱尔兰文化生活的各个方面。叶芝对于我们的讨论而言尤其重要，因为他是爱尔兰复兴运动的主要推动者之一。这场民族主义文学运动始于 19 世纪末，旨在通过向爱尔兰注入本土中世纪文学和艺术的形象和主题来重新创造爱尔兰文学和文化。

叶芝以多种形式重新塑造了库丘林，但他最著名的作品是基于英雄的故事创作的五部戏剧。这五部戏剧并没有形成一个紧密相连的作品集，是在叶芝生命中的不同阶段写成的。对于叶芝来说，库丘林是试金石一样的存在，或者说是作品衍生出的另一个自我，所以叶芝一次又一次因库丘林而焕发灵感。我们不会尽数讨论五个戏剧作品，但其中有两部作品因其极富新意和感染力而传世不朽。这两部作品是《鹰井畔》（*At the Hawk's Well*，1916）和《艾美唯一的嫉妒》（*The Only Jealousy of Emer*，1918）。第一部作品蕴含着鲜明的神话寓言，剧作中主人公试图从不朽之井中饮水，而不朽之井由一个像鹰一样的神秘女人看守。第二个作品和我们之前提过的《病痛缠身的库丘林》类似，但对这段故事进行了重新想象。主人公生命中的几个女人争夺他显然已经濒临死亡的身体，而中世纪故事中那位蛮横但引人怜惜的仙女芬德，在这个作品中被塑造得极为阴险。这两部戏剧都极具风格化，而且是非自然主义的。叶芝深受日本能剧的影响，这两部剧借鉴了这一传统，采用了极简的布景、极少的演员以及寥寥几件乐器，以突出强烈的情感。

然而，这两部剧都没有直截了当且忠实地讲述原初版本的中世纪故事，这在凯尔特神话的现代改编剧中屡见不鲜。《鹰井畔》是如此的梦幻迷离，我们很难将其与阿尔斯特传奇中色彩斑斓的蛮族世界建立联系。而《艾美唯一的嫉妒》虽然关注了故事中的女性和她们对英雄的爱，各项设定也确实源于中世纪，但也从根本上对故事大加改编。

库丘林最著名的现代化身并不是在戏剧领域，而是一座雕塑，即奥利弗·谢泼德（Oliver Sheppard）极具代表性的《垂死的库丘林》（*The Dying Cuchulain*），现由都柏林邮政总局保管。这座罗丹式（Rodinesque）的雕像展示了英雄被捆绑在一块高耸而立的石头上的形象。他的执剑之臂无力地垂在身边，战争女神巴德安然立于他的肩头，正在张开翅膀。这个作品描绘了英雄之死的关键时刻，他的敌人终于见证了他的死亡，随后砍下了他的头颅。

《垂死的库丘林》
（奥利弗·谢泼德，1911）

将雕像放置在邮政总局背后有一个精心策划的政治意图。1932年，在爱尔兰自由邦上台的埃蒙·德·瓦莱拉（Éamon de Valera）选择了这座雕塑作为1916年复活节起义[①]20周年的官方纪念物。

① 复活节起义（Easter Rising）是1916年由武装的爱尔兰共和派以武力发动的为从英国获得独立的尝试。都柏林邮政总局曾是起义军的司令部，在战争中严重受损。——译者注

1935 年，他将这件作品描述为“一件美丽的雕塑，是爱尔兰天才的创造，象征着爱尔兰人民无畏的勇气和持久的毅力”，这是将传说中的库丘林的死亡与当下仍然创伤深重的民族独立斗争联系起来。从某种意义上说，这带有一种将政治斗争合理化的意图。当谢泼德创作这座雕像时，1916 年的复活节起义还在酝酿，他也只是迎合了爱尔兰复兴时期人们对库丘林形象的广泛兴趣。但起义中幸存的高级领导人瓦莱拉的话语则意味着谢泼德的雕塑将被奉上神坛，成为爱尔兰自我牺牲和民族自主性的永久象征。

令人费解的是，谢泼德的雕像本应出现在本章开头所说的联合主义准军事组织的壁画上，或者被挑衅式性地置于英国国旗上。不可否认，库丘林捍卫了阿尔斯特，但另一方面，早期爱尔兰传奇以及早期爱尔兰政治现实中的阿尔斯特人，与反对他们的“爱尔兰人”一样，都是爱尔兰人。当然，在这种对民族主义偶像的挪用中，有某种相当明显的蔑视意味，谢泼德的雕像也出现在贝尔法斯特支持民族主义地区的壁画中，这也合乎情理。从某种意义上说，阿尔斯特猎犬的传说能够出现在对立阵营的场景中，证明了其纯粹的生命力和影响力。源源不绝的想象力正是神话的显著特点，这种想象力不管服务于何方势力，都会焕发出源源不断的活力。

第7章

芬恩的智慧

领导力与骑士精神的现代诠释

在浪漫主义运动如火如荼的时代，人们试图推翻理性，崇尚激情，强调自然是如此令人敬畏且能调动深厚又激荡的感情。这场运动具体地关注了原始主义，对那些似乎来自文化原始阶段的诗歌兴致盎然。这些诗歌根植于特定民族的本土文化，但充满了高贵气息，没有出现那种文明发展必然带来的颓废色彩。

爱尔兰的芬恩故事尽管曲折无比，但从未有崩坏断层。芬恩与任何特定的领土或任何国王都没有关系，作为“部落外的英雄”，他似乎交叉融合了亚瑟王和罗宾汉的特质。

芬恩和芬尼安勇士团

芬恩·麦克库尔（Finn mac Cool）[①] 是一位非常与众不同的爱尔兰英雄。在许多方面，芬恩比库丘林更有名。库丘林是文学传统中的人物，他是在爱尔兰复兴过程中遍寻中世纪手稿构建起来的民族偶像；但芬恩是少数来自盖尔语传统的人物之一，这些人物随着历史演变进入了用英语书写的爱尔兰民间传统。即使在爱尔兰语日渐衰落之时，普通人也从未忘记芬恩，爱尔兰景观中的主要纪念物仍与他有关。最著名的例子是位于安特里姆郡的巨人堤（Giant's Causeway），据说建造巨人堤是为了将芬恩的形象塑造成一个巨人而不是一个人类英雄。在这里，芬恩曾与他的一个苏格兰对手相遇并战斗。

可以肯定的是，民间传统中的芬恩·麦克库尔与中世纪爱尔兰文学中复杂、矛盾的芬恩·麦克库马尔截然不同，芬恩·麦克库马尔在13世纪初左右就成为一个重要人物。但重要的是，爱尔兰的芬恩故事尽管曲折无比，但从未有崩坏断层。

① 在古爱尔兰语中叫作芬恩·麦克库马尔（Finn mac Cumaill），在后来的爱尔兰语中叫作Fionn。——译者注

安特里姆郡的巨人堤

早期爱尔兰文学的专家们总结了库丘林和芬恩这两位爱尔兰最伟大的传奇英雄之间的区别，他们将前者称为“部落内的英雄”，将后者称为“部落外的英雄”。库丘林是阿尔斯特国王的外甥，代表阿尔斯特人作战并保护他们的领土。相比之下，至少在早期的文学作品中，芬恩与任何特定的领土或任何国王都没有关系。他是一队被称为芬尼安（fíanna）勇士团的领袖，带领着战士们在爱尔兰的荒野中战斗、打猎，并遇到了居住在空山（síd-mounds）中异世界的人们。因此，对芬恩一个很形象的比喻是，他似乎交叉融合了亚瑟王和罗宾汉（Robin Hood）的特质。

芬尼安这个称呼用来指代芬恩的勇士团，这是一个重要的术语，我们需要详细了解它的含义，因为这对芬恩传奇的演变有启示作用。在今天的爱尔兰语中，芬尼安的意思是“勇士”，正如其政党爱尔兰共和党（Fíanna Fáil）名字的意思是“爱尔兰的勇士”。芬尼安为我们衍生出“芬尼亚式的”（Fenian）这个词。

插图《芬恩》，比特丽斯·艾尔维（Beatrice Elvery），载于维奥莉特·拉塞尔（Violet Russell）的《黎明的英雄》（*Heroes of the Dawn*），1914

在凯尔特相关研究中，芬尼亚这个词被用来表示与芬恩和他的芬尼安勇士团相关的概念。有关芬恩的文本也被称为“芬尼亚传奇”（Fenian Cycle）。但在中世纪早期的爱尔兰，芬安（fían，也就是

fíanna 这个词的单数形式）这个词实际上象征着更具体的东西，即一帮已经达到生理成熟年龄但尚未继承父辈土地的年轻人，他们处于一个特殊的不受法律约束的阶段。芬安团体的成员会离开他们定居的社区，在野外生活一段时间，靠打猎维持生计。一般来说，他们会对家乡的敌人，包括那些在海上的不列颠人造成骚扰。这类人被称为芬恩尼德（fénnid）。现实生活中的芬安团体可能会有一位魅力十足的领袖，在文献中被称为芬恩尼德之王（ríg-fénnid）。

对我们来说，这个群体也许是一个奇怪的组织结构，但它发挥了宝贵的社会作用。它在年轻人最暴躁、荷尔蒙最旺盛的时候，把他们从安定的社会中抽离出来。而且，他们在这段好像介于间隔年与服兵役之间的交叉时期拥有了一个集体身份，从而有机会在同龄人中因勇敢而脱颖而出。还值得注意的是，文学作品中出现了一些女性芬安战士和领袖，其中包括孔赫瓦尔的母亲奈萨（Ness），可见历史上的女性战士其实并不少见。

芬恩的芬尼安勇士团是对这种历史存在的文学性的记述，是对历史上的芬安高度浪漫化和夸张化的描绘。在现实生活中，从我们所掌握的最早的记录来看，芬安团体是爱尔兰文化的特质，它似乎有着非常古老的历史。可到了 800 年左右，这个团体从爱尔兰社会消失了，为什么会这样呢？

在历史传统中，芬安团体有一个宿敌，那就是教会。芬安成员中的芬恩尼德所经历的不仅是在树林中露营和一般的游荡。爱尔兰早期圣徒的传记和一些传奇文本证据表明，加入芬安的人有一些内在的非基督教特质。加入这个组织似乎涉及向非基督教神灵发誓杀死一个人，以及戴上某种额头标志，以表明他是一个不受法律约束的人。我们不知道这种额头标记是什么，只知道教士们对其惧若恶魔。可以想象，这个标记可能是一抹血迹，或是混合了动物脂肪的菘蓝，也可能是某种头饰。加入芬安显然有反正统文化的因素，因为它涉及藐视主张安定的基督教社会价值观。宣读非基督教誓言是教会完全不能接受的，但这是加入芬安团体一个必不可少的流程。在文献记载中，芬恩·麦克库尔是一个人类形象，但有可能他本身就是一个古老的爱尔兰神灵。如果是这样，他可能曾被称为文道斯（Vindos），意思是“追求公义之人”，这也是芬恩这个名字在语言学上更古老的形式。很有可能，现实中的芬安成员对其宣誓的那个非基督教神灵正是失落的爱尔兰古神文道斯。

尽管如此，似乎并不是教会的反对导致了芬安团体这一社会组织机构的崩坏。在 8 世纪末，爱尔兰社会面临着一个毁灭性的新问题，那就是非基督教战士从斯堪的纳维亚半岛（Scandinavia）漂洋过海而来，开始袭击爱尔兰安然无争的修道院。这些战士，我们称之为维京人，沿着河口航行，焚烧教堂，屠杀神职人员，甚至将备受尊敬的圣人遗骸从金雕银铸的灵位中翻捣而出。基督教主导下的爱尔兰从未面临这样的挑战。面对来自岛外猖獗的异教徒，把年轻人送去做一段时间芬安勇士不再是一个解决社会问题的可行之法，毕竟他们本身就是来自岛内的、行事猖獗的、具有异教特质的危险存在。到了 9 世纪中叶，现实中的芬安团体已经凋零，从爱尔兰社会组织结构中消失了。

《长者的对话》的文学成就

现在，历史上的芬尼安成了一段遥远的记忆。这也带来了一些影响，那就是这段记忆被浪漫化了，成为书写复杂故事的灵感源泉。这种浪漫化的过程相对缓慢，有证据表明，10 世纪和 11 世纪就有了关于芬恩·麦克库尔和他的芬尼安的故事，但其真正的热度兴起于 13 世纪初。1220 年左右，在爱尔兰西部的某个地方，一位我们至今不知其名的作者创作了中世纪爱尔兰文学中最伟大的作品之一，我们在今天仍然可以充满享受地阅读这部作品。

这部作品名为《长者的对话》（*The Colloquy of the Elders*，爱尔兰语写作 *Acallam na Senórach*）。它有一个很好的现代译本，对于任何想亲身接触爱尔兰神话或传奇文学的人来说都是一个很好的开始。它的长度与一部现代短篇小说相差不大。

从本质上讲，《长者的对话》像是一幅妙趣横生的挂毯，勾绘了芬恩和他的芬尼安的故事，这些故事与其他故事相互交织，形成复杂的嵌套网络。因此，这部作品有点像罗马诗人奥维德的《变形记》，《变形记》也以一种高度概括且妙趣横生的方式容纳了许多故事。这类叙事往往有一个塑造故事概貌、赋予故事内涵的框架。在作者的想象中，芬恩的全盛时期是在 2 世纪或 3 世纪。但在芬恩死后，芬恩麾下的残部神秘地存活了几个世纪。后来，他们遇到了圣帕特里克，就向他讲述了芬恩的故事。

芬尼安的两位代表是奎尔特（Caílte）和芬恩的儿子莪相（Oisín），他们是《长者的对话》中所指的“长者”。这部作品的大部分内容都由他们两位的回忆组成，圣帕特里克经常询问他们在圣徒的陪伴下到过哪些地方。尽管天使告诉帕特里克，这两个老芬尼安战士已经忘记了发生在他们身上的大部分事情，但似乎每一个春天、每一片山脊、每一块平原和山丘都有芬尼安的故事。这些故事的基调各不相同，有许多是英雄式的，有些是神秘的，有些是忧郁的，还有一些是纯粹的怪谈。在一则故事中，芬尼安勇士与三个精灵（爱尔兰的古老神灵）相联合，这些精灵有一条神奇的狗，这条狗会应要求吐出美酒。但有一次，他们误打误撞发现这条狗有另一个特性，其中一个精灵给狗指了一个方向，它便从尾部喷出一股毁灭性的魔法诡风。

《长者的对话》不是民间传说，甚至也不是神话，它是一部高度精练的文学作品。它的精妙之处在于它有两个对比鲜明的开篇场景。在第一个场景中，这个庞大叙事的开端出乎意料地带给人们一种故事结局的感觉。开篇讲述，在最后的三次战斗中，英雄们的兄弟情谊走到了尽头，疲惫无力的芬尼安残余部队分道扬镳，他们的离别“就像灵魂与身体的分离”。

画有圣帕特里克的插图，载于托马斯・梅辛格（Thomas Messingham）的 *Florilegium insulae sanctorum* 一书，1624

太阳下山了，夜雾越来越浓，芬恩的大队人马只剩最后的幸存者奎尔特和莪相。他们来到芬恩的老保姆、慈爱的卡玛（Cáma）女士家中，准备在那里过夜。卡玛是一位无儿无女、身材臃肿的老妇人。她没有认出几位老朋友，但当他们自报姓名时，她喜极而泣，连忙迎他们进来，急着把最新鲜的食物和最好的葡萄酒放在桌子上供他们大快朵颐。三个人一起回忆过去追随芬恩勋爵的日子，并一起再次哭泣，哭声“沮丧、哀伤又颓废”。第二天，奎尔特和莪相永远地分开了。这就是《长者的对话》的开篇，故事直接将芬恩传奇的结局告知读者。

然后，突然间，故事的气氛和文学效果完全改变了，就仿佛舞台上的灯光被突然打开，场景切换到圣帕特里克仰望苍穹，向主诉说欢喜。他正在唱圣歌，圣礼的音乐盖过了前一幕的哀凉氛围。当奎尔特和他的小随从进入视线时，教士的助手们吓了一跳，因为这些古爱尔兰人的体型比现在的人要高大不少，其中一个芬尼安战士坐下来，最高的教士的头也只能和对方的肩膀持平。然而帕特里克毫不畏惧，站起身来说：“主权的鲑鱼，领主的支柱，人间的天使，爱尔兰人的使徒，卡尔普尼乌斯（Calpurnius）的儿子帕特里克。”他用圣水洒向奎尔特和他的随从，于是“在那一天到来之前，一直徘徊在他们头顶上千兵万骑的恶魔军团逃走了”。然后，双方坐下来野餐，故事继续展开，叙事也就此开始。

这两段风格迥异的开场有着非比寻常的意义，它表明基督教是爱尔兰文化的一个新起点，而非基督教势力唯剩下忧郁的尊严，已然走入一个死胡同。《长者的对话》是在爱尔兰改变宗教信仰之后 7 个世纪编写的，它上演了一场芬尼安的异教世界和帕特里克的基督教世界之间的交锋，圣徒在这些“长者”的话语中发现了很多价值，尽管为了不破坏宗教信仰，他们酌情删减了内容。帕特里克的两位亲随天使艾贝兰（Aibelán）和索罗斯布雷塔赫（Solusbrethach）告诉圣徒，应该把老战士们的故事用精练的语言写下来，这就成了我们如今正在读的故事。过去的精华并没有丢失，而是融入其中，这说明对他们而言，保持基督教信仰和欣赏精美故事之间并不矛盾。

与许多中世纪爱尔兰文学作品一样，《长者的对话》的特点是对自然的强烈感受，其中一些描述令人耳目一新。以下是我对文本前篇中一段话的翻译。在这段话中，帕特里克刚刚认识奎尔特，这段话变成了对克莱德湾（Firth of Clyde）阿伦岛（Arran）的抒情式描述。

> “好吧，我的朋友奎尔特，”帕特里克说，“在爱尔兰或苏格兰，芬尼安人能找到的最好的猎场在哪里？”
>
> “在阿伦。”奎尔特说。
>
> “那片土地在哪里？”帕特里克问。
>
> “在苏格兰和皮克茨的领土交界处，”奎尔特回答，“而我们，芬尼安的三个战队，在曾经被称为收获月的第一天去到那里。我们曾经在那里尽情狩猎，直到布谷鸟在爱尔兰的树梢上鸣叫。我们听着从海浪中和岛的岸边传来的鸟群的动听声音，比任何人类的音乐都要甜美。那里有三五十个鸟群，鸟儿们闪烁着各种颜色的羽毛，有蓝灰色、绿色、蓝绿色和黄色。”

奎尔特朗诵了一首诗。

阿伦的鹿在奔跑
海水涨到肩上
岛上的鸟儿无忧无虑
山脊上有蓝色的长矛在流血
山顶上的鹿胆小如鼠
鲜嫩的越橘在枝叶中若隐若现
沁凉的溪流潺潺流淌
黑橡树上立着桅杆
这里有灰狗，有猎犬

黑刺李上有黑莓和野李
树木挤在水边
鹿在橡树间徘徊
紫色的帚石楠在岩石上闪闪发光
山坡上的草地一尘不染
峭壁是精美的装饰
你会看到斑纹小鹿在其上嬉戏跳跃
草地平整如席，野猪鲜活肥硕
一处心旷神怡之所，一个引人入胜的故事
榛子树枝上的坚果成群结队
长船的船帆从它面前驶过
当天气晴好，这里是我们的天堂
河岸下有鳟鱼

阿伦岛

海鸥在白色的悬崖上争鸣
阿伦！一年中的任何时候都如此动人

“愿胜利和祝福降临到你身上，我亲爱的奎尔特！”帕特里克如此说道，“我们永远钟情你的故事，欢迎你的到来！”

流传下来的《长者的对话》缺少结尾。看来，原版故事可能是以最后一批芬尼安残部的圣礼和他们获得了基督教式的救赎作为结尾。该作品为中世纪爱尔兰文学提供了丰富内容，但除了中世纪文学作品，还有许多其他关于芬尼安的民间口头故事和民谣，在爱尔兰和讲盖尔语的苏格兰地区流传至今。

不断延伸的芬尼安传统

在所有关于芬恩的故事中，有一个最著名的故事并没有出现在《长者的对话》中，这个故事被称为《追寻迪尔米德和格兰妮雅》（*Tóruigheacht Dhiarmada agus Ghráinne*）。故事创作于 14 世纪到 16 世纪末之间的某个时候，就中世纪的爱尔兰文学而言，这已经相当晚了，但故事本身显然比流传版本的时间要早。这个故事讲述了已经步入老年的芬恩为他的妻子迈涅斯（Maigneis）哀悼，随后，他决定娶美丽的格兰妮雅（Gráinne）为妻。格兰妮雅是聪明的国王科马克・麦克阿尔特（Cormac mac Airt）的女儿。她在自己的婚宴上发现芬恩比自己的父亲还要老，于是她感到无比沮丧。碰巧年轻的芬尼安勇士迪尔米德・奥迪夫内（Diarmaid ua Duibne）吸引了格兰妮雅的目光。在这个故事的某些版本中，迪尔米德的额头上有一个神奇的“爱的斑点”，任何看到这个斑点的人都会爱上他，所以他不得不戴上流苏。

格兰妮雅给宴会上的每个人都下了安眠药，并邀请迪尔米德与她私奔。迪尔米德拒绝了，但格兰妮雅威胁他，如果不带她走的话，就会受到禁咒的约束。禁咒（geis）是爱尔兰文学中的一种常见叙事手段。正如我们之前提到的，它最初是指严肃地禁止个人的某种行为，这种禁止一定程度上是由异世界的力量所决定的。人们可能被禁止吃某种肉，或被要求在黎明或黄昏等特定时间进入或离开某个地方，或是猎杀特定的动物，等等。后来，就像在这个故事里一样，禁咒的意思是一个人可以对另一个人进行超乎预想的羞辱性的诅咒。

格兰妮雅谨慎地离开了住所，迪尔米德则借助他的矛头从城墙上跳了下去，这显然是芬尼安特有的一项武艺特技。两人躲在香农河对面的森林里，芬恩立即开始追赶他们。他们几次躲过了追捕，期间还得到麦克·奥克·阿格斯（Mac Óc. Óengus）的帮助。阿格斯是爱尔兰父神达格达的儿子，因此他也是爱尔兰神族的一员。在 19 世纪，阿格斯被重新塑造成爱尔兰神话中的爱神。但在这个故事中，他之所以帮助他们是因为他是迪尔米德的养父。阿格斯把格兰妮雅藏在自己的隐形斗篷里并把她带到了安全地带。与此同时，迪尔米德也跃过追兵的头顶逃脱了。

爱尔兰和苏格兰的不同版本讲述了不同的剧情。在大多数版本中，格兰妮雅鼓起勇气与迪尔米德调情，但迪尔米德起初出于对芬恩的尊重而拒绝与她共寝。有一次格兰妮雅嘲笑他，说溅到她腿上的水都比迪尔米德更有冒险精神。最后，他们真的云雨了一番。爱尔兰乡村的石墓有一个民间名称是“迪尔米德和格兰妮雅的床”，意在说明这些有屋顶的建筑是迪尔米德在旅行中为他们两人搭建的住所。在另一个情节中，格兰妮雅想吃花楸果，而这些花楸果恰好由一个名叫沙尔万（Searbhán）的独眼巨人看守，他名字的意思是“粗暴”“充满敌意”。尽管沙尔万最初与这对恋人关系友好，但他愤怒地拒绝献出他的花楸果，于是迪尔米德被迫与他战斗。沙尔万的魔法让自己免受迪尔米德武器的攻击，而这位英雄只是通过逆转巨人的铁棍伤害便赢得了战斗。

彩插图 1

《布瑞吉德》(*Brighde*)[斯图尔特·利特尔约翰(Stuart Littlejohn),2000]

彩插图 2

《德鲁伊人带来槲寄生》(*The Druids-Bringing in the Mistletoe*)[爱德华·阿特金森·霍内尔(Edward Atkinson Hornel)和乔治·亨利(George Henry),1890]

彩插图 3

《国王的儿子凯尔维奇》（*Kilhwych, The King's Son*）［阿瑟·约瑟夫·加斯金（Arthur Joseph Gaskin），1901］

彩插图 4

沃蒂根国王和梅林观看两条龙的战斗，[《圣阿尔班斯纪事》（*The St Albans Chronicle*）插图，15 世纪]

彩插图 5

布鲁图斯到达英国、杀死巨人和建造城市，微缩图，[载于蒙茅斯的杰弗里的《历史杂记》（*Historical miscellany*），其中包含《不列颠诸王史》的节选内容，有诗歌也有散文，15 世纪上半叶]

彩插图 6

《库丘林驾驶战车进入战场》（*Cu Chulainn Riding His Chariot into Battle*）[约瑟夫·克里斯蒂安·莱恩德克尔（Joseph Christian Leyendecker），载于《印刷艺术》（*The Printing Art*）23 卷，第 3 期，1914 年 5 月]

彩插图 7

《梅芙女王》(*Queen Maev*)(约瑟夫·克里斯蒂安·莱恩德克尔，载于《印刷艺术》23卷，第3期，1914年5月)

彩插图 8
《圣帕特里克在爱尔兰登陆》(*The Landing of St Patrick in Ireland*)[弗雷德里克·凯利·罗宾逊(Frederick Cayley Robinson),1912]

彩插图 9

《奥西恩之梦》(*The Dream of Ossian*)(让－奥古斯特－多米尼克 · 安格尔，1813)

彩插图 10

《奥西恩接见法国英雄的鬼魂》(安 - 路易 · 吉罗代 · 特里奥松，1801)

彩插图 11

特里斯坦和伊索尔德的微缩图［埃夫拉尔·德埃斯平克（Évrard d'Espinques），载于 *Compilation arthurienne de Micheau Gonnot, Gautier Map, Roman de Lancelot (Lancelot propre)*，1470］

彩插图 12

《特里斯坦与伊索尔德》(*Tristan and Isolde*，约翰·邓肯，1912)

彩插图 13
《希德的骑士》(*The Riders of the Sidhe*，约翰·邓肯，1911)

彩插图 14
《布洛德韦德》(克里斯托弗·威廉姆斯，约 1925—1930 年)

最后，经过许多跌宕起伏的冒险，这对恋人在迪尔米德的养父阿格斯的斡旋下与芬恩签订了和平条约。他们在斯莱戈郡（Sligo）的克什科兰（Keshcorran）定居，并在那里诞下了五个孩子。但是这个故事还有一个黑暗且残酷的尾声。芬恩在本布尔本（Ben Bulben）附近组织了一次野猪狩猎，迪尔米德不顾预言说他会死于狩猎，还是参加了这次活动。不可避免的是，当他给野猪致命一击时，野猪也给他带来了致命的伤害。迪尔米德的死亡和他著名的爱巢让 19 世纪的浪漫主义者更喜欢称他为“爱尔兰的阿多尼斯（Adonis）”。在希腊神话中，阿多尼斯是维纳斯女神的情人，同样在被野猪刺伤后死去。芬恩有能力治愈他垂死的同伴，方法是让他喝下自己手中的水，但芬恩两次让水从手指间流走。最后，芬恩的孙子也是莪相的儿子奥斯卡（Oscar）用暴力威胁芬恩，要求他帮助迪尔米德。但当他第三次从井里取水回来时太晚了，迪尔米德已经死去。

位于利默里克（Limerick）的敦特里格（Duntryleague）通道墓，被称为“达比的床”或“迪尔米德和格兰妮雅的床”

芬尼安的传统在不断延伸，这说明了凯尔特神话的另一个重要特质，那就是这些新的故事是在相对较晚的时间进入故事体系的。并非所有在人们童年时可能听到的凯尔特神话都历史悠久，后来的一些故事甚至都并非来自中世纪。一个典型的例子是著名的芬恩的儿子莪相和仙女南木·钦·奥伊尔（Níamh Chinn Óir）的故事，即“金发南木”（Níamh of the golden head）的故事。

故事是这样的，一位仙女骑着一匹白马从海的西边到来，当时芬恩正在凯利郡（Kerry）的基拉尼湖（Loch Léin）附近打猎。她自称是“金发南木”，是青春之国国王的女儿，她昭告众人她深爱芬恩的儿子莪相，还计划带上自己一往情深的莪相一起前往青春之国。南木描述了那里的奇观异景，莪相同意了，并骑上了她身后的白马。当他们在海面上驰骋时，看到“生命之国的少女”正在被一个巨人猛烈追赶，于是他们绕道去了美德之国，莪相在那里帮助了少女，杀死了巨人。最后他们到达了青春之国并在那里结婚生子。

在青春之国生活了 300 年后，莪相开始思念爱尔兰，还思念他的父亲和他的芬尼安老战友。南木带着深深的忧虑同意让他离开。她告诉莪相，他可以骑着白马回家，但不能接触爱尔兰的土地，要是接触了土地，他就再也无法回来了。南木甚至告诉他，他的旅行将一无所获，因为芬尼安勇士们都离开了，爱尔兰现在到处是基督徒。莪相毅然决然地回到了爱尔兰，发现一切就像南木警告的那样。然后，不可避免的灾难来临了，年轻力壮的莪相被请求帮忙抬起一块大理石石板，因为背着沉重石板的人被压倒了。莪相毫不费力地搬起石头，但他所骑的马中间的皮带因此断裂，他滑到了地上。在接触大地的一瞬间，他变成了一个衰弱的老人。马被惊走，莪相只能向圣帕特里克讲述他悲惨的故事。

这是所有爱尔兰神话中最著名的一个故事，被后世反反复复地讲述和阐释。因此，许多人会觉得这是一个真实的故事，但这个故事并不是来自爱尔兰神话传统。虽然莪相确实是一个古老的神话人物，早在 13 世纪初就在《长者的对话》中扮演了重要角色，但他与南木一起在海上冒险的故事是一个全新的创意，是由 18 世纪中期一位名叫迈克尔・科明（Mícheál Comyn）的诗人所写。老迈的芬尼安幸存者将曾经的故事与帕特里克联系起来的想法是从早期文学作品中借用而来的，这些文学作品也描绘了一些神族女性。科明采用了新瓶装旧酒的创作思路，但他的新故事缺失了旧故事的宏大和复杂性。微妙的是，科明是用爱尔兰语创作的，因此他的作品属于爱尔兰传统，但他的故事依然显得有些脱离主线而且缺乏新意。

这个故事也有很大的影响力。1889 年，诗人叶芝出版了基于这个故事的长篇改编作品《莪相的漫游》（*The Wanderings of Oisin*）。作品梦幻般的风格在当时已经初步彰显出叶芝的个人特点。与《长者的对话》一样，作品叙述的框架不断延伸，芬恩的残部、仍然在世的几位芬尼安战友向圣帕特里克讲述他的冒险。在以下有代表性的段落中，莪相正在讲话，主要讲述了狩猎、风景和与异世界的女人的情欲纠葛，其中的内容非常忠实地遵循了中世纪的芬尼安传统，但又有了全新的前拉斐尔派[①]的氛围：

奎尔特、科南和芬恩都在那里
当我们用我们的猎犬追赶一只鹿的时候
与布兰、斯索兰和洛迈尔
经过弗伯格人的坟冢
来到山丘上的草丛中
激情四溢的美伊芙静若礁石
我们在鸽子灰色的海面上发现了

① 前拉斐尔派（pre-Raphaelite）主张回到文艺复兴初期的画风，也就是 15 世纪运用大量色彩、画出大量细节的画风，反对拉斐尔时代之后机械论的风格主义以及学院派的教学方法。——译者注

一位脸色苍白、出身高贵的女士
她骑着一匹带着弗林尼缰绳的马
她的嘴唇就像夕阳
暴风雨前的夕光洒落在不幸的船只上
她的头发泛着柑橘色
但她的白色衣裙一直流淌到脚下
与闪亮的深红色相辉映
衣服上绣有许多花纹
系着珍珠色的贝壳
如同夏日的溪水般摇曳生姿
随着她柔软的胸脯起伏

读者可能想知道叶芝写的“弗林尼”（findrinny）究竟是什么，在古爱尔兰语中，findruine 指的是一种金属汞合金，也许是金银合金，在传奇故事中出现异世界装饰是很常见的。在这首诗中，莪相继续描述了他前往三个不同异世界岛屿的冒险，一次是快乐和活泼的，一次是阴险和阴沉的，还有一次是梦幻又迷离的。这首诗的整体气氛非常沉重，还包含一些预言。一般来说，这首诗不被认为是叶芝最好的作品之一。然而，它确实说明了在凯尔特神话传统中，特别是在爱尔兰神话中，我们很难将原版故事与伪作区分开来。神话经历了许多复兴和复活的阶段，并在此过程中吸收了许多人的创造性努力，因此改变了原本的方向。结果是，这种对爱尔兰神话的创造性回应，如叶芝的《莪相的漫游》，以及启发它的 18 世纪原始诗歌，最终既成了爱尔兰神话传说的一部分，又成了对它的模仿。

谈及此，我们必须把注意力从爱尔兰转移到苏格兰，回到 18 世纪中叶，当时芬恩·麦克库尔和他的芬尼安勇士们遭遇了一次极为恶劣的文化盗用。1761 年，一位名叫詹姆斯·麦克弗森（James Macpherson，1736—1796）的苏格兰诗人和文学收集者宣布，他发现并翻译了一首失传的、用苏格兰盖尔语写成的“古史诗”并称之为

《芬戈尔》(*Fingal*)。芬戈尔是他对芬恩这个名字的换用。麦克弗森说整部作品是由奥西恩（Ossian）在 3 世纪创作的。奥西恩也就是芬恩的儿子莪相。麦克弗森说，他把原来的盖尔语诗歌翻译成了一篇抑扬顿挫、引经据典的散文。这种效果在下面引用的文本中得到了显著的体现，非常具有代表性：

> 在斯塔诺（Starno）的大厅前，追逐者的儿子们召开了会议。国王的黑眉毛像一团阴云。他的眼睛像夜晚的流星。他喊道，把阿甘达卡（Agandecca）带到这里来，带到她亲爱的摩尔文国王（king of Morven）身边。他的手沾满了我的人民的血，她的话没有白费。
>
> 她带着红色的眼泪来了，还带着她那松散的鸦色长发，她雪白的胸脯发出沉沉的叹息，就像流淌的卢巴河（Lubar）上泛起的泡沫。斯塔诺用钢铁刺穿了她的身体，她倒下了，就像罗南（Ronan）的岩石上滑落的雪花。树林寂静无声，回声荡彻在山谷更深处。
>
> 芬戈尔注视着他英勇的首领们，他们拿起了武器，战斗的阴霾呼啸而至。罗克林（Lochlin）逃走了，也许死去了。他脸色苍白，在船中紧拥着发色乌黑的爱人。她的坟墓建在阿德文（Ardven），大海咆哮着，似要吞没阿甘达卡的幽暗居所。

我们没有必要知道诗中故事的细节，但需要明白的是，上述文本与《长者的对话》那样的传统芬尼亚文本毫无相似之处。麦克弗森笔下奥西恩的世界是被迷雾笼罩的，是令人毛骨悚然的，故事里的人物从未离开过阴森可怖的白河或鬼影重重的峡谷。在很大程度上，麦克弗森营造了一种刻板印象，即塑造了一种四处弥漫忧郁感的凯尔特神话，而这种印象至今仍久久不散。然而，正如本书几个章节所展示的那样，凯尔特文学作品实际上很多样化、富有想象力，而且色彩明亮。1763 年，麦克弗森出版了续集《特莫拉》(*Temora*)，最后在 1765 年出版了《奥西恩作品集》(*The Works of Ossian*)。

这些散文诗满足了当时欧洲文化中的内在需求。在浪漫主义运动如火如荼的时代，人们试图推翻理性，崇尚激情，强调自然是如此令人敬畏且能调动深厚又激荡的感情。这场运动具体地关注了原始主义，对那些似乎来自文化原始阶段的诗歌兴致盎然。这些诗歌根植于特定民族的本土文化，但充满了高贵气息，没有出现那种文明发展必然带来的颓废色彩。因此，这个时代首要推崇的古典史诗诗人是经久不衰、情感澎湃的荷马，而不是罗马建国时期由发达文明孕育的维吉尔。对于麦克弗森的不列颠读者来说，这些散文诗的出现似乎带来了一种全新的、预料之外的史诗传统，它似乎正好符合当代原始主义的偏好，而且其发源地与本土比邻，这实在令人惊讶。麦克弗森把奥西恩描述成盲人，就像文学传统中荷马的形象一样。可见这位吟游诗人刻画的奥西恩的形象公然仿照了希腊诗人的传统形象，强调了与希腊传统的相似性。

詹姆斯·麦克弗森肖像，乔治·罗姆尼（George Romney），1779—1780

说这些诗与他们的时代相呼应，听起来似乎是明褒暗贬。值得探讨的是，当时那些巧思善辩的有识之士认为这些声音有多大的影响力。德国诗人歌德是一个早期的凯尔特神话爱好者。拿破仑·波拿巴也曾阅读梅尔基奥雷·塞萨罗蒂（Melchiorre Cesarotti）的意大利文译本，人们普遍认为该译本比之原作有所改进，而且非常引人入胜。拿破仑甚至委托他人绘制了以奥西恩为主题的大型画作，作品的艺术效果在现在看来非常古怪。法国皇帝为了他在马尔迈松城堡（Château de Malmaison）的居所委托安－路易·吉罗代·特里奥松（Anne-Louis Girodet de Roucy-Trioson）创作了《奥西恩接见法国英雄的鬼魂》（*Receiving the Ghosts of the French Heroes*）（见彩插图 10）这幅画作。画中的盖尔诗人是一个身穿白袍的失明的秃子，像一个年迈的德鲁伊。他伸出手来，将那些在革命战争中丧生的法国将军们迎接到天国。拿破仑委托让－奥古斯特－多米尼克·安格尔（Jean-Auguste-Dominique Ingres）为他在罗马奎里纳尔宫（Palazzo del Quirinale）的卧室绘制的天花板画则几乎没有什么奇特之处（见彩插图 9）。安格尔的作品描绘了奥西恩在他的竖琴上陷入梦乡的画面，麦克弗森史诗中的人物则在他的头上盘旋，看起来非常像荷马史诗中的勇士。

没有人能够想到，传说中的爱尔兰猎手兼战士芬恩·麦克库尔最终会出现在前教皇的宫殿里，成为绘于皇帝卧室天花板上的形象。对奥西恩相关作品给予最热烈支持的也许是美国第三任总统兼政治家托马斯·杰斐逊。杰斐逊认为这些作品是有史以来最伟大的诗歌，并表示希望学习盖尔语，以便阅读它们的原作。

杰斐逊很难获得原作，因为原作并不存在。事实上，麦克弗森的奥西恩相关作品一经出版，其作品对神话的忠实性就受到了质疑。爱尔兰学者看到属于本国最伟大的英雄之一被苏格兰人夺走，感到无比惊讶和恼火，还指出英雄的盖尔语名字是错误的，而且记述的时间顺序也不合理。

《奥西恩唱着他的天鹅之歌》（*Ossian Singing his Swan Song*），尼古拉·阿比德加德（Nicolai Abildgaard），1779—1782

伟大的评论家塞缪尔·约翰逊（Samuel Johnson）在 1775 年对此做出了非常公正的评价。他认为麦克弗森从真正的盖尔语诗歌和故事中提取了一些片段，将它们编入自己设计的再创作品中。这似乎确实是麦克弗森的创作方式。关于芬恩和其未婚妻的故事及歌曲是爱尔兰和苏格兰讲盖尔语的地区共同继承的一部分文化传统。目前，人们对麦克弗森成就的看法是，他接触到了鲜活的原始文学传统，并彻底改编了相关材料，他改编的程度使其面目全非，但产出的作品恰恰符合当代文化氛围的需求。麦克弗森的奥西恩系列作品甚至被重新写入苏格兰的文化背景。斯塔法岛（Staffa）上著名的芬戈尔洞（Fingal's Cave）的名字正是来自这首诗，而不是来自古老传统。

值得强调的是，很少有现代学者在试图衡量麦克弗森的成就时还会使用“盗用”这样的字眼。相反，专家们倾向于认为他的《芬戈尔》和《特莫拉》等作品是真正的史诗。尽管这些作品并不像麦克弗森本人所说的那样忠实原作，但它们激发了人们对盖尔文化的热情，这是他的作品的功劳，所以那些认为它们无异于海市蜃楼的评价也就不那么重要了。但直到现在，麦克弗森也依然会受到文化盗用的控诉，因为这些控诉者认为麦克弗森的盖尔语水平并不高。

事实上，麦克弗森并不是唯一的改编者。有一些浪漫主义爱好者天赋异禀，他们出于一些最佳的考量，曾不止一次地在中世纪后的凯尔特文学史上对符合心意的内容加以改编，特别是在 1760 年至 1860 年的那段时期。其中一些人物我们已经谈论过。在威尔士，格拉摩根的一位石匠，即约洛・摩根沃格描绘了虚假的吟游诗人和德鲁伊仪式，这些仪式仍然是每年艾斯特福德节的一部分。摩根沃格非常善于模仿中世纪威尔士最伟大诗人的作品，直到 20 世纪中期，威尔士学者才能够从中世纪真正的作品中筛选出他创作的赝品。1839 年，在布列塔尼出现了一本名为《布列塔尼的诗歌》（*Barzas Breiz*）的布列塔尼民谣集，作者名叫赫萨特・德拉维勒马凯（Hersart de la Villemarqué），他有一半布列塔尼血统，他的作品首次引起了公众对该国丰富口头歌曲传统的关注。这部作品没有麦克弗森对奥西恩故事的改编或是摩根沃格的改编那么极端，因为这本诗集实际上是以真实材料为基础的，但德拉维勒马凯对故事进行了整理，以使其更符合当时受众的口味。

麦克弗森的杰出之处在于他的作品在英国和爱尔兰的浪漫主义文学史上具有实实在在的重大意义。这种巨大的影响进一步激怒了爱尔兰人。现在，我们该谈谈芬恩在爱尔兰的现代形象了。在 1870 年至 1920 年的半个世纪里，在浪漫民族主义的推动下，人们对盖尔民族过去的文化兴趣实现了大爆发，我们将其称为爱尔兰复兴运动。在这个过程中，许多人物从爱尔兰的中世纪文学和神话中复活，一批人将这些人物融入自己的创作中。爱尔兰的英雄也不例外，我们已经探讨了叶芝对莪相在青春之国故事的改编，在第 6 章中，我们还探讨了叶芝对库丘林相关故事的重新想象。

丹尼斯·格文（Denis Gwynn）扮演的芬恩［斯坦迪什·奥格雷迪（Standish O'Grady），《芬恩的到来》（*The Coming of Fionn*），1909］

不得不说，在许多方面，芬恩是一个更容易被虔诚的天主教徒接纳的古老英雄。库丘林的血腥世界盘旋着战争女神变成的乌鸦，到处都是被砍下的头颅，具有潜在的异教色彩。相比之下，芬恩可以被视为原教旨的代言人。芬恩史诗有一个重要主题，即芬尼安的英雄法则与基督教真理之间的和谐交织。事实上，传统的说法是芬恩本人以某种直觉感受到了唯一的上帝，并相信了他的存在。正如《长者的对话》所说，芬恩的儿子莪相和他的朋友奎尔特活了下来，遇到了圣帕特里克并见证了该岛皈依基督教的过程（见彩插图 8）。后来的传统也改变了他们与王权的关系。正如在前文看到的，现实中的芬尼安勇士团的本质是“部落之外”（outside the tribe）[①]。但到了中世纪后期，他们已经被想象成爱尔兰常备军，效忠于爱尔兰如所罗门一般的明君——科马克·麦克阿尔特。

简而言之，激昂的民族主义者对芬尼安和他们英勇的领袖非常钦佩。勇士们在健康又新鲜的空气中奔跑、打猎、玩曲棍球，展现了男性的阳刚之气，还体现了遵守纪律和忠君爱国的品德，同时，他们还与教会保持着良好的关系。《长者的对话》中所描述的盘旋在他们头上的“千兵万骑的恶魔军团”已经被遗忘了。

英雄精神在现代世界的新生

对芬恩·麦克库尔传说的讨论就此结束。本章最后，我们将探讨一位著名的爱尔兰民族主义者和政治活动家，他非常珍视这些传说。他就是帕特里克·皮尔斯（Patrick Pearse，1879—1916），他是教师，也是律师和诗人。他是 1916 年反对不列颠国家的复活节起义的领导人之一，并因此遭到处决。皮尔斯是一个狂热又注重实践的理想主义

① 这里可能与中国传统文化中的“江湖”有相似之处，但还是选择直译为“部落之外”，保留原有文化语境。——译者注

者，他认为英国学校培养的是英国人，而如果爱尔兰人要自立为国，就需要采取截然不同的激进教育策略。因此，他于 1908 年在都柏林郊区的拉内拉赫（Ranelagh）建立了一所男校，并称之为圣恩达（St Enda's），学生们在这里接受爱尔兰语和英语的双语教育，教育重点是艺术和戏剧。学校的一切都以民族主义和爱尔兰国民性为宗旨，以至于皮尔斯的激进政治观点开始让一些家长感到不安。

英雄主义的理想笼罩着整个学校。正如皮尔斯曾写道："现代世界最想要的，而爱尔兰比其他所有现代国家都更想要的，是英雄精神的新生。"芬恩是圣恩达学校无与伦比的吉祥物，而库丘林紧随其后。男孩们必须在戏剧庆典中扮成芬尼安的样子，他们在这种装扮下的照片会被保存下来。但必须说，没有一个学生对此感到特别高兴。皮尔斯自己的同性恋倾向似乎是所有这些热情的基础，尽管是以一种相当升华的方式。可能他自己并没有意识到他对男孩的花式欣赏有性的意味，直到朋友们请他注意，并劝他不要如此狂热。

"芬尼安：戏剧奇观"照片（摄于圣恩达的院子，1914）

我们现在再看这些照片会发现，圣恩达的男孩们真诚地穿上了不符合历史的中世纪紧身裤和带翅膀的头盔，带来了令人不适的效果，并且引发了对民族主义所带来的不良后果的黑暗思考。正如所有关于芬尼安的中世纪故事所呈现的那样，皮尔斯所追求并亲自实现的那种英雄主义与普通人的生活是不相容的。而这种不相容正是问题所在。在皮尔斯的圣恩达学校接受教育的一些男孩最终在充斥于他们青年时期的暴力冲突中丧生。事实上，1916 年起义军的青年部被称为芬尼安团（Na Fianna），意思是“勇士团”，取典自芬恩的芬尼安勇士团，军团中的许多成员就来自圣恩达学校。皮尔斯曾在一次诗歌比赛中向男孩们提供步枪作为奖品。神话和激进政治的交织是那个时期的特点，它使照片中男孩们的面孔令人无比难忘。这是一段幽暗的历史，也证明了文学作品具有双刃剑的力量。在大多数人的记忆中，中世纪的芬恩·麦克库马尔的故事可能会影响青少年，造成他们在街头被枪杀的恶果。

第8章

布洛德韦德的转变

自然与魔法的生态思维

他们取了橡树花、金雀花和绣线菊，把这些花炼化成一位人们所见过的最美丽、最有天赋的少女。他们用当时的洗礼仪式为她洗礼，并给她起名为“布洛德韦德”。她的故事拥有一切：魔法、反叛和惩罚。她的痛苦和绝望似乎最易在我们当下的时代引发强烈的共鸣。

创造布洛德韦德是最不明智的事情，这是一场用魔法打败魔法的尝试。尽管如此，在所有凯尔特神话人物中，她也许拥有最丰富的后世改编作品和最细腻的心理描写。

麦森威之子马瑟的故事

布洛德韦德故事的关键词是魔法、反叛和惩罚。她的故事出现在《马比诺吉昂》第四分支的最后三分之一。《马比诺吉昂》是一套由中世纪威尔士叙事小说组成的优秀作品，我们在本书中已经提到过几次。在这套纷繁复杂的作品中，比起其他角色，布洛德韦德经历了最崎岖蜿蜒的人生轨迹。

魔法师葛威迪恩和马瑟用花创造了布洛德韦德的身体（见彩插图 14）。作为一个完美的女性，她成了葛威迪恩的侄子即年轻的英雄鲁尔·劳尔·盖菲斯（Lleu Llaw Gyffes）的妻子。但是她爱上了猎人葛朗·派卑赫（Gronw Pebr），并与他密谋杀死鲁尔。葛朗几乎给了鲁尔致命一击，但鲁尔并没有死，他变成鹰飞走了。鲁尔的叔叔葛威迪恩找到了他，救了他的性命并将他恢复人形。后来，鲁尔杀死了葛朗，而复仇心切的葛威迪恩则找到了布洛德韦德，抓住她并且恶狠狠地告诉她，他不会杀她，他说："我会进行更可怕的报复。"他把布洛德韦德变成了一只猫头鹰，还告诉她，所有的鸟儿都会恨她，一见到她就会发起攻击。

这就是故事的基本内容，看起来有些复杂，而且在道德层面并不光彩。布洛德韦德出现的部分只是"麦森威之子马瑟"（Math son of

Mathonwy）这则故事的最后三分之一。“麦森威之子马瑟”是《马比诺吉昂》中最复杂的故事。这个故事凸显了本书开始时提出的凯尔特神话的特点。

从根本上说，我们所说的“凯尔特神话”实际上是中世纪的文学作品，所以我们也需要用研究中世纪文学的视角来理解这些作品。在这些作品中，非常古老的、基督教到来之前的一些元素并不少见，但它们并不总是那么容易被发现。在未经学术训练的人看来具有异教色彩的内容其实并不尽然，而且，我们也没有把握从既有的叙述中提取出真正的基督教到来之前的原初神话信息。因此，我们无法用几个世纪后基督教后裔创作的中世纪文学作品来重建想象中的古凯尔特神话。但这并没有让后世停止尝试重建神话，只是可信度有待商榷。

关于这个现象，有一些具体例子。故事中有一些人物，几乎可以肯定他们是古不列颠神灵的化身，其中一位神灵就是鲁尔，他在故事中被称为“劳尔·盖菲斯”，意思是“灵巧的手”。历史语言学表明，这个名字的古代形式必然是卢格斯。卢格斯是这片土地上唯一一个被证实的凯尔特神灵的名字，也是爱尔兰文学中卢赫这个名字的原始形式。上述名称显然是同一个神的不同称呼。有趣的是，在英国没有现存的关于卢格斯的碑文，但他的名字却保留在一些地名中。苏格兰的洛锡安郡（Lothian）似乎有“卢格斯的堡垒”这一含义。这一点，再加上鲁尔现身于《马比诺吉昂》第四分支的事实，都强烈表明岛上的人们确实曾经崇拜这位神灵。

故事中还有其他的古老神灵。第四分支中还简短地提到了鲁尔的叔叔葛凡诺恩（Gofannon），他的名字必定来自戈巴诺诺斯（Gobannonos），在古不列颠语中的意思是“神圣的铁匠”。葛凡诺恩在爱尔兰神话中也有一个对应的名字，即铁匠戈夫努（Goibniu）或戈伊布宁（Goibnenn）。

以上例子以及故事中的其他细节表明，比起其他三个分支，真正的古凯尔特神话在第四分支中发挥了更大的作用。但是，这些神话元素与其他许多因素密不可分地纠缠在一起。例如，在许多不同民族的文学作品中出现了中世纪民间故事的主题。对此，我认为布洛德韦德就是一个例子，她当然是一个令人难忘的人物，但她不是女神，而且在我看来，她的神话原型也并不古老。尽管如此，在所有凯尔特神话人物中，她也许拥有最丰富的后世改编作品和最细腻的心理描写。

但如果我们转向文本，就会看到，创造布洛德韦德是最不明智的事情，这是一场用魔法打败魔法的尝试。在民间传说和文学作品中充斥着魔法使事情变得更糟的故事，这也是必然的，因为如果任何问题都可以通过魔法的手段轻松解决，将会带来叙事的惰性。

在这个故事中，圭内斯的统治者、掌握魔法的麦森威之子马瑟需要一个处女来担任他的持足者（footholder）。如前文所述，这是一个遍布奇怪细节的文本。事实上，在现实中的威尔士宫廷中，国王的持足者是一个实实在在的官职①，但由男人担任。这个官员还有其他职责，比如为国王挠痒痒。但故事设定马瑟的持足者必须是一个年轻的处女，作者由此将我们带入一个有特殊设定的奇幻世界。

马瑟的侄子葛威迪恩和葛尔维瑟（Gilfaethwy）推荐了他们的妹妹阿丽安萝德。她是多恩的女儿，也是马瑟的侄女。多恩是一个设定模糊的人物，可能是一位女性，在威尔士传统中没有对她进行细节描述。马瑟采用了一个处女测试，要求阿丽安萝德必须跨过他的魔杖。当阿丽安萝德照做时，她当场生下了一个男婴，马瑟立即给他取名为迪兰·埃尔·同（Dylan Ail Ton），意思是“迪兰，海浪之后”或“海浪之子”。即便还是个新生儿，迪兰已经展现出一些与生俱来的本能，回应着大海强烈的吸引。故事里说“浪涛亲昵地依偎着他的足踝”，

① 在威尔士法律中，持足者拥有首席侍从的头衔。——译者注

而且“他在水中自在如鱼”。

但是一些更神秘的东西也从阿丽安萝德的身体中被发现。在她羞愧地逃走之前，她遗落了“某种小东西”，一向警觉的葛威迪恩把它捡起来，藏在床脚的一个箱子里。过了一会儿，他听到箱子里传来哭声，他发现这个“小东西”已经长成另一个男婴。葛威迪恩为他找到了一个女保姆，妥善地收养了他，这个婴儿后来被命名为鲁尔。

值得强调的是，这个故事十分怪异。在这一系列光怪陆离的事件中，没有任何文本表明阿丽安萝德是在故意撒谎说自己是处女。是否有可能她对男女之事一无所知，对自己是否怀孕也毫无知觉呢？她显然对自己公开分娩的事实感到羞耻，那么谁是这两个孩子的父亲呢？为什么迪兰身上有亲海的本性？为什么一个男孩经历了完整的孕育过程，而另一个却诞生于一个无名的小东西？

凯尔特研究者曾经习惯于把诸如此类的未解之谜理解为《马比诺吉昂》故事本身的不完美或不合逻辑。学者认为这更加说明了该故事改编自曾经极富奇思妙想的本土神话。维多利亚时代的诗人马修·阿诺德写过一个著名的比喻：“在阅读《马比诺吉昂》时，首先让人震惊的是，中世纪讲故事的人显然对古老资料进行了肆意挪用，而且对其中的奥秘一知半解。作者就像一个在哈利卡纳苏斯（Halicarnassus）或以弗所（Ephesus）的遗址上建造小屋的农民。他虽然是建造者，但他的建筑材料是他并不了解的‘历史资料’，或者只是来自他偶然瞥见的古老传统。”

但总的来说，凯尔特研究者已经有了思维方式的转变。一方面，以任何直截了当的方式展现逻辑不是世界各地神话的显著特征，神话往往是特定文化最超现实的表现。另一方面，如今的我们对这些故事里的巧思有了更深刻的理解，我们更愿意从图像的呈现和事件的演变中看到复杂的艺术性，但这种表达方式和神话之间仍有难以言说的差距。在电影导演大卫·林奇（David Lynch）的影响下长大的读者，更愿意欣赏这样的叙事方式的魅力，因为在这种叙事方式中，连接事件的逻辑总是像梦一样难以捉摸。

可以说阿丽安萝德的孩子们的出生是《马比诺吉昂》中的一个重要情节，该情节尤其证明了故事可能有一个更古老的版本，而目前的版本经历了不完美的改编。这有一定的合理性，我认为我们不仅可以看到故事的一些不完美之处，还可以推测它们不完美的原因。在故事的早期，葛威迪恩帮助他的兄弟葛尔维瑟强奸了马瑟的上一任持足者格尔薇恩（Goewin）。由于这一罪行，两兄弟经历了一次怪诞而令人费解的惩罚。

马瑟把他们变成了三对一雌一雄的动物，分别为狼、鹿和野猪，让他们互相生育后代。强奸犯葛尔维瑟不得不两次成为雌性。因此，我们可以推测出事情的起因，上一任处女持足者格尔薇恩被强奸了，而下一任处女持足者——那位明显与事件没有关联的阿丽安萝德被卷入其中，生下了孩子。

阿丽安萝德作为多恩神话家族的成员，很可能是一个比格尔薇恩更年长、更有分量的人物，而尽管格尔薇恩是圭内斯的女王，她还是在阿丽安萝德进入叙事的时候就淡出了叙事，以作为对她所受痛苦的补偿。因此，人们很容易联想到这个故事在中世纪威尔士流传着的一个更古老的版本。在这个版本中，阿丽安萝德确实是马瑟的持足者，并被她的某一个兄弟强奸了，而这两个男孩迪兰和鲁尔，就是由此产生的后代。如果这个推测是正确的，那他们的父亲很可能是葛威迪恩，因为葛尔维瑟是一个虚无的人物，在《马比诺吉昂》第四分支之外的威尔士传统中几乎没有出现过。就像格尔薇恩一样，葛尔维瑟很有可能是这个故事在后期改编中新加入的人物。

这个观点有很多值得肯定的地方。事实上，一首晚期的中世纪诗歌曾提到，阿丽安萝德这个女人的“白色手臂”是“马瑟每晚的枕头”，这意味着她一度是马瑟的持足者。在故事中，葛威迪恩对阿丽安萝德儿子的健康所表现出的强烈关注也可以解释为来自亲生父亲的关怀。最后，神灵之间的乱伦当然是许多神话的特点，比如希腊的宙斯和赫拉兄妹。因此，这个重建的场景有一种诱人的古老韵味。如果我在此处勾勒的情景确实曾经在中世纪的威尔士流传，那么现在的故事创作者对故事进行修改，包括引入格尔薇恩这个人物的个中缘由也就昭然若揭了。这个故事涉及了很多乱伦的内容，如果乱伦也是他们原罪的一部分，那么以兄弟俩乱伦作为惩罚带来的禁忌之感就会随之消失。

布洛德韦德的背叛和惩罚

我在这里详细讨论了这些可能性，以强调运用这些中世纪故事试图重建一个失落的不列颠神话是多么吸引人，但也可能具有误导性。这里我们应该回过头来看看布洛德韦德本人。由于阿丽安萝德的愤怒和羞愧，布洛德韦德被创造成为鲁尔的妻子是必然的。无论讲述鲁尔和迪兰这两个孩子出生的最早版本是什么样的，阿丽安萝德都并不愿意承认孩子是她所生。在下面的故事里，迪兰恰好如鱼一般从舞台左边游走了，而葛威迪恩试图强迫她承认另一个孩子鲁尔是她所生：

> 有一天，男孩跟着葛威迪恩走了出去。葛威迪恩向阿丽安萝德城堡走去，男孩也跟着他。当他到达宫廷时，阿丽安萝德起身迎接他，欢迎并问候他。
>
> “愿上帝赐予你美好。”葛威迪恩说。
>
> “你身后的男孩是谁？”阿丽安萝德说。
>
> “这个男孩是你的儿子。”他说。
>
> “哎，哥哥，你是怎么了？我的脸已经丢尽了，你把他

留在身边这么久，是觉得我还不够耻辱吗？”

“如果你看到我养育了一个这么好的男孩还感到羞耻的话，那么你的羞耻就不值一提。”

“孩子叫什么名字？”她问。

“说实话，”葛威迪恩说，“他还没有名字。”

“好吧，”阿丽安萝德说，“我在此起誓，除非他从我这里得到名字，否则将永远无名。”

“我向上帝忏悔，”葛威迪恩说，“你是个邪恶的女人，尽管你这样做，这个孩子还是会得到一个名字。至于你，”他说，“这个孩子让你气急败坏，因为你不再是众人眼中的处女，而且人们再也不会把你看作处女了。”

如果在古老的传统中描述了鲁尔是葛威迪恩和阿丽安萝德乱伦生下的儿子，那么这一段叙述里兄妹之间的针锋相对就会得到一种特殊的共鸣。

阿丽安萝德在《马比诺吉昂》第四分支中是一个独立而强大的女性，与其他兄弟不同，她有一个属于自己的海上城堡，也就是阿丽安萝德堡。阿丽安萝德堡靠近庞特利弗尼（Pontllyfni），它的威尔士名字是圭内斯北部海岸一群于退潮时可见的岩石的传统名称。阿丽安萝德似乎和她的哥哥葛威迪恩一样，拥有某种神奇的魔法，她能够对她的儿子立下具有约束力的三重禁咒，我们刚刚看到了其中的第一重禁咒。根据禁咒，他的儿子既没有名字，也没有武器，更不能有生于人间的人类妻子。这些禁令不能被破除，只能设法规避。

葛威迪恩在威尔士传统中的显著特征是他拥有智慧却极度缺乏顾忌，他设法用魔法突破了前两项禁咒，其中包括伪装自己和鲁尔以及变出短暂存在的物体。在第一个情节中，葛威迪恩将自己和男孩伪装成四处奔波的鞋匠，当阿丽安萝德来到他们的船上买一双量身定做的鞋子时，她看到男孩用弹弓击中了一只鸟儿的腿，她说：“正义之人[①]用灵巧的手打中了它！”由此，她无意中给儿子取名鲁尔。第二个禁咒也被葛威迪恩用幻术和由故事编织的魔法巧妙避开了。但是，避开第三条禁咒就比较困难了，为此，葛威迪恩必须与他的叔叔马瑟联手。一个魔法造就的妻子与一艘魔法造就的船或一双鞋不同，绝不能只存在一天就消散。马瑟的魔法似乎具有更持久的效果，所以二人必须联手才能创造一个生命体。值得注意的是，阿丽安萝德的第三个禁咒体现出一种可怕的恶性循环。她自己在性和生育方面受到了羞辱，而她的禁咒又反过来切断了鲁尔与这个世界的亲缘联系。没有合法的妻子就没有继承人，但马瑟和葛威迪恩决定改变鲁尔的命运：

> 他们取了橡树花、金雀花和绣线菊，把这些花炼化成一位人们所见过的最美丽、最有天赋的少女。他们用当时的洗礼仪式为她洗礼，并给她起名为“布洛德韦德”。

这个人物的名字有一些不同的拼法，我们很快就会明白其中缘由。橡树、金雀花和绣线菊在威尔士传统中从未有任何内在联系，但金雀花是传统上对金发的比喻，我们在第 2 章中看到金雀花被用于描述欧文的头发。鲁尔和这个新生的女子结婚了，但过了一段时间，布洛德韦德迷上了猎人葛朗·派卑赫。在《马比诺吉昂》中，作者讲述道：“她身上没有一处不充满对他的爱。”这看起来非常像纯粹的浪漫爱情的典型。她与猎人密谋杀死鲁尔，但是只有精心设计并满足一些不可思议的条件才能杀死他，条件包括让鲁尔一只脚在河岸上的洗浴桶边缘站稳，同时另一只脚踩在山羊的背上。最终鲁尔被引诱着摆出了这种几乎不可能的姿势，在那里，葛朗试图杀死他。

但这一计谋并未得逞。鲁尔被救了回来并且被人复活。于是鲁尔开始向葛朗复仇，而葛威迪恩则把布洛德韦德变成猫头鹰来惩罚这个

---

① 正义之人的威尔士语写作 Lleu。——译者注

自己亲手创造的女人。在这一点上，我将再次强调该文本的原始版本可能经历过改编，这是前文多次提及的一个问题，我会找到一些证据来证实这一点。布洛德韦德显然是一个来自民间故事而非神话传说的人物。在《马比诺吉昂》第四分支的人物中，谈及那些明显曾是凯尔特神灵的人物，我们可以列举出鲁尔和只被简要提及的铁匠葛凡诺恩，也许还有葛威迪恩和阿丽安萝德，除此之外，几乎其他所有人物都是民间故事的人物，而不是古不列颠神灵的后世版本。需要再次强调的是，我们探讨的凯尔特神话并不单纯是从非基督教主导的时代流传下来的资料，而是经历几个世纪发展的丰富多彩的混合体。

世界范围内有各种民间故事与布洛德韦德的故事相呼应，但这些故事通常只讲述了一个女人因为残忍或不忠受到惩罚被变成猫头鹰的经历。在莎士比亚的《哈姆雷特》中奥菲莉娅有一段著名的台词影射了这个民间故事："他们说猫头鹰是面包师的女儿。"这里隐隐说明该民间故事有另一个版本，在这个版本里，面包师的女儿拒绝给基督一块面包。涉及猫头鹰这一母题的某个故事版本显然在中世纪早期的威尔士流传，而且似乎与其他两个故事相结合。第一个故事是不忠的妻子必须说服自己的丈夫暴露出不为人知的、涉及超自然力量的弱点，以便后期实施背叛。与之对应的是《圣经》中参孙（Samson）和黛利拉（Delilah）的故事。第二个故事有关动物起源的传说，我们可以称这类传说为"原来如此"（Just So）的故事，这一类主题因《原来如此的故事》[1] 而著名。这些故事解释了特定物种获得独有特征的来龙去脉，其中最著名的是吉卜林所写的"豹子如何得到它的斑点"。

① 《原来如此的故事》（*Just So Stories*）是英国作家鲁德亚德·吉卜林（Rudyard Kipling）于 1902 年创作的故事集，是一部经典的儿童文学作品。——编者注

取材于约翰·亨利·弗雷德里克·培根（John Henry Frederick Bacon）的《布洛德韦德的形成》（The Making of Blodeuwedd），载于查尔斯 · 斯夸尔（Charles Squire）的《凯尔特神话传说与浪漫诗歌》（*Celtic Myth and Legend*，*Poetry & Romance*，1910）

惩罚布洛德韦德的故事核心显然是一个关于猫头鹰的“原来如此”的故事，其目的是解释两件事，第一件事是解释鸟类学中的聚众捕食现象。当鹰或猫头鹰等大型掠食性鸟类威胁到小型鸟类，特别是乌鸦的后代时，它们会本能地结伙反击。小型鸟类会绕着侵略者飞行，发出叫声，俯冲攻击，甚至在对方身上排泄。在不列颠群岛，猫头鹰、老鹰和布谷鸟是最常被围攻的掠食者。当葛威迪恩准备改造布洛德韦德时，他对她施加的令人不寒而栗的诅咒明确提到了群趋反应，这可能是一种无法被赦免或以赎罪抵消的道德惩罚。这个故事的一个奇怪之处在于，施加惩罚的竟然是在道德上劣迹斑斑的葛威迪恩：

> 葛威迪恩抓住她，对她说：“我不会杀你。我会进行更可怕的报复，我将让你以鸟的外形离开。由于你羞辱了鲁尔·劳尔·盖菲斯，你将永远不敢在白天露面，而且是出于对所有鸟的恐惧。你会是所有鸟的宿敌。它们本能地会攻击你、骚扰你，无论它们在哪里发现你。你将不会失去你的名字，你将被永远烙上‘布洛德韦德’的耻辱名号。”

这是一个关键情节，因为惩罚布洛德韦德的故事解释了第二件事，那就是她的名字。这里运用了一个复杂的文字游戏，我们需要对此进行一些解释。似乎在中世纪早期的威尔士语中，布洛德韦德这个名字是猫头鹰的一个民间叫法，它的字面意思是“花脸”。她的名字洛德韦德 blodeuwedd 这个词是“花”（blodau）和“面部外观”（gwedd）的复合词。这个美丽的名字的来源并不难找。伟大的威尔士学者《马比诺吉昂》的编辑艾弗·威廉姆斯爵士回忆说，他非常杰出的老师约翰·莫里斯－琼斯爵士（Sir John Morris-Jones）会通过在黑板上并排画出两朵花（❋❋）来解释这个名字。这两朵花就与猫头鹰的两只圆形的、朝前的眼睛呈现出明显的相似性。当《马比诺吉昂》流传到当代威尔士，猫头鹰的民间叫法可能已经不那么耳熟能详了，所以作者不得不对此做出解释：在现在的语言中，布洛德韦德是一种猫头鹰，这个故事就解释了为什么鸟儿们对猫头鹰有敌意，而猫头鹰被称为布洛德韦德。作者试图将布洛德韦德受到的惩罚和猫头鹰遭受的敌意联系在一起，这也让布洛德韦德这个名字有了更复杂的含义。在《马比诺吉昂》第四分支的大部分叙述里，布洛德韦德实际上被称为布罗迪德（Blodeuedd）。此处在拼写上有一个细微但重要的区别，使得这个名字的意思类似于万花之花（flowerses），因为其英文形式有一个双重复数尾缀[①]。于是，这个民间故事的原型被揭示出来，为什么小鸟会攻击猫头鹰（花脸）？是因为她曾经是一个名为“万花之花”的女孩，但她犯下了一个重大的错误，作为惩罚，她被变成了一只猫头鹰。随着她形态的变化，她的名字也发生了变化，从 flowerses 变成了 flowerface，这就是我们仍然称猫头鹰为花脸的原因。

沿着这样的思路，很可能还有一个民间故事隐藏在惩罚布洛德韦德的故事背后。如前文所述，布洛德韦德除了名字上的一词多义之外，并没有什么特别的威尔士语含义。布洛德韦德包含“花”的意思，这可能在某个时刻给了传统故事讲述者一个点子，那就是把这个变成猫头鹰的不幸女人的故事与一个从花中诞生的奇妙故事联系起来。我怀疑这个点子是《马比诺吉昂》不知名的 11 世纪作者的创意，但我没有办法证明。我之所以会这样想，是因为威尔士传统中的另一个人物也经历了非常相似的从花中诞生的故事，我们在本书中已经讨论过他，那就是诗才卓著的塔列辛。在“塔列辛之书”的一首诗中，传奇的诗人描述了他是如何从鲜花、水果和其他自然力量中诞生的，而创造他的不是别人，正是《马比诺吉昂》中布洛德韦德的创造者（或称为父亲），即马瑟和葛威迪恩。值得注意的是，这个故事中的其他人物都有两个男性“父母”，葛威迪恩和葛尔维瑟在受魔法惩罚的几年中所生的三个动物后代被马瑟带走，变成了三个人类男孩，分别取名为布雷闰（Bleiddwn）、赫闰（Hyddwn）和亥克多闰（Hychddwn）。

---

① flower 的复数形式是 flowers，再加上“es”的 flowerses 则呈现出一个双重复数的尾缀。——译者注

在这首诗中，我们看到了塔列辛从山野间的花果中诞生的故事，这就产生了一个疑点。几乎可以肯定的是，这首诗是在《马比诺吉昂》之后创作的，但它所讲述的故事似乎在传统的威尔士传说中已经广为人知。从众多的花朵类的事物中诞生这一属性和传说中的塔列辛相符合，在整个神话传统中，塔列辛之所以有与生俱来的创造力，是因为他的诞生本就凝聚了万物之灵。因此，我的观点是《马比诺吉昂》的作者或是原版故事的创作者把塔列辛脱胎自花中这一令人难忘的奇幻故事嫁接到了鲁尔的不忠妻子身上，大概是因为这个巧思符合她的名字里"花"的元素，同时，也因为阿丽安萝德以魔法规定鲁尔不得有人类妻子。凯尔特神话爱好者对这个故事如此熟悉，以至于很难察觉到在花中诞生的人、不忠的妻子和心狠手辣地将女孩变成猫头鹰的故事之间没有逻辑上的必然联系。我们在上文探讨过，《马比诺吉昂》故事的不同版本显然在中世纪和现代早期的威尔士经口头流传，而且很有说服力的是，一位中世纪诗人在提到布洛德韦德时曾说，她的父亲来自安格尔西，安格尔西的意思是"第二个马克"（second Mark），此处指的是特里斯坦和伊索尔德故事中的马克国王。这与《马比诺吉昂》中的情节并不一致，很可能是呼应了一个更古老的故事版本。如果上述对布洛德韦德故事的分析是正确的，那么我们就不得不面对这样一种可能性，也许这个凯尔特神话中最令人难忘的情节之一既不是神话，也不是一个逻辑健全的故事。

沐繁花而生的野性力量

布洛德韦德的故事以及整个《马比诺吉昂》文本有两个亮点，那就是情节的极端性和情感的复杂性。这使我想到一个重要的问题，那就是我们应该如何阅读这些故事。通常情况下，我们作为读者或听众，需要像原来的听众一样，在一定程度上主动想象，从而深切感受人物的情感。除了一些罕见的例外情况，叙述者不会告诉我们应该有怎样的触动，也不会告诉我们人物的感受。这一点值得深究，当我们习惯了现实主义小说的表达方式，习惯了文本为我们提供人物的内心世界和感受，而不只是简单地呈现他们的行为，我们可能会无法理解《马比诺吉昂》中的故事。

作者书写《马比诺吉昂》时，现实主义小说的表达方式尚未问世，所以故事总体的叙述风格具有一种情感上的质朴感，无论故事中描述的事件多么离奇或怪诞，作者都保持着稳定的节奏和一贯的清醒。我们可以将《马比诺吉昂》与第 2 章讨论的亚瑟王传奇系列故事《凯尔维奇如何赢得欧文》中多变的风格进行对比，后者可能只比《马比诺吉昂》早半个世纪左右。

因此，后来的许多作家都异常冲动地试图解释布洛德韦德的内心世界和心理活动。其中，艾伦·加纳（Alan Garner）1967 年的儿童小说《猫头鹰恩仇录》（*The Owl Service*）是最著名的作品之一。诗人维基·菲弗（Vicki Feaver）和格威妮丝·刘易斯也曾试图描绘布洛德韦德。可见，布洛德韦德牢牢地抓住了文学的想象之翼。但随着时间的推移，故事的重点发生了显而易见的变化。在 19 世纪末和 20 世纪初，让人着迷的是创造布洛德韦德的过程。现在，随着人们对性别政治有了更广泛且深刻的认识，对她的惩罚成了故事改编的兴趣焦点。

我们没有足够的篇幅来研究更多的改编作品。其中最杰出的作品之一也是最早的作品之一是 1948 年的剧作《布洛德韦德》，英文版本译为 The Woman Made of Flowers（沐繁花而生），作者是 20 世纪威尔士文学界的大人物桑德斯·刘易斯。作为诗人、剧作家、学者、语言活动家和威尔士民族主义者，刘易斯在威尔士语言文化领域获得了非凡的地位。我将在下文介绍刘易斯的剧作，因为他关于布洛德韦德的作品是不懂威尔士语的受众最难接触到的。

《猫头鹰恩仇录》的封面（艾伦·李，1975）

刘易斯试图通过他的剧作为讲威尔士语的威尔士地区创造一个具有本土性和民族性的戏剧传统。刘易斯希望塑造一部严肃的文学戏剧，就像叶芝和其他作者在上个世纪为爱尔兰创造的剧作那样。在对《马比诺吉昂》或者说以布洛德韦德为中心的内容进行戏剧改编的过程中，刘易斯有意识地借用了威尔士神话，就像雅典悲剧作家借用希腊神话一样，将观众熟悉或者应该熟悉的叙事脉络进行戏剧改编，并且进行了微妙的心理渗透和巧妙的重点转移，使故事妙趣横生。他笔下的布洛德韦德是一个令人不寒而栗、不可思议的人物。在刘易斯自己设计的情节中，布洛德韦德展现出非人类的本质。

在中世纪的文本中，布洛德韦德并没有因为沐繁花而生保留一些相关特质，使她与周围的人类世界区分开来，也就是说她与其他女性没有区别。但在刘易斯的剧作中，布洛德韦德保留了对自然的狂热渴望。剧作中的鲁尔（刘易斯称其为勒夫）向叔叔葛威迪恩回忆了妻子的怪异行径，他有一段精彩的台词说，在一个风雨交加的夜晚，他醒来时发现妻子不见了，他走到暴风雨中，发现妻子在飘落的树叶间跳舞，浑身湿透，欣喜若狂。这影射了她的通奸行为。刘易斯笔下的布洛德韦德有一种野性的力量，她受困于自己的人形躯体，她如花一般传播花粉的自然本能与人类社会关系要求的贞洁规训相冲突。刘易斯还为这个中世纪故事添加了另一个精彩的笔触。剧作中的布洛德韦德似乎是无法受孕的，或者至少她和鲁尔不能生育。这隐隐强调了她和丈夫是不同物种的事实。如果是这样，葛威迪恩试图规避阿丽安萝德的诅咒所做的努力都成了徒劳。因为如果这对夫妇不能生孩子，那么葛威迪恩的养子就无法有任何后代，也就难以确定是否真的打破或规避了阿丽安萝德的诅咒。在婚姻破碎之后，鲁尔再次孑然一身，他母亲最初为他定下的不能有人类妻子的诅咒可能仍然生效。

讽刺的是，刘易斯笔下的布洛德韦德并不能真正理解人类的规则，而且她可能并没有能力理解人类这个群体。刘易斯为我们呈现了这样一个女主人公：一方面，她希望可以自由支配自己的情欲，逃离中世纪令人窒息的资产阶级式的婚姻束缚（从这个角度看，故事还呈现出强烈的易卜生剧作的色彩[①]）；另一方面，她也是一个非人类的、富有野性的生物，被魔法催生到了与自己格格不入，危机四伏的人类世界之中。

布洛德韦德的故事是凯尔特中世纪文学，特别是《马比诺吉昂》中我最喜欢的一则，整个故事在最新版本的威尔士散文中占几乎不到150行。讲故事的人运用了一个技巧，让他/她笔下的大量人物可以以极具开放性和创造性的方式吸引后世对它的补充和深入解读。《马比诺吉昂》的叙事艺术有一种奇特的、类似于日本水墨画般的手法，在这类作品中，绘画空隙与实际笔触一样重要。这种微妙的艺术手法为我们提供了一系列可以开拓无尽想象空间的光怪陆离的人物，其中深陷谋杀、痛苦和绝望的布洛德韦德似乎最易在我们当下的时代引发强烈的共鸣。

---

① 著名剧作家亨利克·易卜生（Henrik Ibsen，1828—1906）的作品常关注女性主义。易卜生的作品《玩偶之家》中的女主人公也试图挣脱婚姻束缚，与刘易斯笔下的布洛德韦德有异曲同工之妙。——译者注

第9章

迪尔德丽的哀歌

情感、欲望与两性关系的反思

爱尔兰最著名的三角恋爱故事，是“阿尔斯特传奇”中迪尔德丽和乌斯柳的儿子们的故事。这个故事广为人知，它的展开有着希腊悲剧般的残酷性和严峻性。而爱情三角被认为是关于自然、季节和太阳周期的关系，它也被看作一个讲述了王权和土地女神所代表的主权之间关系的神话模板。

你将做下的事
暴虐又骇人
因为对阿尔斯特国王的愤怒
你的坟墓将随处可见
你的故事将远近闻名
哦，迪尔德丽

——德鲁伊卡斯伯德

本章涉及几个互相关联的主题。首先，它涉及一个典型的凯尔特神话主题，那就是爱情三角关系，或者更准确地说，是性层面的三角关系。故事里两个男人争夺一个女人的所有权或她的芳心，因此，这个女人从一个男人身边转移到另一个男人身边，时而又回到上一个男人身边。这类故事是中世纪凯尔特文学中的一个重要的母题。据说这类故事给欧洲其他地方留下了两个远近闻名的传说，都与亚瑟王的传说有关。第一个当然是亚瑟王，桂妮维亚王后以及桂妮维亚的情人——亚瑟王最伟大的骑士兰斯洛特爵士之间的三角关系，但其实这是法国人的创新，实际上这个故事在威尔士亚瑟王的相关记述中并没有出现。第二个三角关系传说最初是一个独立的故事，但逐渐被卷入亚瑟王传说体系，那就是特里斯坦和伊索尔德这对恋人，以及伊索尔德充满猜忌的丈夫——康沃尔国王马克的故事（见彩插图 11、彩插图 12）。故事曾被瓦格纳（Wagner）写于《特里斯坦和伊索尔德》（*Tristan und Isolde*）这部作品中。

关于这个基本的故事模式似乎有一些古老的说法。古典作家普鲁塔克（Plutarch）在一篇关于女战士的文章中讲述了一个有关加拉提亚凯尔特人（Galatian Celts）的故事，这些凯尔特人现在生活在土耳其中部。在普鲁塔克的故事中，卡玛（Camma）是一位公主，也是阿耳忒弥斯（Artemis）女神的女祭司。

兰斯洛特爵士和桂妮维亚女王，载于《寻找圣杯与亚瑟王之死》(*La Quête du Saint Graal et la Mort d'Arthus*, 1301—1400)

卡玛嫁给了一位名叫西纳图斯（Sinatus）的统治者，她因为心地善良、忠诚貌美而广受尊崇。但西纳图斯有一个对手，是一个名叫西诺里克斯（Sinorix）的统治者。西诺里克斯谋杀了西纳图斯，并预谋向其寡妻卡玛求婚。卡玛没有屈从于西诺里克斯的追求，而是把他带到了女神的庙宇。在那里，她为西诺里克斯和自己准备了一杯牛奶或蜂蜜酒。西诺里克斯在喝下之后才意识到这杯饮料是有毒的。据普鲁塔克说，卡玛快乐地死去，因为她知道自己已经为亡夫报了仇。普鲁塔克把这个故事当作历史事实一般讲述，但它很可能是加拉提亚人的传说，是半个世纪后的古爱尔兰传奇之一。故事里人物的名字证实了这一可能性。卡玛在凯尔特语中是“坏女人”的意思，这是一个贬义的名字，但她其实非常忠诚善良；卡玛的丈夫西纳图斯的名字可能有“合适的”这一含义；而面貌丑陋的竞争者西诺里克斯名字的意思是“老国王”。

插图《兰斯洛特带走了桂妮维亚》(*Lancelot Bears off Guinevere*),亨利·贾斯蒂斯·福特(Henry Justice Ford),载于安德鲁·兰(Andrew Lang)的《圆桌故事》(*Tales of the Round Table*, 1908)

这个故事包含了各种设定,这些设定在更晚期的凯尔特文学中产生了持续的影响。特别是在欧洲大陆另一端的爱尔兰文学中,奸诈的老国王杀死了他年轻的情敌,因为这个情敌深爱着老国王垂涎的女人。这个女人在艰难的处境中,保持了远见和果断,准备了具有象征性的毒酒。故事营造出阴谋、背叛和报复的气氛。虽然凯尔特神话并非对通奸带来的情感波动或二男争一女的故事情有独钟,但这一主题在凯尔特民族中深受欢迎。荷马的《伊利亚特》也喜欢呈现这一设定,而凯尔特人倾向于以一种独特的方式对这种设定进行调整和改写。我们将在后文讨论爱尔兰最著名的三角恋爱故事,即"阿尔斯特传奇"中迪尔德丽(Deirdriu)和乌斯柳(Uisliu)的儿子们的故事。这个故事大约创作于公元800年,是一个广为人知的痛彻心扉的故事，有着希腊悲剧般的残酷性和严峻性，故事里性和死亡的主题一直很受欢迎。它是中世纪爱尔兰最优秀的作品之一，在爱尔兰复兴时期经历了反复的改编和重写。

爱情三角恋的神话学研究

三角恋主题的长期存在构成了一个极好的案例，帮助学者们分析基于凯尔特神话所提出的一些理论。神话的意义并不是不言而喻的，在过去的 150 年里，人们对神话的理解发生了翻天覆地的变化。正如我们下文会看到的，爱情三角被认为是关于自然、季节和太阳周期的关系，它也被看作一个讲述了王权和土地女神所代表的主权之间关系的神话模板。在探讨目前的学者是否认为这些理论仍有价值之前，我们需要知道学术研究渗透到公众意识中通常具有滞后性。这个问题在凯尔特神话研究中尤为突出，主要是因为人们往往在情感上或在精神上对神话进行了非常大的投入。结果，对于任何对凯尔特神话感兴趣的读者来说，80 年前的学术正统观念成了他们试图理解神话时所认为的“事实”。与此同时，在学术界，各种观念日新月异，有时甚至早已更新换代，这意味着向那些对凯尔特神话兴致盎然的人介绍当前的研究时，往往需要艰难地推翻一些人们奉若圭臬的过时观念。

我们将用一些篇幅讨论两个熟悉但过时的神话研究观点。首先是上文提到的季节神话，以及更普遍的自然周期神话模板。19 世纪末，学者们对宗教和神话的思考开始变得更广泛、更具概念支撑，他们也开始寻找一种理论来解释世界各地多种多样的神话表现形式。其中最受欢迎的是德国语言学家和东方研究学家麦克斯·缪勒（Max Müller，1823—1900）的太阳理论（solar theory），他认为神话本质上是对自然界隐喻的误解。例如，人类一开始认为风就像呼吸，后来又相信有一个吐纳风息的生物存在。人类所有的神话故事，究其本质都是在描绘自然的力量，尤其是太阳的力量。

维多利亚时代的人类学家进一步研究了这种观点，特别是著名的詹姆斯·弗雷泽爵士（Sir James Frazer，1854—1941），他对神话中力量更替的模式特别感兴趣，比如一个老国王被他的年轻对手取代。他认为，这显然是一种季节神话模式，意味着旧一年的太阳神被新一年的太阳神打败，或者衰败的力量被成长的力量打败，由此生生不息。他特别喜欢将太阳、月亮、地球和丰收等意象进行宏伟而抽象的人格化思考，而非使用人类文化中已具名的神祇。当受弗雷泽影响的学者开始研究凯尔特神话时，三角恋模式的反复出现立即让他们眼前一亮。他们认为，爱情三角是这样的：大自然以女人为象征形态，她被一个老人和一个年轻人争夺，两人分别代表旧年和新年或冬天和夏天。但事实上，文学作品中只有极少数的情节讲述了类似模式的内容。唯一一个值得注意的是《凯尔维奇如何赢得欧文》的宫廷成员名单中呈现出的微观历史。这个文本是我们在第 2 章讲述的早期亚瑟王传说。故事中，“凯瑞迪莱塔（Creiddylad）是鲁德（Lludd）的女儿，是整个不列颠三岛及三个邻岛最貌美动人的少女。为了她，葛瑞达沃（Greidol）的儿子葛威瑟（Gwythyr）和努德（Nudd）的儿子葛威恩（Gwyn）在每年的五月都要战斗到审判之日（Day of Judgment）。”当然，这段轶事并没有什么特别的季节性特征，葛威瑟是一个小人物，他在故事的后期从火中拯救了一个蚁穴，而葛威恩则是一位众所周知的异世界领主和猎手，也出现在神话传统的其他记述中。五月战斗的意义在于，它是威尔士文学中发生神秘事件的黄金时间，也就是爱尔兰文学中夏末节（Samain）的概念，夏末节也就是现在的万圣节。与原来的读者不同，我们不知道相关背景故事，也不知道葛威恩和葛威瑟为什么必须为凯瑞迪莱塔战斗到末日或者审判之日。与其说他们是夏天和冬天的化身，是竞相争夺大自然的化身，不如说他们二人只是被某个诅咒困住了。

几十年来，凯尔特文学的专业研究者们对有季节象征意味的竞争者这种想法并不热衷，因为这样的猜测根本立不住脚。但是，它仍然是当代文化中最流行的凯尔特神话主题之一，特别是在受新异教主义影响的领域。例如，现在英国的五月庆典上经常出现夏天的“橡树王”和冬天的“冬青王”之间的战斗，仿佛这一风俗来自古老传统，而不是维多利亚时期人类学理论的衍生产物。

在学术界，这种想法以一种更复杂的形式持续了很长时间，似乎与一个通常被称为“主权”的女性形象形成了关联。这一想法的核心思想是将土地人格化为女性，并将王权的获取想象为国王与主权女神之间的婚姻或性的结合，这是凯尔特意识形态中一个非常古老的观念。有文学资料记载，主权女神有权将她的感情倾注于某一位竞争者，而获得芳心之人会成为国王。对此，还有很多内容可用于分析。许多专家仍然认为这种三角模式具有根深蒂固的重要性，而它是不是我们即将讨论的文学作品中的三角恋的叙事根基，则需要另作分析。也有一些线索可以证实这一观点，例如“爱尔兰主权”在一些早期文本中被拟人化为女性。

《兰斯洛特辞别桂妮维亚》(The Parting of Lancelot and Guinevere，朱莉亚·玛格丽特·卡梅隆，1874）

在一篇名为“魅影的狂热”(Baile in Scáil，爱尔兰语）的文章中，主权女神嫁给了爱尔兰王权的典型化身卢赫神。在其他文本中，主权女神以衰老又丑陋的形象出现，这是对即将成为国王的男人的一种考验。在通过考验的国王的怀抱中，主权女神会再次变得美丽。爱尔兰国王的就职仪式确实有意识地使用了这种与主权有关的婚姻意象。在婚礼上反复出现的主题是予以一种特殊的酒精饮料，这象征着王权的授予。这就是“魅影的狂热”中象征“爱尔兰主权”的女性所做的事情。有人笃定地认为，梅芙（其名字的意思是“令人陶醉的人”）这个拥有如此多情人的女王，就是主权女神的一个根源。但主权女神的主题也有可能以悲剧的形式出现。在普鲁塔克关于卡玛的故事中，卡玛给杀害她丈夫的凶手西诺里克斯喝下了毒酒。

此时，我们要提出一个相当基本但经常被忽视的问题，那就是，如果真的有这样的女性形象，这个人物在基督教到来之前的凯尔特宗教世界中扮演了怎样的角色？高卢凯尔特或不列颠有关主权人物形象的线索很单薄，而爱尔兰也没有基督教到来之前的相关书面线索。也许我们应该转变思路，不把主权当作一个女神，而是当作一个意识形态的化身，这是早期爱尔兰人喜欢用的一种隐喻。例如，专家们已经默契地不再称之为“主权女神”，而是说“象征主权的女性”。看来，这种将领土主权描绘为与国王结婚的女性的形象确实源于古爱尔兰的土地女神。但凯尔特学者提出了另一些有说服力的观点，他们认为中世纪的主权女性形象也得益于《圣经》对一些地方的女性化，如耶路撒冷。就像中世纪早期爱尔兰文化的许多方面一样，在象征主权的女性身上，本土文化和基督教文化交织在一起，形成了全新的独特存在。值得强调的是，这是一个爱尔兰学者提出的想法。早在学者们兴致勃勃地寻找爱尔兰和威尔士古老传统的共通性之时，《马比诺吉昂》的四个分支中关于这一主题的映射已经俯拾皆是，例如，将布兰温等人物描述为“主权女神”。现在看来，这只是一个缥缈的想法，而且在威尔士也没有有说服力的文献证明这一主题的存在。

迪尔德丽的美貌与哀歌

在探讨了学者们的理论之后，是时候转而探讨一个精彩的爱情三角故事了，也就是弥漫着悲伤的迪尔德丽的故事。这个故事有两个版本，一个写于 800 年左右，一个写于现代早期。我们在此只关注最古老的版本，它也是这两个版本中更残酷的一个，下面简单地概括一下这个故事。故事发生在阿尔斯特的贵族群体之中，我们从费德利米德（Fedlimid）的家宴开始讲述。费德利米德是专职为阿尔斯特国王孔赫瓦尔·麦克奈萨讲故事的人。在这个特殊的夜晚，费德利米德正在宴请阿尔斯特的所有贵族，人们纵情畅饮、大快朵颐，除了费德利米德的妻子，每个人都酩酊大醉，她尽管身怀六甲，仍在招待众人。当她准备回去睡觉的时候，她肚子里的胎儿发出了一声尖叫，在场的人都惊慌失措地跳了起来。

《悲伤的迪尔德丽》（*Deirdre of the Sorrows*），约翰·邓肯（John Duncan）

聪明的德鲁伊卡斯伯德命令这个女人到他那里去。他摸了摸她的孕肚，尚未出生的孩子在他的手掌下躁动地“翻滚”起来。他脱口而出一个预言，认为这个孩子长大后不仅会异常美丽，而且会造成大规模的破坏和流血事件。阿尔斯特人很想让这个孩子一出生就被处死，但孔赫瓦尔不听劝告，决定等她完全长大后，将这个美丽的女子纳为己有。后来，这个被唤作迪尔德丽的女孩出生了。孔赫瓦尔让她在一个不为人知的地方长大，除了养母和养父，知道她存在的只有女讽刺家勒巴哈姆（Lebarcham）。勒巴哈姆是一个极不安分的无政府主义者，她言语尖酸刻薄，行动随心所欲，想去哪里就去哪里。

几年后，迪尔德丽的养父在雪地上剥下一头断奶小牛的皮，准备烹肉给她吃，这是故事中一个令人难忘的场景。迪尔德丽看着一只乌鸦在一望无际的雪地上喝着小牛的血，并大声许愿，希望得到一个“鸦色头发，绯红面颊，雪白皮肤”的爱人。勒巴哈姆说，乌斯柳的儿子诺伊修（Noísiu）勇士就是这样一个人，而且他就在不远处。迪尔德丽想方设法迫使诺伊修反抗孔赫瓦尔与她私奔。后来迪尔德丽、诺伊修和诺伊修的两个兄弟一起流亡，他们先是到了爱尔兰，然后漂洋过海来到阿尔巴（Alba），阿尔巴通常指“苏格兰”，但在早期也指“不列颠”。在那里，迪尔德丽的美貌再次引发了争端。阿尔巴的国王对她见色起意，于是密谋杀死诺伊修，好将她据为己有。于是，一行人又匆匆忙忙地逃到海上的一个小岛。

孔赫瓦尔有了新的计谋，他从阿尔斯特派出使者，迎接迪尔德丽一行人入室，宣布赦免他们。而他们并不明智地选择了回归，因为在伟大的战士、阿尔斯特前国王费古斯·麦克罗伊的保护下，他们感到很安全。之后，孔赫瓦尔引诱费古斯离开，费古斯背负着一个禁咒，规定他不可以拒绝任何酒宴的邀请，所以孔赫瓦尔只要邀请他参加酒宴，他就无力拒绝。我讲到这里，学生们有时会认为这个禁咒是一种特殊的表达方式，他们认为中世纪爱尔兰人用这个禁咒形容嗜酒成性之人。

《迪尔德丽的哀歌》(*Deirder's Lament*，约翰·亨利·弗雷德里克·培根，载于查尔斯·斯夸尔的《凯尔特神话传说与浪漫诗歌》，1910)

但这其实误解了禁咒的性质，禁咒并不是一个与生俱来的弱点或一种强迫症倾向，而更像是一个情非得已的自我销毁按钮，通常是由异世界的施咒者强加给某一个人的诅咒。诅咒往往不止一个，有时也会发生冲突，从而导致受害者陷入悲痛。费古斯被带走了，留下迪尔德丽、诺伊修和他的兄弟们，他们由诺伊修的儿子菲亚丘（Fíachu）保护。孔赫瓦尔杀死了诺伊修和他的兄弟们，之后，他带走了迪尔德丽并杀死了菲亚丘。迪尔德丽在两首长诗中哀叹诺伊修的死，她不吃不睡，心神萎靡，呈现出令人动容的重度抑郁患者的形象。

这则传奇故事以一个令人震惊的场景作为终结。孔赫瓦尔的战车正在行驶，车内有孔赫瓦尔和随行的迪尔德丽，还有一个名叫埃奥根·麦克杜赫特（Éogan mac Durthacht）的阿尔斯特人，他曾是孔赫瓦尔的对手，还参与了杀害诺伊修。孔赫瓦尔说了一句咒骂的话，他说迪尔德丽位于他和埃奥根之间，处境就像两只公羊之间的母羊，似乎是暗示他会把迪尔德丽交给埃奥根，以她的美色取悦对方。这时，战车飞快地穿过一个狭窄的隘口，迪尔德丽无声无息地从车上跳下来，她的头直直地砸向了一块岩石。

预言的悖论和权力的悖论

这个故事就这样结束了。现在是时候对故事进行一些评析了。在不可思议的开场篇章中，我们见证了某些非自然的力量悄无声息地酝酿并爆发的过程。迪尔德丽在母亲的子宫里发出的尖叫声，象征着即将降生世间的恐怖和混乱，也象征着她注定遭遇的悲痛，或者说是混乱与悲痛的相互交融。这个声音也将传奇的世界分为两半，一半是刚刚酩酊大醉、纵情欢歌的阿尔斯特男性贵族的世界，另一半是迪尔德丽孤独的内心世界，因为她注定要无依无靠、尝尽悲苦。

在翻译中有一点尚未弄清楚，德鲁伊卡斯伯德的预言也是迪尔德丽名字的来源。他告诉费德利米德的妻子："在你的子宫里咆哮（derdrethar）的是一个致命的灾星"。derdrethar 是一个非常罕见的词，事实上，它只出现在这里。但实际英译的"迪尔德丽"（Deirdre）听起来却是无害且老套的。这个名字在爱尔兰语中的真正含义是孩子在子宫里的怪异胎动，这种胎动意味着孩子将一生深陷毁灭的旋涡。

卡斯伯德预言的性质本身也是一个问题，就像神谕在希腊神话中，特别是在希腊悲剧中的性质一样。未来为何是注定的？卡斯伯德所预言的事情是不可避免的吗？这部传奇有很多模糊的想象空间，但关键的问题是，正是预言本身才导致孔赫瓦尔一反常态地决定秘密抚养迪尔德丽。预言对成年迪尔德丽的描述极大地激发了他的占有欲。卡斯伯德描述了迪尔德丽令人神魂颠倒的美貌，他对她的母亲说道：

你的子宫里，一个梳着金色头发的女孩
即将呱呱坠地
她有美丽的灰绿色眼睛
狐狸般的桃粉脸颊
她的牙齿像雪一样洁白无瑕
灿烂的嘴唇泛起帕提亚红。

帕提亚红是一种染成红色的皮革，在早期的爱尔兰文学中，它是标准的纯朱红色。这段描述让孔赫瓦尔心驰神往。如果卡斯伯德没有预言迪尔德丽会出落得如此美丽动人，孔赫瓦尔还会将她监禁吗？故事是否会走向同样的路线呢？当然，这是不可知的，但我认为故事本身要求我们考虑预言的悖论。

除了预言的悖论，还有权力的悖论。卡斯伯德直接把未出生的迪尔德丽说成是"命运选定的女人"。她在还是一个胎儿的时候就与一个成年女人的命运绑定在一起，这种极具压迫感的命运令人感到不安。德鲁伊的诗歌不断让人觉得迪尔德丽将是一个具有极大颠覆性的人物：

你将做下的事
暴虐又骇人
因为对阿尔斯特国王的愤怒
你的坟墓将随处可见
你的故事将远近闻名
哦，迪尔德丽

然而，我们在故事中见到的迪尔德丽是被动的，她不得不面对并试图回避来自他人的占有欲和征服欲。当我们意识到卡斯伯德所说的"暴虐骇人的行为"并不是指任何冒险或自卫行为，而是指她可怕的自杀行为时，难免背脊发凉。

权力和欲望也是这部传奇的一个主题，尤其体现在引人入胜的小牛剥皮场景中。这段情节值得好好体会，因为它在一定程度上体现了早期爱尔兰传奇的朴素风格。

有一次，她的养父在冬天的雪地上给一头断奶的小牛剥皮，准备煮给她吃。迪尔德丽看到乌鸦在雪地上喝血。她对勒巴哈姆说："我将会爱上一个人，一个集合了三种颜色的人，此人有着鸦色头发，绯红面颊，雪白皮肤。""祝你好运！"勒巴哈姆说，"他离你不远了。他就是诺伊修，是乌斯内奇[①]的儿子。""真的，如果不能见到他，我不会好起来的！"迪尔德丽说。

这个篇章甚至比开篇尖叫的胎儿更诡异，伴随着光怪陆离的氛

① 乌斯内奇（Uisnech）就是前文提到的乌斯柳。——译者注

围，我们似乎进入了《白雪与红玫》(*Snow White and Rose Red*)一般的童话世界。和许多童话故事一样，这种惴惴不安的感受是如此明显，甚至不能称之为暗流涌动。在小牛被剥皮的画面中，鲜明而血腥的现实场景就摆在我们面前。故事最后那句令人不寒而栗的话预示了迪尔德丽的命运——“她把自己的头砸得粉碎，自此香消玉殒”。迪尔德丽的结局如同她的出生一般血肉模糊。小牛“断奶”这一细节也很重要，小牛断奶的方式是突然离开母亲，被关在别的地方，而母牛则在后面哀哀地哭泣。迪尔德丽也是如此，她从母亲身边被带走，在一个陌生的地方长大。虽然像所有爱尔兰贵族一样，她有养父母，但再也看不到、听不到她亲生父母的境况。

小牛剥皮的场景唤起了迪尔德丽对未来恋人的渴望，这种不安的感觉被进一步放大，因为如此暴虐的场景引发的不是排斥而是渴望，她的思想也由此转向了充满情欲的幻想。可见在这个故事中，从一开始，性和死亡就是不可分割的。令人吃惊的是，这是她与孔赫瓦尔的共同特征。孔赫瓦尔听到了卡斯伯德描述的尚未出生的迪尔德丽即将引发的混乱时，也听到了她非凡的美貌。而当她出生时，孔赫瓦尔心里只有德鲁伊预言中迪尔德丽的美貌，与那些惊慌失措的贵族们截然不同：

> “即刻处死这个女孩！”战士们呼喊道。“绝对不行！”孔赫瓦尔说，“这个女孩明天将被我带走，她将按照我的意愿被抚养长大，也将成为我身边的女人。”

最后一句话当然是指将迪尔德丽据为己有。孔赫瓦尔和迪尔德丽都是因为同样抽象的语言描述被激起了欲望，而不是因为实际看到了美好的景象。而且这两个场景都会引起一种奇怪的不适感，什么样的人会面对一个新生儿想着在 20 年后将其据为己有？又是什么样的人看着开膛破肚的场景会产生性爱幻想呢？因此，这两个人之间的潜在联系瓦解了任何将迪尔德丽简单地视为受害者的观点，也否决了将孔赫瓦尔简单地视为性掠夺者的故事解读。在他们二人的性心理构成中，有着显而易见的相似怪癖。在性层面，他们都一心夺取自己想要的东西。然而，这个故事也传达了这样一个信息，那就是在父权制度下，这种行为对男人和女人会产生不同的后果。故事结尾，孔赫瓦尔依然稳坐高位，迪尔德丽则粉身碎骨。

怪异阴森的小牛剥皮场景在另一个方面也值得关注，因为这是一个充满动物意象的故事。这个故事的无名作者应该是一位细心的艺术家，他 / 她精心安排了独特的意象和耐人寻味的前后呼应。在叙事展开的过程中，迪尔德丽先是看到小牛，紧接着就是她与诺伊修命运般的邂逅，两人的交流充斥着隐喻：

> 当诺伊修独自在外面时，她迅速地偷跑到他身边，仿佛要与他擦肩而过，而他并没有认出她。“一头漂亮的小母牛从我身边走过！”他说。“周围没有公牛的时候，小母牛一定会平安长大。”她说。“有一头公牛觊觎已久，那就是阿尔斯特的国王。”他说。

这是一段精彩的对话，尽管可能很难在第一眼就体会到它的转变和讽刺。我们看到了迪尔德丽的深思熟虑和魅惑动人，而诺伊修则坦率地表达了对这个神秘女人的欲望，这种欲望被掩盖在小母牛的隐喻中。这个隐喻把我们带回了雪地里给小牛剥皮的场景，从而巧妙地在观众意识层面将小牛与迪尔德丽联系起来，而故事里的人物却无法察觉。迪尔德丽接过他的隐喻，更大胆地回应说，她掌控着自己的性欲，正在寻找伴侣。诺伊修下一句话中“有一头公牛觊觎已久”清楚地表明了他终于意识到这就是孔赫瓦尔觊觎的预言中的那个女孩。

所有这些把国土比作公牛的说法都有着文化内涵。在早期的爱尔兰文本《莫兰的审判》（*Audacht Moraind*）中，我们了解到两种截然不同的统治者：一种是“狡猾的统治者”，他以计谋管理自己的王国；

另一种是“公牛一般的统治者”，他对待自己的领土更像是在管理瓷器店[①]。第二种统治者是一个发起侵略也被侵略、抵御外敌也被抵御、制裁他人也被制裁的人。而且，可想而知，他可能死于暴力。这里的意象似乎暗示着作者在某种程度上将孔赫瓦尔视为公牛一般的统治者，他因为自己的欲望逆势而为，引发了重大的混乱和流血事件。

很明显，诺伊修被迪尔德丽吸引了，但忌于孔赫瓦尔的威望，他实在不希望与阿尔斯特国王指定的女子有染。对于这一点，迪尔德丽不得不采取强有力的措施。她抓住诺伊修的耳朵喊：“把我带走，否则你将备受羞辱和嘲笑！”现代读者可能会感到费解，诺伊修几乎从一开始就清楚地知道他所踏上的道路将导致灾难，那他为什么还要服从迪尔德丽？早期的爱尔兰像其他许多古代和中世纪的社会一样，表现出人类学家所说的“耻辱文化”特质——一个人最无法接受的就是在别人眼中失去面子。在早期的爱尔兰法律中，不同的社会阶层和职业都有特定等级的“荣誉价值”。这意味着如果他们受到不公正的侮辱或不光彩的待遇，他们可以索求赔偿。在耻辱文化中，别人的看法拥有至高的评判力，所以荣誉取决于别人的认知。这与我们的正常观念背道而驰，我们的观念通常被称为“内疚文化”，评判的权力属于实施行为的个人，他 / 她在与自己对话的过程中不可避免地感受到内心的折磨。可见，迪尔德丽是在借当众丢脸、失去勇士声誉的恶果威胁诺伊修。与孔赫瓦尔的女人私奔是非常不明智的，即便认识到这一点，也不能抵消或淡化如果不这样做就会失去面子的恶果。作为一名战士，荣誉是诺伊修最宝贵的财产，而这要求他维护自己率性果敢的声誉。在更生活化的层面上，我们也许会深有体会。现代人害怕被斥胆小而失去面子，以及由此被众人排挤，这种顾虑在男性青少年群体中尤其突出，这些顾虑也足以使他们选择承担疯狂的风险，以满足社会性的需要。不幸的是，诺伊修的选择导致了致命的恶果。

---

① 英国谚语“瓷器店里的蛮牛”（a bull in a china shop）指笨手笨脚、总是搞砸事情的人。——译者注

诺伊修和他的兄弟们是声名远扬的战士和猎手。他们从阿尔斯特出发，先到了爱尔兰，后来又到了苏格兰，他们在森林中生活，很明显，他们已经成为芬尼安勇士，也就是一群没有土地资产的战士和猎手。他们生活在法律之外，有时可以成为雇佣兵，我们在第 7 章讨论过这种社会制度。诺伊修和他的兄弟们还有一个奇怪的能力，他们练习出一种特殊的声乐技巧（文本中称之为 dord 或 andord，这个古爱尔兰词汇被用来表示任何低沉的、蜜蜂一样的嗡嗡声），发出的声音具有惊人的超自然效果。每当兄弟们开始歌唱，任何听到他们歌声的奶牛都会多产三分之二的牛奶，每个听到歌声的人都会变得和善又平静。当诺伊修不得不与迪尔德丽私奔时，他开始唱歌，却造成了严重的混乱而不是和谐。于是阿尔斯特人互相起哄，诺伊修的兄弟们立刻来了。这不仅仅是作者不经意的矛盾设定，还强调了这样一个事实：诺伊修和他的兄弟们现在是其所处的社会的反叛者，而不再是社会欣欣向荣的贡献者。

最后有一点讽刺之处需要注意，在迪尔德丽的死亡情节中，我们看到了故事早期的动物意象，令人不寒而栗。她被比作羊，而不是小母牛和公牛这类早期爱尔兰最珍贵的动物，这强调了她在孔赫瓦尔眼中的价值已经下降。在孔赫瓦尔眼里，她的全部价值在于她外表上的可取之处，而一年来，他面对的是一个从不微笑、几乎不吃不睡的躯壳。正如迪尔德丽所说：

我不睡觉
也不染我的指甲
我郁郁终日
因为诺伊修不会到来。

迪尔德丽的死亡场景十分恐怖，也有一种象征性。她是那样的美丽，金色的卷发、灰绿色的眼睛、明亮的牙齿和红唇，这些正是卡斯伯德在她还在子宫里时大加赞美的特质。迪尔德丽的美貌是她的诅咒，但也是她在父权制笼罩之下唯一有价值的资产。因此，当她从战车上一跃而下把自己的头骨砸成碎片之时，她以残忍的姿态离开了这个世界，也摒弃了父权制给她设定的价值。

最后我们需要关注的是这个故事严谨的结构，它显然是一部有意识、有风格的文学作品，而不是一个神话。有人认为，在这个故事中可以察觉到“主权女性”主题的潜在结构，但在我看来没有说服力，因为没有必要套用这一结构。孔赫瓦尔以国王的身份开始和结束这个故事，诺伊修也从来不是国王的候选人。似乎更有可能的是，这只是凯尔特流行的故事类型中一个具有爱尔兰特色的版本。虽说这个故事和普鲁塔克讲述的卡玛的故事有明显的相似之处，但普鲁塔克的故事不仅创作于千里之外，而且创作于几个世纪之前，这一事实就说明了二者没有可比性。在故事中，阿尔斯特人一度称无辜的迪尔德丽为“坏女人”，这正是凯尔特语中卡玛名字的含义。孔赫瓦尔也确实可以被描述为一个“老国王”，就像加拉提亚人西诺里克斯一样。卡玛给她的求婚者喝下了酒，这个细节似乎暗示了类似于主权女性的神话主题，但这个细节在迪尔德丽的故事中并不存在。而迪尔德丽的故事本身就已经很完整，不需要生硬地套用任何熟悉的神话框架来削足适履。

迪尔德丽作为凯尔特文学中最生动的女性角色之一，在人们的记忆中挥之不去。我对此并不感到惊讶，因为她的故事在一系列鲜明的故事场景中展开，是早期爱尔兰传奇中故事结构最好的一部。难怪它是爱尔兰复兴运动的宠儿，并被参与该文学运动的一些作家多次改编为舞台剧。诗人和神秘主义者乔治·拉塞尔（George Russell，1867—1935）在 1902 年创作了《迪尔德丽》（*Deirdre*）。随后，叶芝在 1907 年也进行了相关创作。剧作家约翰·米林顿·辛格（J. M. Synge，1871—1909）创作的《悲伤的迪尔德丽》（*Deirdre of the Sorrows*）完成了三分之一，叶芝在辛格早逝后完成了这部作品，该剧于 1910 年首次演出。这个故事似乎与古典悲剧的体裁毫不相干，但预言缠身、暴力极端、矛盾任性的女主人公似乎呼应了索福克勒斯（Sophocles）的《厄勒克特拉》(*Electra*）以及欧里庇得斯（Euripides）的《美狄亚》(*Medea*）等悲剧，并给出了一个爱尔兰的版本。但这实际上是通过一套先入为主的观念来看待这个故事，而这套观念对故事的早期观众来说是完全陌生的。很明显，打动这三个剧作家的是迪尔德丽本人在故事里举足轻重的地位。她似乎凝结了爱尔兰本土文学传统中许多令人难忘且印象深刻的特质，复兴时期的作家们正竭尽全力将这些特质移植到更新近的爱尔兰英语文学中。但值得再次强调的是，对这些早期故事的解读在我们看来是自然而然的，但这些解读其实脱胎于一定的历史背景，所以这些观点不一定会被9世纪的观众所认同。拉塞尔、叶芝和辛格都以女主人公的名字称呼他们的戏剧为《迪尔德丽》，而中世纪的传奇故事作者却不曾这样命名。这个故事的爱尔兰标题实际上是《乌斯柳之子的流亡》(*Longes Mac nUislenn*)，故事里，诺伊修和他的兄弟们被视为中心人物。这个故事也因另一个原因而闻名，但比起女主人公荡气回肠的命运，这个原因也许稍显次要，那就是它是《夺牛记》的前传，因为孔赫瓦尔对乌斯柳之子的背叛导致费古斯离开自己的阿尔斯特民众，这也解释了为什么他在伟大史诗的叙述中会站在艾利尔和梅芙那一边。剧作家让迪尔德丽成为戏剧冲突的中心显然是想要唤起批判性解读和讨论。同时，这也是剧作家个人的诠释方式。

第 10 章

爱尔兰精灵的幻想

超自然信仰与当代奇幻文学的根源

希德族是爱尔兰神话传统中的精灵，他们是人类理想化的类人种族，不死不灭、美貌绝伦，还拥有魔力。无论是在托尔金的小说中，还是在彼得·杰克逊翻拍的电影中，都描述了爱尔兰精灵的美貌、不死之身以及博学多识。

清空你心中的凡人之梦

风醒了，树叶旋转着

我们脸颊苍白，我们头发凌乱

我们胸膛起伏，我们眼睛滢亮

我们手臂挥舞，我们嘴唇张开

——《希德族的集结》

第 10 章
爱尔兰精灵的幻想　超自然信仰与当代奇幻文学的根源

被称为希德族（síde）的群体是爱尔兰神话传统中的精灵，他们是人类理想化的类人种族，不死不灭、美貌绝伦，还拥有魔力（见彩插图 13）。值得一提的是，威尔士也有精灵，但他们的故事只存在于威尔士的民间传说中。在本章，我们将讨论爱尔兰精灵和爱尔兰文学。试想一下，如果有一个类似人类但又超越人类的种族，他们的群落实行着不同的社会制度，是多么地引人注目。事实上，通过翻阅托尔金的小说，我们可以对中世纪爱尔兰文学中的精灵有一些了解。文学中的精灵与爱尔兰民间传说中的精灵并不相似，后者比前者更晚成形。无论是在托尔金的小说中，还是在彼得·杰克逊（Peter Jackson）翻拍的著名的三部曲[①]中，都描述了爱尔兰精灵的美貌、不死之身以及博学多识。这并不奇怪，因为托尔金是一位古爱尔兰语和中世纪爱尔兰语的专家，他在塑造传说中的精灵时借鉴了爱尔兰文学里的一些内容。

但爱尔兰文学中关于精灵的故事并没有那么连贯，这并不奇怪，因为爱尔兰本土精灵出现在整个中世纪的大量文本中。没人明白他们究竟是谁，或是什么。有时，他们生活在爱尔兰本地的山丘和新石器时代的土丘中。其中有一个山丘在古爱尔兰语中叫作西（síd），复数写作希德（síde），因此这些精灵被称为“希德族”。他们有时生活在

---

① 三部曲指《指环王》三部曲，是英国作家、牛津大学教授 J. R. R·托尔金创作的长篇奇幻小说，由彼得·杰克逊翻拍为电影。——译者注

水下，也曾现身于海对面的异世界岛屿。重要的是，爱尔兰语中的希德族经常被称为达努神族，意思是“达努女神的子民”，爱尔兰文学的某些作品详细描述了他们的流浪和战乱、胜利和苦难。在许多方面，关于达努神族的资料构成了爱尔兰神话的核心，下面将详细讲解其中的一些内容。

首先有一个重要的问题要解决，那就是精灵们是否真的属于凯尔特神话体系。这是一个复杂的问题，我们可以先观察一下其他文化和文学作品中的精灵。例如，中世纪的法国并不是一个讲凯尔特语的地区，但它的文学作品中有关精灵的记述特别丰富。而且很有说服力的是，那些作品中的精灵呈现出许多被普遍认为具有凯尔特神话色彩的特质。那些法国精灵生活在野外，沐浴在自然之中，由女王领导，和人类形体相似，可以与人类通婚。他们还拥有神奇的力量，即使并非永生，也拥有极长的寿命。关于精灵种族的设想似乎有一个原型，这个原型源于人类头脑自发产生的一组想法和形象。人类生命的局限性和人类文明的弊端相当明显，所以人们会自然而然地想象一些摆脱了人类缺陷的类人种族。人们普遍认为，凯尔特人和精灵之间有着深刻的联结，这是 19 世纪人们对凯尔特的固有印象。根据这种浪漫主义式的固有印象，人们认为爱尔兰、苏格兰、威尔士、布列塔尼和康沃尔的凯尔特人特别接近自然和非理性的世界，拥有预见力和看到精灵的能力。这是以工业现代化为中心的英语国家对这些地区的固有观念，也是一个根深蒂固的想法，而且至今仍然存在。

爱尔兰精灵的独特属性

爱尔兰神话传统中的精灵有两个独特的属性。第一，在几个世纪以来由智慧的教士写就的丰富而深邃的文学作品中，他们是非常重要的角色。我们在这里探讨的不是民间故事，因为在中世纪，这些故事还没流传到民间，所以很难呈现令人信服的、广大普通爱尔兰民众对精灵的看法。但民众也不是对此一无所知。11 世纪的一篇文章有一段真实的记述，文中说，老百姓在万圣节时祭祀一个叫蒙夫亨德（Mongfhind）的精灵女巫，她名字的意思是“白色长毛”。

这个细节也暗示了爱尔兰精灵的第二个独特属性。盖尔文学和民间文化中的精灵似乎是从该岛古老的非基督教神灵演变而来的，或者说至少继承了其部分特质。在爱尔兰皈依基督教后，非基督教神灵给所有中世纪的高知精英留下了一个重大问题。精英们知道自己的祖先也曾祭拜过这些神灵，因此他们也对这些祖先心怀敬意，然而正统神学坚持认为这些神灵是满口谎言的恶魔。基督教世界制定了一些巧妙的策略，好让基督教文化和文学“净化”基督教到来之前的神灵。第一种策略就是把这些神灵简单地看作本民族古老的人类祖先，或者看作存在于遥远过去的男人和女人，他们只是因为身怀异能被后世误认为是神。第二种策略是将一些更奇特的存在秩序归于以前的基督教神灵，爱尔兰人特别喜欢使用这种策略。他们认为亚当和夏娃在堕落之前就已经在伊甸园生了孩子。由于这些孩子没有受到他们父母罪孽的影响，所以他们连同后代都可以长生不死，不受罪孽所困。人类的视野被原罪所遮蔽，所以看不到他们，他们就是精灵。在 10 世纪的一个宏伟的传奇故事《向伊腾求爱》（*The Wooing of Étaín*）中，精灵国王——也可能是古神米狄尔（Midir）告诉一个人类国王，有一群精灵一直在他身边，但“隔着亚当罪孽的阴影面纱，我们无法察觉精灵的存在”。

并非每个中世纪的爱尔兰文本都热衷于这种既富有美感又有几分怪异的场景。例如，有一个文本就直截了当地谴责了希德族是“基督教信仰到来之前的恶魔”。值得一提的是，欧洲其他地方对把古神说成是精灵的信仰净化策略并不完全陌生。其他地方也有类似的倾向，但爱尔兰神话传统尤其体现了这类倾向，并给出了一些富有张力且精心设计的故事。还有一个例子可以证明这种倾向：在中世纪法国的资料中，罗马月亮女神狄安娜被描述为精灵王后。而在英格兰最伟大的中世纪诗人杰弗雷·乔叟的作品中可以找到一个更明确的例子。

柯莱克的头（Corleck Head，约 1 世纪或 2 世纪）

《商人的故事》（*The Merchant's Tale*）是乔叟写于 14 世纪末的《坎特伯雷故事集》（*Canterbury Tales*）的其中一则。故事里有一个著名的通奸场景，一个年轻的妻子从她失明的老年丈夫的背上爬上梨树，拥抱在树枝上等待的情人。紧接着是一个令人惊讶的插曲，古神普鲁托（Pluto）和普洛塞庇娜（Proserpine）突然出现，在故事中的人类角色看不见的情况下注视着这一切。但乔叟并没有称他们为"神"，而是将他们改编为精灵国度的国王和皇后。虽然乔叟的资料来源是法国文学、意大利文学和古典文学，与爱尔兰文学没有任何联系，但整个故事体现出鲜明的爱尔兰风格，这就是文学中"趋同进化"[①] 的一

① 文学上的"趋同进化"（convergent evolution）是指不同的文学作品，甚至是创作地点相距甚远的作品，如果创作背景相同，在相似的风潮推动下，有可能产生类型相同或十分相似的作品风格。——译者注

个突出例子。就像《向伊腾求爱》中的精灵国王米狄尔一样，乔叟的普鲁托和普洛塞庇娜在人类世界活动，但只有在适当的时候，他们才会现身。

《商人的故事》可以帮助我们了解中世纪爱尔兰对本土古神的独特描绘方式。普鲁托和普洛塞庇娜是与乔叟的故事十分贴合的人物。在中世纪的艺术作品中，普鲁托经常被描绘成一个可怕的老人，而普洛塞庇娜作为一个违背自己意愿被掳走的年轻女子，难免对故事中的通奸者充满了同情。当然，普鲁托同情的则是年老的丈夫。这个故事融入了古典神话，但并没有讲述神话里的故事。普鲁托和普洛塞庇娜也在另一首中世纪英国诗歌《奥菲欧爵士》中作为精灵皇室出场，该诗改编了俄耳甫斯和欧里狄克的古典传说，将故事背景转移到英国，把神话中的哈得斯（Hades）变成一个具有凯尔特神话色彩的异世界，还写下了一个圆满的结局。神话里的俄耳甫斯去冥界拯救他的妻子，但在最后一刻失去了她，而中世纪的奥菲欧爵士则成功地从精灵王的领地里救出了他的妻子赫罗迪斯（Heurodis）[①]。

面对这两部中世纪文本，要追踪古典时期希腊罗马关于普鲁托和普洛塞庇娜的神话是如何被再现和改编的其实并不困难。丰富的古典资料为我们提供了古典时期已知的“原始”版本。利用这些书面资料，再加上考古学记述，我们可以详细地重建古希腊和古罗马人是如何想象和敬仰这些神灵的。爱尔兰诸神的情况则不同，如果一个学者想重建爱尔兰非基督教教徒对古神米狄尔的看法，那么他的处境十分艰难。就好像只有《商人的故事》和《奥菲欧爵士》可以参考，却企图重建古典时期对普鲁托和普罗塞庇娜的信仰崇拜一样，由此得出的结果是绝对不可信的。

① 诗歌中的奥菲欧爵士也就是神话中的俄耳甫斯，赫罗迪斯也就是神话中的欧里狄克。——译者注

苏克拉斯（Sucellus）雕像（1—2 世纪）

达努神族故事的当代意义

我们现在需要看看中世纪“神话传奇”中的一个重要的故事，它描绘了爱尔兰本土精灵达努神族的经典形象。他们既是一个民族，也是一个核心家族，在大约 1 000 年前，他们被简单地称为图阿塔·德（Túatha Dé），即神族后裔。

神话传奇的核心是一个名为《莫伊图拉第二次战役》（*Cath Maige Tuired*）的传奇故事。按照爱尔兰学者为本土岛屿精心整合梳理的时间线来看，莫伊图拉第一次战役发生在一个较早的时间点。第二次战役向我们展示了一个原始的场景，描绘了神的子民为了控制爱尔兰的土地而与敌方的族人作战。这些敌人被称为弗魔尔族（Fomorian），是一个在爱尔兰传统中有时被想象得十分怪异或丑陋的种族，尽管在第二次战役中他们看起来就像神族一样。我们所掌握的最早版本的核心内容创作于 9 世纪，还有 11 世纪或 12 世纪的补充内容，下面我将简述这个故事。

故事开始时简要叙述了神族国王努瓦达（Núadu）在战斗中失去一只手臂的经历。按照规定，国王的身体必须毫无缺陷，因此达努神族需要一个新的国王。新国王名叫布莱斯（Bres），虽然他的外貌非常英俊，但他是一个正邪难辨、一毛不拔的人物。布莱斯有一半弗魔尔族的血统，他是由达努神族的一名女性埃利欧（Ériu）和一个名叫埃拉哈（Elatha）的弗魔尔族国王结合而孕育的孩子，埃利欧名字的意思正是“爱尔兰”。由于布莱斯的血统，他愚蠢而残酷地压迫着达努神族。达努神族中最高贵的人被迫做琐碎的苦工，而且布莱斯没有表现出一个国王应有的待客之道。故事中说：“无论达努神族拜访他多少次，都没有带着麦芽酒味的呼吸离开。”后来，布莱斯被废黜，努瓦达重回王座。在此期间，努瓦达的手臂被达努神族的医生狄安·凯赫特（Dían Cécht）换成了银质的，医生的儿子米亚赫（Míach）使银手臂长出了血肉。在后来的故事版本中，手臂实际上是从别人那里续接到努瓦达身上的。

被赶下台的布莱斯呼吁他的弗魔尔族亲属提供援助，帮他夺回王位。他的父亲埃拉哈秉持心中的原则拒绝了他，但另一位弗魔尔族领袖魔瞳巴罗尔尔（Balor）同意帮助他，并组建了一支庞大的军队，军队总指挥官名叫因德赫（Indech）。巴罗尔尔有一只魔眼，只要看上一眼，就能毁掉一支军队。

在此期间，神族得到了意想不到的救援。一位名叫卢赫的年轻战士来到了努瓦达的宫廷。和布莱斯一样，他也是达努神族和弗魔尔族结合孕育的后代，他的父亲属于神族，而他的母亲是弗魔尔族人，是魔瞳巴罗尔尔的女儿。他以全能全才给国王留下了深刻的印象——卢赫的绰号就有“精通各种艺术”的意思。卢赫被授予神之子民的指挥权。父神达格达前往敌方领土执行任务，弗魔尔族人虐待他，让他从地上的一个坑里喝下大量的咸粥。尽管如此，他还是成功地引诱了弗魔尔族首领因德赫的女儿，首领也因此同意帮助神族。

《弗魔尔族人》（*The Fomors*），或称《世界上的邪恶势力》［*The Powers of Evil Abroad in the World*，约翰·邓肯（John Duncan），约 1939］

《年轻的卢赫》(The Young Lugh)，塞恩·菲茨杰拉德(Seán Fitzgerald)，选自卡塔尔·奥·萨尔凯(Cathal Ó Searcaigh)和肖恩·奥·高亨(Seán Ó Gaoithín)的 *Lugh na Bua-Lugh the Deliverer*，2017

努瓦达被巴罗尔尔杀死，但巴罗尔尔的孙子卢赫用弹弓杀死了弗魔尔族的领袖，他还击打了巴罗尔尔的后脑勺，导致他那只有致命魔力的眼睛脱落，这对弗魔尔族的战力造成了巨大的破坏。战斗结束后，卢赫发现布莱斯尚且存活并饶了他一命，条件是他要教神族如何耕田、播种和收割。最后，卢赫连同父神达格达以及神民中的强者欧格玛，救出了达格达一直被败退的弗魔尔族人扣押的魔法竖琴。

这是一个充满了紧张关系的故事，到处都是对立势力。最明显的一组对立势力就是达努神族与弗魔尔族，而且有相当多的证据表明这可能真的是一个极其古老的主题。

多尼戈尔郡（Donegal）邓莱维（Dunlewy）附近的卢赫木雕像

许多印欧神话都有类似的故事，通常被称为诸神之战（theomachy）、泰坦之战（titanomachy）或巨人之战（gigantomachy）。这些主题也曾出现在希腊神话中，众神与其他神族进行战斗，那些神族有时更古老、更原始。希腊神话中，奥林匹亚人与上一代神、泰坦或一些麻烦的巨人作战。而在印度，诸神与被称为阿修罗（Asuras）的敌对神族作战。在古北欧神话中，阿萨神族（Æesir），也就是托尔和奥丁所属的神族与联合了冰霜巨人的华纳神族（Vanir）作战。当同样的主题以类似的形式出现在相距甚远的文化中时，专家们倾向于认为这个神话主题一定非常古老，可以追溯到大约 5000 年前的原始印欧人那里。从根本上说，尽管我们正在讲述的故事已经有了很多不同，但看起来就像这个古老宇宙冲突故事的爱尔兰版本。从其他不同之处来看，这个故事具有很强的地方性，大部分叙述都发生在现在的斯莱戈镇周围一些特定的地方。例如，叙述者说，在贝尔特劳湖（Beltraw）的岸边，达格达与弗魔尔族公主结合的地方仍然可以看到一个标记。令人触动的是，不久之前，人们还猜测这片土地上有泰坦神族活动的痕迹，相关故事源头可以追溯到几千年前的新石器时代后期。

很明显，这个古老的故事已经被赋予了当代意义。我们必须记住，尽管这些故事里有明确的神话色彩，但它们不是神话，它们是用中世纪的爱尔兰语写给中世纪听众的故事。因此，不需要把它们当作神圣的东西来对待。知识阶层可以吐故纳新、重塑叙事，以适应他们自己的时代。《莫伊图拉第二次战役》就是一个典型的重塑产物。在我看来，约翰·凯里（John Carey）给出了关于这个传奇故事最有说服力的解读之一。他认为《莫伊图拉第二次战役》是一个有警示性的寓言，隐隐讲述了 9 世纪维京人的定居带来的后果。故事里的达努神族代表爱尔兰人，而弗魔尔族代表维京人。在 9 世纪，首次有盖尔人之外的族群在爱尔兰定居，他们来自北方的岛屿，这些岛屿正是传奇中所说的弗魔尔族的发源地。女子埃利欧被说服与其中一位入侵者结婚，这个入侵者就是邪恶霸道的国王布莱斯。正如凯里所说，故事警示，与入侵者通婚很可能导致统治者的价值观扭曲，对爱尔兰本土和爱尔兰子民失去忠诚度。

布莱斯和卢赫是另一组对立势力。正如我们所看到的，两人都是混血儿，但传奇的作者似乎认为父系血脉的遗传决定一个人的性格。布莱斯的父亲是弗魔尔族人，他虽然形貌俊秀，却是个卑鄙的家伙；而卢赫的父亲是达努神族人，是个优秀的领导者，气质高贵且全能全才。在这一点上，可以发现作者自由运用了神话传统。在其他传奇中，布莱斯不仅不坏，甚至不是弗魔尔族人，而是纯正的神族人，是达格达的女儿布瑞吉特的丈夫。这表明，作者有意识地给一个几经传承的故事填充了对立的模式以表明他的观点。由此，对传奇进行彻底的重塑也更得心应手。重要的是，这种创作方式也可以避免人们认为凯尔特神话是一种非基督教的《圣经》，认为它神圣不可侵犯、不可更改。关于这种创作方式，当代电影作品提供了一些不错的示范。蜘蛛侠和神奇女侠等人物是漫画中的“神话”形象，他们在不同的年代被描绘成多种版本，拥有复杂的人物特点。制作关于这些人物的电影时，只要能保证深思熟虑地改编源材料，就可以不拘一格地借鉴传统。电影导演扎克·施奈德（Zack Snyder）的《超人：钢铁之躯》在 2013 年上映，电影结局是超人扭断了敌人的脖子，这一点让影迷争议不断。也许《莫伊图拉第二次战役》的早期读者也会争论文本中“坏国王布莱斯”的角色塑造是否合理。

上文讨论的紧张的对立势力有助于说明传奇故事应该被理解为一个连贯的整体。尽管如此，为了避免让它看起来过于顺理成章，我必须强调这是一个复杂的故事，一连串的事件中充斥着奇怪又不恰当的故事设定。例如我们之前提到的一个情节，狄安·凯赫特和米亚赫更换了努瓦达的手臂。但我之前没有提到的是，狄安·凯赫特对自己儿子的医学成就充满了嫉妒，并通过切割儿子的大脑谋杀了他。后来，米亚赫的坟墓上长出了治愈的草药，他的妹妹艾尔梅德（Airmed）把草药小心地放在斗篷上，但狄安·凯赫特怒意未消，将草药撒了出去。讲故事的人评论说，从那以后，除非有神灵的启发，否则没有人知道草药的正确用法。在我看来，这一情节很可能也是传奇作者的创意，因为它在爱尔兰传统中没有出现过，而且与狄安·凯赫特作为健康之神的职责相悖。10 世纪的爱尔兰术语表对健康之神狄安·凯赫特有明确的描述。

很明显，我们可以参考的《莫伊图拉第二次战役》是一个非常古老的神话传承到中世纪之后的版本。虽然这个文本最初写于 9 世纪或 10 世纪，但它在 1100 年左右得到了拓展。在拓展过程中，它被附加到了本书第 4 章中讨论的知识阶层为古爱尔兰创造的极其复杂的伪历史中。神话中的事件在一个长达千年的时间轴上被赋予了明确的位置。中世纪的学者试图将该事件与他们建构的世界年表中的事件联系起来，从中可以发现，达努神族和弗魔尔族之间的战斗与特洛伊战争的时间吻合。这段伪历史讲述了盖尔人到达爱尔兰与达努神族作战并将其击败的经过。由于我们知道一部分达努神族人是爱尔兰人的古神，因此这份伪历史的虚假性便昭然若揭。一般来说，在阅读以神族为主题的传奇时，我们需要保持敏锐的洞察力，需要寻找古老神话遗留的痕迹或模式，同时警惕这些模式被篡改的可能，只有这样才能保留让最初的中世纪观众产生共鸣、陷入思考的原始内容。

然而，不可否认的是，爱尔兰的神话有许多漏洞。我们往往只能通过一个典故或一则压缩的轶事来了解关于达努神族的故事，而故事的完整版本早已为当时的博学者所知。再者说，仅仅是自然环境造成的意外就可能比我们想象中的更能决定我们对爱尔兰神话的看法，毕竟爱尔兰的气候不利于保存写在兽皮上的手稿。现存的故事清单也表明，我们能看到的故事只是曾经存在的一小部分内容。

我最喜欢的一个例子说明了我们的知识有时是片面的，这个例子涉及我们已经见过的达格达神话。从他的称号“至高无上的父亲”（Ollathair）来看，他很有可能与被称为“天父”的印欧体系神灵相对应，如印度的因陀罗、希腊的宙斯和罗马的朱庇特。遍布中世纪爱尔兰文本的暗语和轶事表明，关于达格达的故事曾经极其丰富。如果只看传奇故事的话，就会发现他似乎有很多孩子，年轻狡猾的阿格斯是其中之一，他把父亲从自己的住所骗走。布瑞吉特也是达格达的孩子，她是一个与诗歌、医学和铁匠有关的女神，或者说她的形象其实是三位女神的融合产物。事实上，我们从未在任何现存的故事中看到达格达与他的女儿互动，我们了解到的关于布瑞吉特的可靠细节只是因为 10 世纪早期词汇表中的一个条目。达格达还有其他孩子，包括一个身世迷离的女儿，名叫艾格（Ainge），她有一个魔法浴缸；还有一个儿子叫瑟玛特（Cermait）。我们从一则简短的轶事中得知，瑟玛特被身怀多种异能的卢赫杀害了。卢赫是一个明确存在的古神。有趣的是，《莫伊图拉第二次战役》把卢赫描绘成英雄和救世主，这则轶事却把他看作一个弑神的恶棍。悲痛欲绝的达格达带着瑟玛特的尸体四处奔波，直到最后成功救活了他。这个凄美的故事充实了我们对神话中达格达的看法，但对于我们来说，达格达的形象还是模糊的。另外，值得一提的是，对于中世纪的爱尔兰诗人来说，达格达与瑟玛特的故事似乎耳熟能详，因为一位 14 世纪的诗人戈弗雷德·菲恩·奥·达莱格（Gofraidh Fionn Ó Dálaigh）将这个故事精妙地编入了哀叹儿子死亡的作品中。

在其他资料中我们发现了一个典故，在这个故事中，达格达与海怪作战，战争促使了穆尔海弗纳平原的产生，这片土地从德罗赫达（Drogheda）延伸到邓多克（Dundalk）以及卡灵福德（Carlingford），也是英雄库丘林的家乡。这个典故仅存于一个资料中：

> 穆尔海弗纳平原曾经是一片神奇的海域，里面住着一个海怪，它天性会把物体吸向自己，还可以把人连同他的武器一起吞噬，直到他们都躺在胃的深处。达格达拿着他的愤怒之棍来到这里，砸向海怪，并念出咒语："转过你空洞的头！转动你那贪婪的身体！转动你那嗜血的凶相！离开这里！速

速离开！”然后这片海域和海怪一起撤走了。因此，这个地方被称为“穆尔海弗纳平原”。

这究竟是一只怎样的怪物，我们仍然不清楚。资料中海怪的爱尔兰语名字是缪斯海尔奇（muirsheilche），意思是“海洋软体动物”，通常指有壳或有骨的动物，也许它是一只巨大的墨鱼。这个故事引人注目的地方在于，按照爱尔兰的标准，它实际上是一个相当完整的“神话”，而且它与其他印欧语系的神话有着强烈的共通之处，许多神话中都有神灵杀死可怕的原始猛兽的故事。例如，希腊的阿波罗杀死了巨蟒、宙斯杀死了像蛇一样的可怕的提丰（Typhon），北欧神话中的雷神托尔与环绕世界的巨蛇战斗等。这些相似之处意味着这很可能是一个非常古老的故事，它可能是基督教到来之前的原始爱尔兰父神神话的一部分。达格达的“愤怒之棍”相当于雷神之锤和宙斯之盾。如果是这样的话，这个故事可能有一个原始形式，它是一个讲述宇宙起源的神话，与创世的奥秘相关联，但后来经历了缩略化和本地化。然而令人震惊的是，任何现存的叙事都未曾提过它。

叶芝与爱尔兰神话的互相影响

在传奇和伪历史文本中，我们面对的是由知识阶层创作的文学作品，而知识阶层按照自己的偏好创作的作品可能与普通人的行为逻辑和思维方式有很大的差距。可是在 19 世纪之前，我们几乎没有任何实质性的、讲述爱尔兰民间信仰内核的资料，要是用现代收集的民间传说来推测古老的信仰模式，可能有迹可循，但也是如履薄冰。例如，后来的爱尔兰民间传说表明，人们总是认为精灵与人类逝者有着密切的联系，可是这样的观点在我们掌握的中世纪文献中几乎没有出现。

19 世纪末收集的民间文学有一个鲜明特点，那就是它很快就被纳入了推动爱尔兰复兴运动的文学创作之中。一些主要的收集者就是文学创作者，其中最著名的是诗人叶芝。如果不提及叶芝，对爱尔兰精灵的描述就不完整。但必须强调的是，这位诗人既如实记录又部分歪曲了爱尔兰的精灵神话传统，因为他有一些颇主观性的知识储备和精神框架，并常年把他收集的信息纳入其中。其中一个信息就是维多利亚时代的民众普遍认为民间传说就是退化的神话，叶芝认为这说明希德族其实是神灵。这个想法对中世纪文学中的一些特定人物来说是可以套用的，比如卢赫，但并不能一以贯之、逻辑不明地套用于爱尔兰民间传统中所有不同种类的精灵。叶芝从这一传统中收集到的信息被用作诗歌创作的素材，常常产生强烈的文学感染力。《希德族的集结》（*The Hosting of the Sidhe*）是他最著名的诗歌之一，发表于1899年：

大军正从诺克纳雷亚骑马而来
越过克鲁斯－娜－贝尔的坟墓
奎尔特晃动着他燃烧的头发
南木叫道，走吧，走吧
清空你心中的凡人之梦
风醒了，树叶旋转着
我们脸颊苍白，我们头发凌乱
我们胸膛起伏，我们眼睛滢亮
我们手臂挥舞，我们嘴唇张开
如果有人注视着我们奔跑的队伍
我们在他和他掌控的行动之间
我们在他和他心中怀抱的希望之间
大军在白天和黑夜之间奔走相告
哪里有希望，哪里有公义
奎尔特晃动着他燃烧的头发
南木叫道，走吧，走吧。

这首诗总结了爱尔兰神话与叶芝之间互相的影响，这种影响是非常微妙的，它体现了神话学上的偶然性（hit and miss）。这首诗充满了幽灵般的能量，和一种流动的、前拉斐尔式的美感。然而，南木是一个后来出现的人物，直到 18 世纪才成为传统的一部分。奎尔特是芬尼亚传奇中的英雄，而不是一个精灵或神灵。叶芝有一种让事情在诗意上正确但在事实上完全错误的创作天分，譬如，奎尔特像精灵那样在夜里甩动如火焰般燃烧的头发，这一形象是那样令人难忘。

叶芝和许多人一样，为了自己的审美和精神诉求书写并重塑了爱尔兰的民间故事。他的几卷爱尔兰民间故事和童话故事已经成为经典。但是，一个可悲的事件提醒我们，叶芝对童话的看法是相当超然和崇高的，即使在迅速现代化的爱尔兰，传统信仰和神秘学依然有强大的力量，这种力量不仅体现在推动浪漫主义运动的政治议程的过程中。1895 年 4 月，一个名叫迈克尔·克利里（Michael Cleary）的蒂珀雷里（Tipperary）农民被认定犯有误杀妻子布里奇特（Bridget）的罪行。在审判过程中，农民坚定地认为妻子被精灵掳走了，留下的是一个冒牌货。他认为如果毁掉这个假的布里奇特，真正的妻子就会回到他身边。妻子的尸体被发现的时候已经被烧毁了一部分，埋在他们小屋后面的一个浅坟堆里，他曾在她身上浇了煤油。可悲的是，克利里似乎认为，如果他在当地的精灵堡垒旁边等待，他就会看到自己真正的妻子骑着一匹白马走在众多精灵中间，而他会在她经过时抓住她。精灵堡垒也被称为拉斯（rath），是铁器时代和中世纪的土楼之一，也是一种遍布爱尔兰的风景。

克利里显然有精神疾病。如果放到现在，他也许会被认为患有卡普格拉综合征（Capgras Syndrome）。这种精神疾病会导致妄想性误认，患者会产生一种固定的信念，认为他们认识的人已经被一个冒牌货所取代。但是，他的精神困扰显然被民间传说的奇幻色彩所粉饰了。叶芝认为，这种奇幻色彩是爱尔兰民族文化的核心，而爱尔兰媒体对叶芝和其他民间传说收集者提出了尖锐的批评。诗人当然与这一事件毫无关系，但在一些评论家眼中，民间传说充其量是一个泾渭不分的议题，而这种迷信是爱尔兰应该抛弃的落后遗产的一部分。这是一个发人深省的提醒，可见当时并不是所有人都认为精灵传说是百利而无一害的。

当代奇幻文学和儿童文学中的应用

最后，是时候谈谈凯尔特童话故事在当代奇幻文学和儿童文学中的应用了。可以讨论的例子非常多，本书只介绍其中的一部电影和一部小说。

要介绍的电影是《地狱男爵 2：黄金军团》（*Hellboy II: The Golden Army*，2008；下文简称《地狱男爵 2》），由朗·普尔曼（Ron Perlman）主演。它是《地狱男爵》（*Hellboy*，2004）的奇幻续集，两部电影的编剧和导演都是吉尔莫·德尔·托罗（Guillermo del Toro）。

影片的主人公是一个脾气暴躁、心狠手辣的恶魔，他站在人类的一边，被卷入了一场人类和魔法生物之间的战争，爱尔兰精灵们也在此出现。背景故事中讲述了人类和魔法生物之间的一场古老战争。魔法生物被人类驱逐，地精铁匠向精灵国王巴罗尔尔和他的儿子努瓦达（Nuada）王子提出了一个建议。国王接受建议后，地精们创造了“黄金军团”（Golden Army），一个战无不胜的铁血军团。黄金军团消灭了人类，巴罗尔尔心怀善念，与人类达成了和平协议，这让他的儿子努瓦达感到震惊。人类控制城市，而荒野中的自然世界属于魔法生物。黄金军团只能由戴着魔法金冠的皇室血统的人指挥，但金冠被打碎成了三块，所以无法使用。在影片中，努瓦达王子有一个名叫努瓦拉（Nuala）的双胞胎妹妹，妹妹重新组装王冠并启动了黄金军团，黄金军团被控制在北爱尔兰的巨人堤下。最后，努瓦达被打败了。

支撑这部电影的更多的是华丽和阴森的视觉效果而不是故事情节。尽管如此，我们还是可以看到爱尔兰神话中熟悉的主题在这里得到了映射。人类与魔法生物之间古老战争的故事与爱尔兰伪历史中的类似主题相呼应。11 世纪末的“入侵书”描述了达努神族人是如何被入侵的盖尔人打败的，这次失败结束了他们在爱尔兰的统治。在影片中，世界被分割开来，城市属于人类，而森林则归精灵和其他超自然生物所有。在爱尔兰的传统中，爱尔兰在大战后被分割开来，达努神族撤退到位于地下的世界，居住在他们的希德土丘中，而盖尔人，也就是爱尔兰人，占据着土地之上的世界。

影片中的两个人物的名字也直接来自达努神族的神话。巴罗尔尔在影片中被称为“精灵之王”，然而在《莫伊图拉第二次战役》中，他是达努神族的敌人，是身体有缺陷的弗魔尔族国王。导演给了他一具弯曲的鹿角，让人想起高卢神科尔努诺斯（Cernunnos）。努瓦达的姓氏是“银色长枪”的意思，我们前文提到过努瓦达的一个著名事迹，就是将自己的断臂暂时换成机械银质模型，因此他的外号是“银臂”。

2008 年电影《地狱男爵 2》中的努瓦达和努瓦拉

当然，在《莫伊图拉第二次战役》中，中世纪的努瓦达和巴罗尔尔是站在对立面的。而电影导演将巴罗尔尔写进了爱尔兰精灵的阵营，这样一来，他就与故事的中世纪作者有了共同之处，后者偶尔也很乐意做调换立场的故事安排。在《莫伊图拉第二次战役》中，布莱斯被塑造为一个弗魔尔族人，但有充分的正统传说证据表明他是神族的一员。因此，从我们可以追踪到的最早的版本看来，调换效忠对象和人物立场的故事安排并不一定违背爱尔兰人改编本土神话的方式。

为努瓦达编造一个双胞胎姐妹是一个奇怪的设定，即使这样的人物在传统中有可能真的存在。“努瓦达”和“努瓦拉”尽管在字面上很相似，但这两个名字没有任何共同之处。努瓦拉是菲翁胡拉（Fionnghuala）的简称，意思是“流畅的肩膀”。她是著名的“李尔之子”中最年长孩子的名字，首次出现在中世纪末的一个故事中。菲翁胡拉与她的弟弟们一样，也被邪恶的继母施展魔法变成了天鹅。菲翁胡拉是一个乐善好施、心性坚定的人物，忍受着巨大的痛苦。这与《地狱男爵 2》中的努瓦拉非常相似，努瓦拉试图阻止一场毁灭性的战争，最后为他人牺牲了自己的生命。

从上文可以看出，爱尔兰传统和《地狱男爵 2》之间有一些具体但巧妙的联系，这种做法体现了 20 世纪和 21 世纪的流行文化对凯尔特神话的普遍反应。当然，创作人员完全可以自由地挖掘爱尔兰神话以获取灵感，而且没有义务保证真实性，由此呈现出的凯尔特传统与实际来源有很大的差距。但需要记住的是，故事的实际来源本身就充满了说服力和感染力。但是，面对《地狱男爵 2》的自由改编，还须注意到影片中一个令人困惑的片段，它走向了传统的另一个极端：在故事的开始，努瓦达和巴罗尔尔面对面，用完美的古爱尔兰语交谈。对于凯尔特专家来说，这带来的效果就像一个观鸟者在某天早上打开窗发现一只火烈鸟坐在窗台上。

《李尔之子》（约翰·邓肯，1924）

要介绍的小说是皮达·奥·圭林（Peadar Ó Guilín）于2016年出版的小说《召唤》（*The Call*），这本青少年小说是对爱尔兰精灵还原度最高也最成功的范本之一。这本小说融合了科幻、奇幻和恐怖小说的元素，而且像《地狱男爵2》一样，回到了将精灵赶出爱尔兰的古老叙述中。奥·圭林小说的一个显著特点是，他以一个真实的细节开始叙述，这种真实性在于，这个细节来自一份中世纪的文献，放眼整个传统，鲜少有人留意到这个细节。这个细节就是精灵们对爱尔兰人的憎恨，他们以令人不寒而栗的恶意看待爱尔兰人。在奥·圭林的世界里，人类对异世界的精灵没有任何感性的态度。在小说的讲述中，精灵们被赶出爱尔兰并被放逐到了“灰域”（Grey Lands）。那是一个可怕的地方，铺天盖地的灰烬代替了雨水，空气腐蚀了肺部，但精灵们依然可以看到人类。奥·圭林还讲述了男人或女人被精灵带走的故事，这个主题在整个爱尔兰文学史上普遍存在。在奥·圭林创造的世界里，爱尔兰的每个青少年都必须经历一次“召唤”，召唤会将他们带入精灵们创设的一个邪恶空间。故事里，他们会消失三分零四秒。这里奥·圭林再次巧妙地重塑了传统。在一个古老的爱尔兰传奇故事《挪拉的冒险》（*The Adventure of Nera*）中，精灵世界时间的流逝似乎与我们的世界全然不同。在奥·圭林的小说中，被绑架的爱尔兰青少年在我们的世界里只失踪了几分钟，但在“灰域”却失踪了一整天。在这期间，精灵们以猎杀他们为乐。更糟的是，精灵们喜欢让爱尔兰青少年的身体扭曲变形，这样他们就会死去，或者变成可怕的畸形人，这也许是呼应了英雄库丘林的扭曲痉挛以及畸变。这些年轻人经历了奔跑、战斗和生存的训练，为他们的“召唤”做准备。但故事主角在童年时因小儿麻痹症致残，无法使用她的双腿，所以她的生存难度随之提高。我就不再进一步泄露剧情了。

《召唤》是一个出色的例子，这部作品说明，如果深入思考凯尔特神话，它仍然是丰富的灵感来源。这部作品还具有政治上的警觉性，例如爱尔兰的分治以及由此产生的根深蒂固的仇恨和暴力。同样，女主人公残疾的情节也让小说不容易受到象征主义或政治正确性的指控，因为故事主要强调了主人公的生存风险，让人深受触动。奥·圭林笔下的精灵们忠实于爱尔兰神话的原始记述，同时又极其新颖、令人信服。爱尔兰精灵以及精灵传统显然还有不竭的生命力。

结语

凯尔特神话的不朽遗产

人们常常试图寻觅凯尔特神话的真实性，试图从神话中感受到身份归属和文化传承。本书所讲述的凯尔特故事会让我们体会到中世纪原始听众的乐趣，与我们的共同经历相互呼应，引发情感共鸣，同时激发出我们的审美诉求。现在，是时候把凯尔特神话从迷雾中寻回了。

凯尔特神话并不是一件传承至今且完好无缺的由非基督教群体编织的华服。它实际上是两件衣服，一件来自盖尔语传统，另一件来自布列塔尼语传统。这些故事既不像人们认为的那样神秘，也不像人们认为的那样遥不可及，而且它们有可能成为未来几年新作品多姿多彩的灵感来源。

结 语
凯尔特神话的不朽遗产

人们常常试图寻觅凯尔特神话的真实性，试图从神话中感受到身份归属和文化传承。但是，正如本书所努力展示的那样，凯尔特神话并不是一件传承至今且完好无缺的由非基督教群体编织的华服。它实际上是两件衣服，一件来自盖尔语传统，另一件来自布列塔尼语传统。它们有相互联系和借鉴的成分，但实际的相似性比人们想象中的要少。威尔士的鲁尔和爱尔兰的卢赫的故事具有相似性，二人的名字都可以追溯到凯尔特的卢格斯，而卢格斯又被证明是一个基督教到来之前的古神的名字，但这种相似性是非常罕见的。同样值得一提的是，威尔士的鲁尔和爱尔兰的卢赫的故事事实上也并不十分相似，尽管尼尔·盖曼等人模糊了其中的差异性，并将二者与毫不相关的苏布赫的故事融合在一起。

我在本书中的主要主张是，寻找凯尔特神话意味着接触中世纪的凯尔特文学和历史，神话蕴含在实际的文本中，其出处和背景不容忽视。凯尔特神话是一系列来自特定时代的故事，以特定的版本存于一份或多份手稿中。还要强调的是，神话传统具有不稳定性，爱尔兰神话传奇的核心故事“莫伊图拉第二次战役”存于一份晚期手稿中，以非常奇怪的正字法书写。如果这本手稿像许多其他爱尔兰和威尔士手稿一样腐烂或被烧毁，我们就只能从其他来源知道一些故事，但细节吻合程度较低。这与希腊和罗马神话形成了鲜明对比。在希腊和罗马神话中，一个独立的神话故事，如忒修斯和弥诺陶洛斯的故事，在几个世纪里会以许多不同的版本流传下来，还包括一些古典神话集的摘要。希腊和罗马神话故事有一些基本形式，所以不难了解各个作家是如何对其进行个人化改编以及为什么要做此改编的。但是，当涉及威尔士和爱尔兰的文本时，我们往往只有一个可参考的版本，要想弄清楚这个版本是不是对故事原始内容的改编，一点儿都不容易。虽然如此，有时候尝试弄清楚这个问题还是有着不可抗拒的吸引力，正如我们在《马比诺吉昂》第四分支中讨论过的，围绕鲁尔诞生的故事其实有很多令人费解之处。

似乎可以肯定，许多中世纪的爱尔兰和威尔士故事中包含一些古典神话，但很可能许多神话元素已经被彻底改变了，因为这些材料在丰富的基督教故事传统中不断变化，以供宫廷听众或贵族勇士欣赏。在爱尔兰，我们发现了一些奇怪的现象，例如把古神变成了精灵，这体现出正统文化对非基督教历史的复杂态度。弗兰克·奥康纳（Frank O'Connor）的一本名著将爱尔兰文学的特点描述为一种普遍存在的“向后看”（backward look）的倾向。而就转变信仰前的历史而言，我认为这种“看”不仅是向后看，而且是斜视。在威尔士，似乎很少有人意识到一些人物曾经是神族，比如鲁尔。可见，古老的神话碎片与中世纪欧洲各地的民间故事主题、故事模式、地名传说以及其他许多东西混合在了一起。

但这并没有降低这些奇幻故事的价值。这也使我想到：尽管这些故事的起源复杂且互相交融，但它们与希腊或罗马、冰岛或印度的故事一样，具有神话原型的厚重感。这些故事有独特的情节和人物，还有意蕴丰富、逻辑自洽的故事结构。令人高兴的是，这意味着即使不会产生直接的影响，凯尔特神话主题也会反复出现并被重新塑造。而且我在本书中一直强调，与像叶芝那样几个世纪前的神话爱好者相比，当代的流行文化使我们更有条件欣赏这些故事的多面轮廓。了解“X 战警”系列电影使我们能够了解《凯尔维奇如何赢得欧文》的故事架构。任何为《复仇者联盟：终结者》（*Avengers: Endgame*）中一失足成千古恨但最终得到救赎的托尔欢呼的人，都可以对照出《莫伊图拉第二次战役》中达格达的故事线。同时，他们也不必担心该故事线在多大程度上反映出达格达作为基督教之前爱尔兰神祇的失落神话。这些故事既不像人们认为的那样神秘，也不像人们认为的那样遥不可及，而且它们有可能成为未来几年新作品多姿多彩的灵感来源。只要稍加解说，本书所讲述的凯尔特故事就会让我们体会到中世纪原始听众的乐趣，与我们的共同经历相互呼应，引发情感共鸣，同时激发出我们的审美诉求。现在，是时候把凯尔特神话从迷雾中寻回了。

图片来源

IV 来自《马比诺吉昂》，首版由荷兰的 Dragon’s Dream 1982 年出版。由艾伦・李提供。

004 左图：国家肖像美术馆（National Portrait Gallery），伦敦。由编者威廉・弗莱明 MD（William Fleming MD）的女儿玛丽・伊丽莎白・斯托普福德（Mary Elizabeth Stopford，婚前姓弗莱明）于 1931 年赠送。

004 右图：由 Ex officina Christophori Plantini 出版，安特卫普（Antwerp），1567 年。藏于盖蒂研究所（Getty Research Institute），洛杉矶。

007 来自《马比诺吉昂》，首版由荷兰的 Dragon’s Dream 1982 年出版。由艾伦・李提供。

009 照片来自 Stephen Barnes/Religion/Alamy Stock Photo。

014 美国国会图书馆，印刷品和照片，乔治・格兰瑟姆・贝恩（George Grantham Bain）收藏，华盛顿特区。

016 由伦敦的 Rider & Co.1905 年出版。

017 经过威尔士国家图书馆（Llyfrgell Genedlaethol Cymru）的许可。

018 照片来自 ANL/ Shutterstock。

019 经过威尔士国家图书馆的许可。

023 同上。

025 格林・维维安美术馆（Glynn Vivian Art Gallery），斯旺西。照片来自 Bridgeman Images。

031 惠康博物馆（Wellcome Collection），伦敦。

046 大英图书馆，伦敦。

061 康明博物馆（Cuming Museum），伦敦。

066 来自《马比诺吉昂》，首版由荷兰的 Dragon's Dream 1982 年出版。由艾伦·李提供。

073 照片来自 Orion/ Warner Bros/ Kobal/ Shutterstock。

080 私人收藏。

083 大英图书馆，伦敦。照片来自 Album/Alamy Stock Photo。

085 1813 年为伦敦 Lackington, Allen, and Co. 印刷。藏于美国国会图书馆，华盛顿特区。

089 来自《马比诺吉昂》，首版由荷兰的 Dragon's Dream 1982 年出版。由艾伦·李提供。

094 照片来自 AF archive/Alamy Stock Photo。

110 大英图书馆，伦敦。

119 史密森尼图书馆（Smithsonian Libraries），华盛顿特区。

123 大都会艺术博物馆（Metropolitan Museum of Art），纽约。莫里斯·B. 森达克（Maurice B. Sendak）遗赠，2012 年。

124 耶鲁大学英国艺术中心，保罗·梅隆（Paul Mellon）捐赠，纽黑文。

128 经过威尔士国家图书馆的许可。

132 来自《威尔士的马比诺吉昂传说和风景》（*The Mabinogi Legend and Landscape of Wales*），由兰达西尔（Llandysul）的 Gomer Press 于 2006 年出版，由约翰·K. 博拉德（John K Bollard）翻译。照片来自安东尼·格里菲思（Anthony Griffiths）。

133 格林·维维安美术馆（Glynn Vivian Art Gallery），斯旺西。照片来自 Bridgeman Images。

137 来自《马比诺吉昂》，首版由荷兰的 Dragon's Dream 1982 年出版。由艾伦·李提供。

138 来自《马比诺吉昂》，首版由荷兰的 Dragon's Dream 1982 年出版。由艾伦·李提供。

140 丹麦国家博物馆，哥本哈根。照片由 Roberto Fortuna 和 Kira Ursem 提供，丹麦国家博物馆提供。

141 私人收藏。

148 照片来自 Eye Ubiquitous/Hugh Rooney/Alamy Stock Photo。

170 照片由罗伯特·韦尔奇（Robert Welch）提供。出自查尔斯·斯夸尔的《凯尔特神话传说与诗歌浪漫》，由伦敦的 Gresham

Publishing Company 于 1910 年出版。此书藏于美国犹他州普罗沃（Provo）杨白翰大学（Brigham Young University）的 Harold B. Lee 图书馆。

171 由纽约的 Thomas Y. Crowell Co. 1910 年出版。藏于纽约公共图书馆。

176 都柏林总邮局。

182 照片来自摄影师卡斯珀·迪德里克（Caspar Diederik）。

183 由麦克米伦出版社（纽约）、伦敦和都柏林的 Maunsel & Co., Ltd 于 1914 年出版。纽约公共图书馆。

187 由 Ex officina Sebastiani Cramoisy 出版，via Iacobaea, sub Ciconijs, 1624 年。那不勒斯国家图书馆。

190 © Homer Sykes/Corbis via Getty Images

193 照片由 Ballyhoura Country 提供。

198 国家肖像美术馆，伦敦。

200 丹麦国家美术馆，哥本哈根。

202 由都柏林的皮尔斯博物馆（Pearse Museum）公共事务办公室提供。

204 同上。

218 由伦敦的 Gresham Publishing 于 1910 年出版。照片来自 Ivy Close Images/Alamy Stock Photo。

223 由伦敦的 Armada Lions 于 1975 年出版。

230 法国国家图书馆，巴黎。

231 由朗曼格林出版社（Longmans, Green, and Co.）出版，伦敦、纽约、孟买和加尔各答，1908 年。加利福尼亚大学图书馆。

234 大都会艺术博物馆，纽约。David Hunter McAlpin 基金会，1952 年。

236 苏格兰国家美术馆，爱丁堡。1984 年购买。照片来自 National Galleries of Scotland, Edinburgh/ Bridgeman Images。

238 由伦敦的 Gresham Publishing Company 于 1910 年出版。此书藏于美国犹他州普罗沃杨白翰大学的 Harold B. Lee 图书馆。

254 爱尔兰国家博物馆，都柏林。照片来自 Granger/ Shutterstock。

256 沃尔特斯艺术博物馆（The Walters Art Museum），巴尔的摩（Baltimore）。

258 麦克马纳斯画廊（McManus），邓迪（Dundee）。由艺术家的受托人 1946 年提供。照片来自 Dundee Art Galleries and Museums/Bridgeman Images。

259 由牛津的 Onslaught 出版社于 2017 年出版。由 Seán Fitzgerald

提供。

260 照片来自 Vincent Lowe/Alamy Stock Photo。

269 照片来自 Universal/Dark Horse Comics/Kobal/Shutterstock。

271 麦克马纳斯画廊，邓迪。1924年用莫里斯基金（Morris Trust Fund）购买。照片来自 Dundee Art Galleries and Museums / Bridgeman Images。

彩插图 1 © Stuart Littlejohn, 2000–20.

彩插图 2 开尔文克罗夫艺术馆（Kelvingrove Art Gallery and Museum），格拉斯哥。照片来自 peter barrittphotography.co.uk/SuperStock。

彩插图 3 伯明翰博物馆和美术馆，伯明翰博物馆信托。1914年匿名赠送。

彩插图 4 兰贝斯宫图书馆（Lambeth Palace Library），伦敦。照片来自 Bridgeman Images。

彩插图 5 大英图书馆，伦敦。照片来自 Album/Alamy Stock Photo。

彩插图 6 照片来自 Look and Learn/Valerie Jackson Harris Collection/Bridgeman Images。

彩插图 7 同上。

彩插图 8 休雷恩市立美术馆（Dublin City Gallery The Hugh Lane），都柏林。休·雷恩（Hugh Lane）1913年遗赠。照片来自 Bridgeman Images。

彩插图 9 安格尔博物馆（Musée Ingres），蒙托邦（Montauban）。照片来自 Superstock/Album/Joseph Martin。

彩插图 10 Musée national des châteaux de Malmaison et de Bois-Préau，吕埃尔－马尔迈松（Rueil-Malmaison）。

彩插图 11 法国国家图书馆，巴黎。

彩插图 12 爱丁堡城市艺术中心，博物馆和画廊。由苏格兰现代艺术协会1964年赠送。照片来自 Bridgeman Images。

彩插图 13 麦克马纳斯画廊，邓迪。由J. 马丁·怀特（J.Martin White）于1912年赠送。照片来自 Dundee Art Galleries and Museums/Bridgeman

Images。

彩插图 14　纽波特博物馆与美术馆（Newport Museum and Art Gallery）。照片来自 Bridgeman Images。

致　谢

我要感谢委托编写本书的科林·瑞德勒（Colin Ridler）和我的同事卡罗琳·拉灵顿（Carolyne Larrington），是他们最初与我取得了联系。还要感谢泰晤士－哈德逊公司（Thames & Hudson）的团队顺利地出版了这本书。感谢安娜·阿德南（Ana Adnan）和罗纳德·赫顿（Ronald Hutton）策划了快乐而难忘的聚会，其中至少有两部作品的早期版本是为那些聚会而写的，我希望它们经得起反复聆听或阅读。感谢我的朋友本·摩根（Ben Morgan）、埃丽卡·麦卡尔平（Erica McAlpine）和丹尼尔·泰勒（Daniel Taylor）给予了我善意的鼓励。最后，最深的爱和感激之情献给马塞洛（Marcello），没有他，这本书就无法写成。

The Celtic Myths
That Shape The Way We Think

延伸阅读资料包

本书将为您提供发音指南，此处提供的发音是中世纪形式的语言，通常是古爱尔兰语和中古威尔士语。如果你熟悉现代语言，此处建议的发音可能看起来有点奇怪，尤其是爱尔兰语，但这仅仅是因为拼写和发音规则在几个世纪内发生了变化。请扫描下方二维码，直达图书详情页，点击“阅读资料包”获取。

考虑到环保的因素，也为了节省纸张、降低图书定价，本书编辑制作了电子版的“延伸阅读”和“索引”。请扫描下方二维码，直达图书详情页，点击“阅读资料包”获取。

未来，属于终身学习者

我们正在亲历前所未有的变革——互联网改变了信息传递的方式，指数级技术快速发展并颠覆商业世界，人工智能正在侵占越来越多的人类领地。

面对这些变化，我们需要问自己：未来需要什么样的人才？

答案是，成为终身学习者。终身学习意味着永不停歇地追求全面的知识结构、强大的逻辑思考能力和敏锐的感知力。这是一种能够在不断变化中随时重建、更新认知体系的能力。阅读，无疑是帮助我们提高这种能力的最佳途径。

在充满不确定性的时代，答案并不总是简单地出现在书本之中。“读万卷书”不仅要亲自阅读、广泛阅读，也需要我们深入探索好书的内部世界，让知识不再局限于书本之中。

湛庐阅读 App：与最聪明的人共同进化

我们现在推出全新的湛庐阅读 App，它将成为您在书本之外，践行终身学习的场所。

- 不用考虑“读什么”。这里汇集了湛庐所有纸质书、电子书、有声书和各种阅读服务。
- 可以学习“怎么读”。我们提供包括课程、精读班和讲书在内的全方位阅读解决方案。
- 谁来领读？您能最先了解到作者、译者、专家等大咖的前沿洞见，他们是高质量思想的源泉。
- 与谁共读？您将加入优秀的读者和终身学习者的行列，他们对阅读和学习具有持久的热情和源源不断的动力。

在湛庐阅读 App 首页，编辑为您精选了经典书目和优质音视频内容，每天早、中、晚更新，满足您不间断的阅读需求。

【特别专题】【主题书单】【人物特写】等原创专栏，提供专业、深度的解读和选书参考，回应社会议题，是您了解湛庐近千位重要作者思想的独家渠道。

在每本图书的详情页，您将通过深度导读栏目【专家视点】【深度访谈】和【书评】读懂、读透一本好书。

通过这个不设限的学习平台，您在任何时间、任何地点都能获得有价值的思想，并通过阅读实现终身学习。我们邀您共建一个与最聪明的人共同进化的社区，使其成为先进思想交汇的聚集地，这正是我们的使命和价值所在。

图书在版编目（CIP）数据

灵境之光 : 塑造我们思维方式的凯尔特神话 / (英)马克·威廉姆斯 (Mark Williams) 著 ; 黄悦, 王新月译. 南京 : 江苏凤凰文艺出版社, 2025. 7. -- ISBN 978-7-5594-9827-4

Ⅰ. B932.56

中国国家版本馆 CIP 数据核字第 2025T58K35 号

江苏省版权局著作权合同登记号：10–2025–204号

灵境之光：塑造我们思维方式的凯尔特神话

（英）马克·威廉姆斯著；黄悦 王新月译

责任编辑 白 涵
责任印制 杨 丹
封面设计 展开设计
出版发行 江苏凤凰文艺出版社
南京市中央路 165 号，邮编：210009
网 址 http://www.jswenyi.com
印 刷 北京盛通印刷股份有限公司
开 本 700mm × 1000mm 1/16
印 张 20.25
字 数 292 千字
版 次 2025 年 7 月第 1 版
印 次 2025 年 7 月第 1 次印刷
书 号 ISBN 978-7-5594-9827-4
定 价 129.90 元

江苏凤凰文艺版图书凡印刷、装订错误，可向出版社调换，联系电话 025-83280257